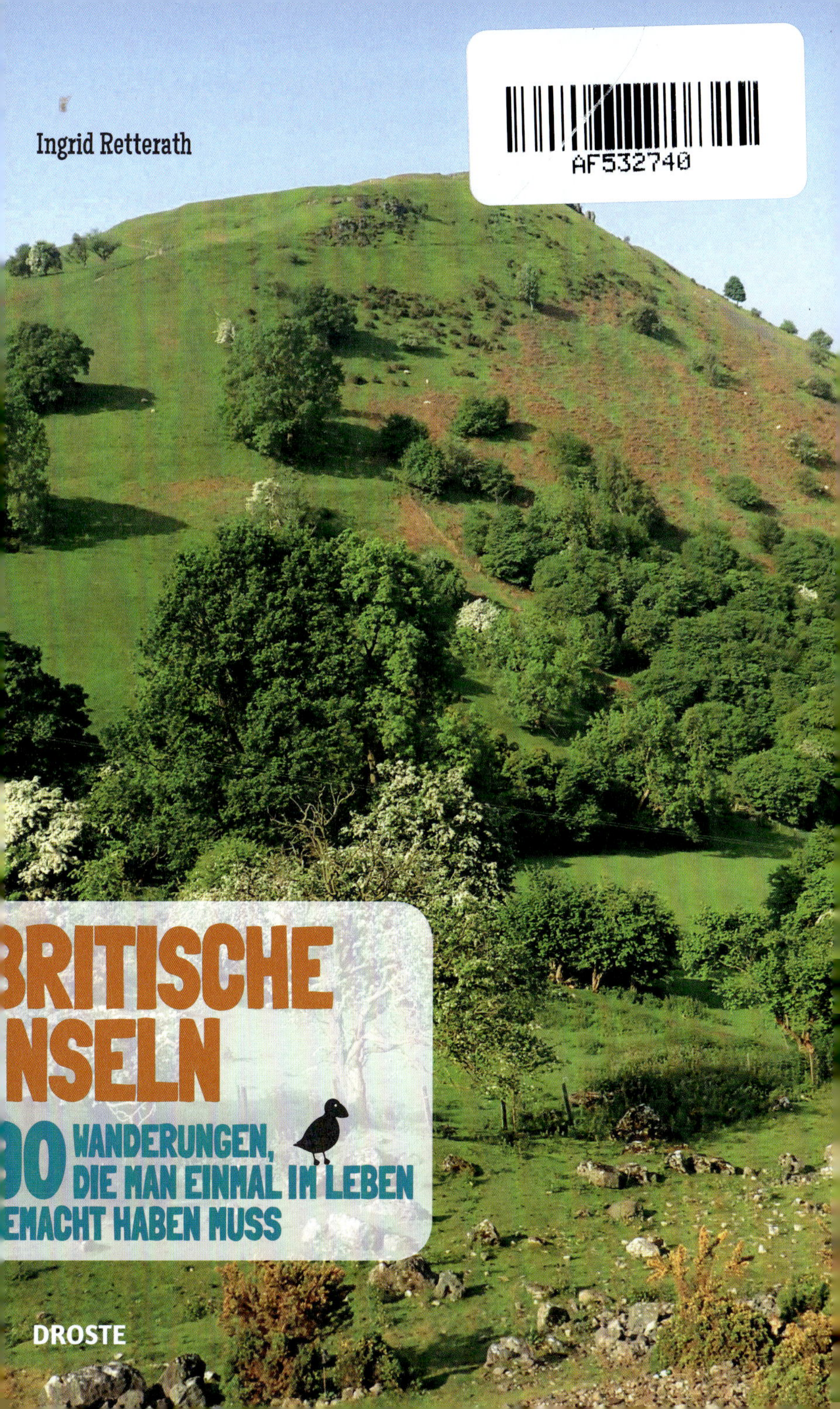
Ingrid Retterath
AF532740
BRITISCHE
INSELN
00 WANDERUNGEN,
DIE MAN EINMAL IM LEBEN
EMACHT HABEN MUSS
DROSTE

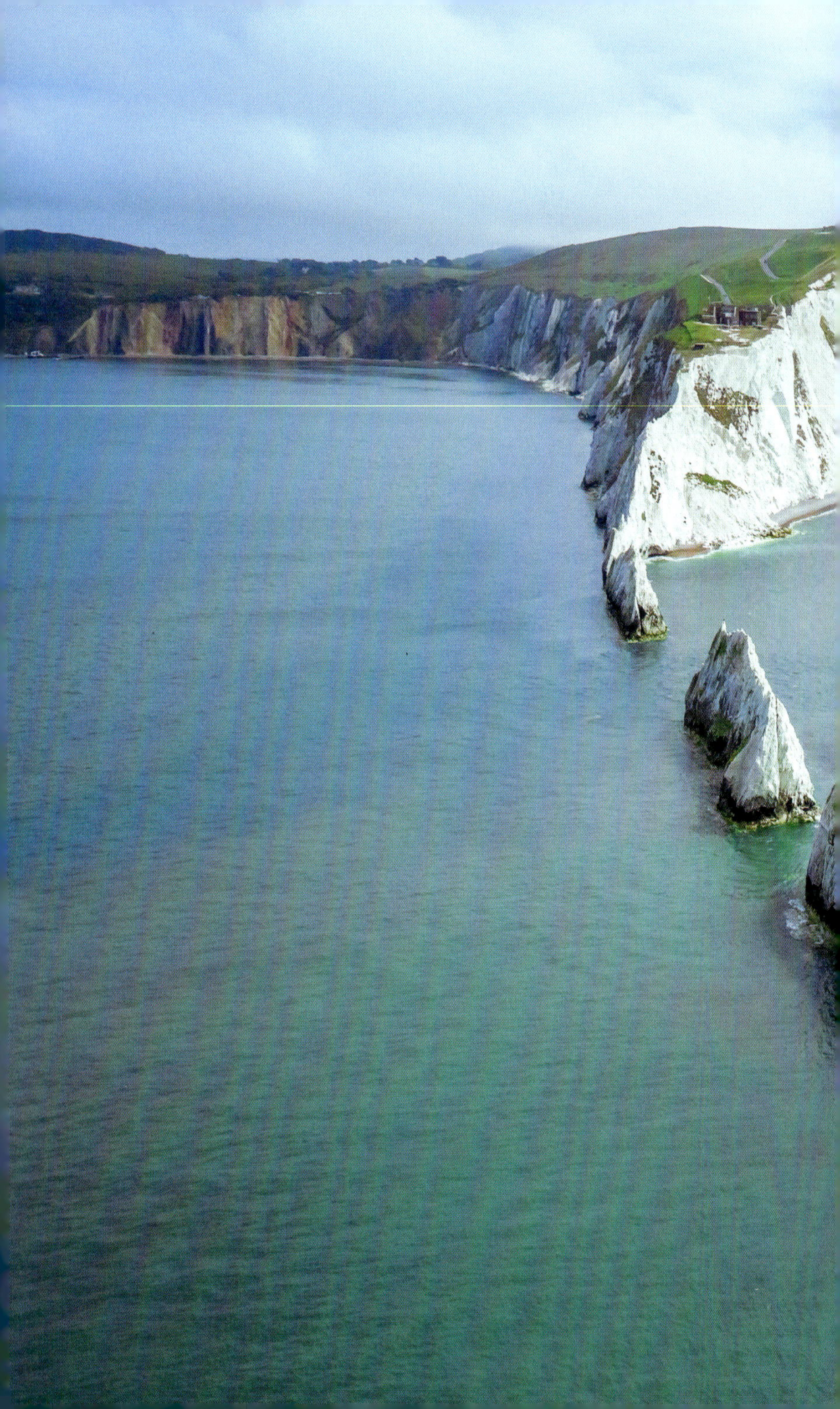

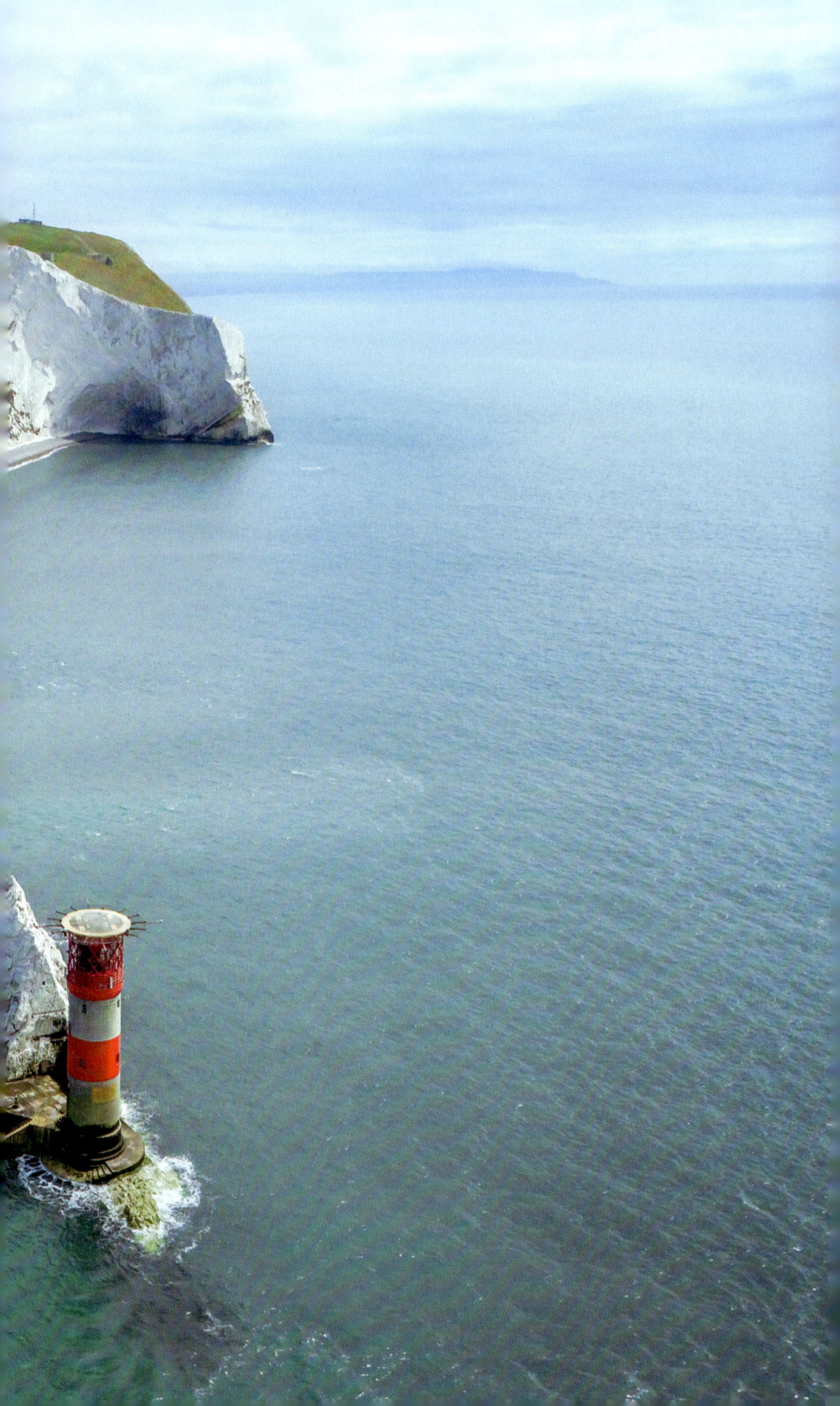

ÜBERSICHTLICH

AKTIV ... ERLEBNISREICH ... UNVERGESSLICH

St. Catherine's Oratory

Liebe Hiker, Rambler und Roamer,

seien wir gleich am Anfang ehrlich zueinander: Es gibt viel mehr als 30 Wanderungen auf den Britischen Inseln, die man einmal im Leben gemacht haben muss. Niemand ist jemals alle für eine solche Bucket List infrage kommenden Touren gewandert. Es ist also fast schon vermessen, sich auf 30 Touren festlegen zu wollen.

Fest steht aber: Auf den Britischen Inseln lässt es sich fantastisch wandern – das sind neben den Hauptinseln Großbritannien und Irland mehr als 6000 weitere Inseln. Jede hat ihre Besonderheiten, jeder Küstenstreifen ist anders. Natürlich wollen auch die Wanderregionen abseits der Küsten angemessen berücksichtigt werden. Die Briten und Iren wandern sehr gerne. Daraus resultiert ein gut ausgebautes Wegenetz mit kurzen Klassikern, flotten Rundwanderungen und sportlichen Bergtouren – bis hin zu über 1000 Kilometer langen Fernwanderungen.

Freuen Sie sich auf 30 sorgfältig ausgewählte Wanderungen auf den großen und kleinen Britischen Inseln. Jede hat ihren eigenen Reiz: das Gipfelglück auf dem Ben Nevis, die einsamen Moorpfade auf dem Pennine Way und die Seilbahnfahrt zur Insel Dursey. Einige Abschnitte der Wanderungen werden Ihnen aus dem Kino bekannt vorkommen; auf anderen werden Sie ins Reich der Sagen entführt oder begegnen ganz bezaubernden Wildtieren.

Ich wünsche Ihnen viele glückliche Wandertage auf den Britischen Inseln.

Farewell, Hwyl Fawr und Slán
Ingrid Retterath

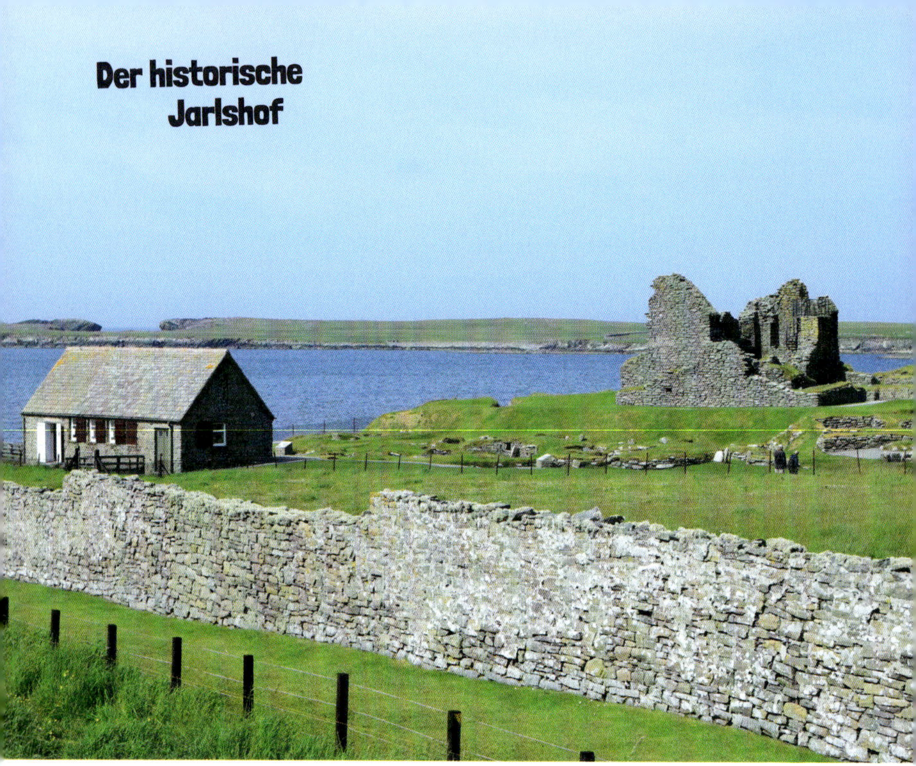

Der historische Jarlshof

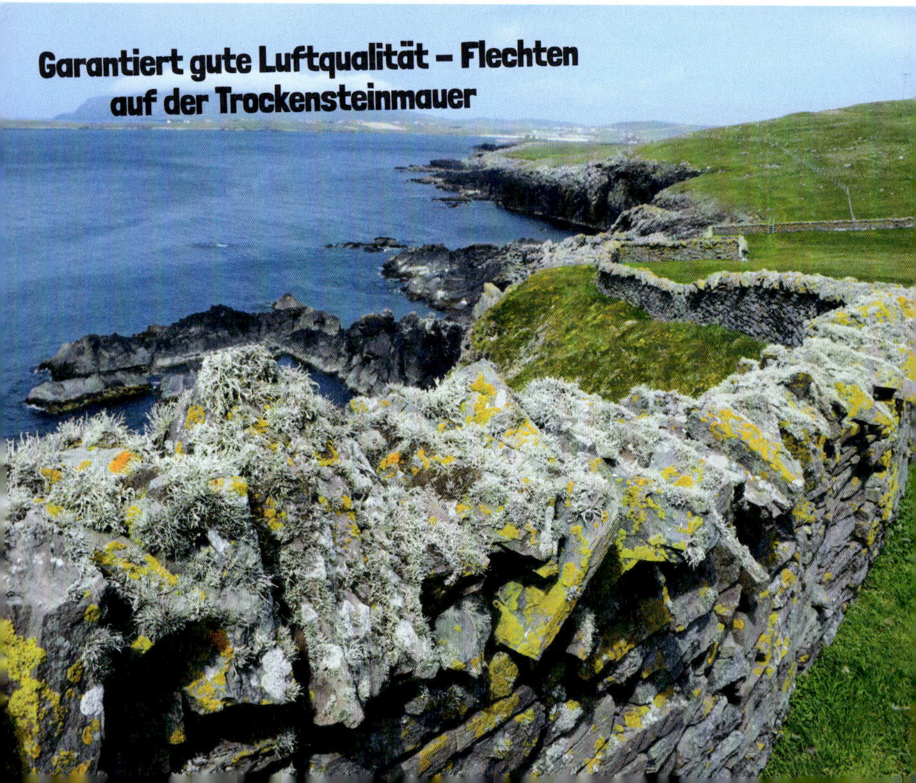

Garantiert gute Luftqualität – Flechten auf der Trockensteinmauer

Jarlshof und Sumburgh Head

Der Shetland-Klassiker

Eine schmale Landverbindung zwischen zwei Stränden. Dahinter eine faszinierende Halbinsel mit einem Rundweg, der zwar nur 6 Kilometer lang ist, aber einen ganzen Wandertag ausfüllen kann. Am Kap durchbrechen Meeressäuger die Wasseroberfläche, hier werden regelmäßig Kegelrobben, Seehunde, Schweinswale, Zwergwale, Schwertwale und Weißseitendelfine gesichtet, dazu zahlreiche Seevögel, allen voran der niedliche Papageientaucher.

Dieser Wanderklassiker hat seinen Startpunkt auf dem Parkplatz neben dem Sumburgh Hotel. Ein mit Gras bewachsener Weg führt neben einer Mauer ans Meer. Die Mauer gehört zum **Jarlshof**, der wichtigsten archäologischen Ausgrabungsstätte der Shetland-Inseln. Nach einer Sturmflut im Jahr 1905 entdeckte der Bauer Bruce ungewöhnliche Konturen im Boden. Die anschließenden Untersuchungen ergaben, dass es sich um die Reste mehrerer Siedlungen handelte. Erste Tonscherben konnten in die Jungsteinzeit datiert werden, schon in der Bronze- und Eisenzeit wurde hier gebaut. Die Pikten hinterließen *wheelhouses*, deren Innenmauern an die Speichen eines Rades erinnern. Die nordischen Langhäuser beweisen, dass die Wikinger hier lieber wohnten als plünderten. Letzter Bauherr war Robert Steward, der 1. Earl of Orkney. Er baute im 16. Jahrhundert ein mittelalterliches Bauernhaus zu einer kleinen Burganlage um. Die verlassenen Bauten wurden beständig von Sand und Torf bedeckt, die nächsten Siedler bauten jeweils auf den Ruinen ihrer Vorgänger. Ein höchst eindrucksvolles Zeugnis von über 4000 Jahren menschlicher Siedlungsgeschichte!

Am Eingang zum Jarlshof weist ein Schild zum Küstenweg. Von nun an reicht es zur Orientierung, stets die Küstenlinie auf der rechten Seite zu halten. Durch einige Tore und über Zauntritte führt der gut erkennbare Weg bergauf. Die grasenden

Schafe lassen sich von umherwandernden Menschen nicht aus der Ruhe bringen. Über die Bucht **West Voe of Sumburgh** hinweg ergeben sich bezaubernde Ausblicke auf die benachbarte Halbinsel Ness of Burgi und die vorgelagerte Insel Horse Island. Im Schutz der Felsen auf der rechten Seite wachsen Sumpfdotterblumen und Grasnelken, sie färben im Frühjahr das Grasland zartrosa und werden deshalb hier auch Seapink genannt. Steinpyramiden markieren den Wegverlauf. In der Gegend hält sich die Erzählung, dass ein einzelner Tourist all die Steine aufgehäuft habe, während seine Frau von der Szenerie so fasziniert war, dass sie zahlreiche Landschaftsskizzen anfertigte und darüber die Zeit – und ihren Mann – vollkommen vergaß.

INFO

Der Rundweg führt auf weichen Graswegen durch offenes Gelände. Er bleibt nahezu unverlaufbar in Küstennähe und ist deshalb nicht markiert.

Auf der Landseite der **Trockensteinmauer** führt der Weg nun steiler bergauf. An warmen Tagen nehmen Eidechsen auf hervorstehenden Steinen ein Sonnenbad. Beim Blick zurück bietet die Küstenlinie mit ihren Felsformationen prächtige Fotomotive. Doch Vorsicht! In manchen Jahren brüten genau hinter dieser Mauer wehrhafte Austernfischer und verteidigen ihre

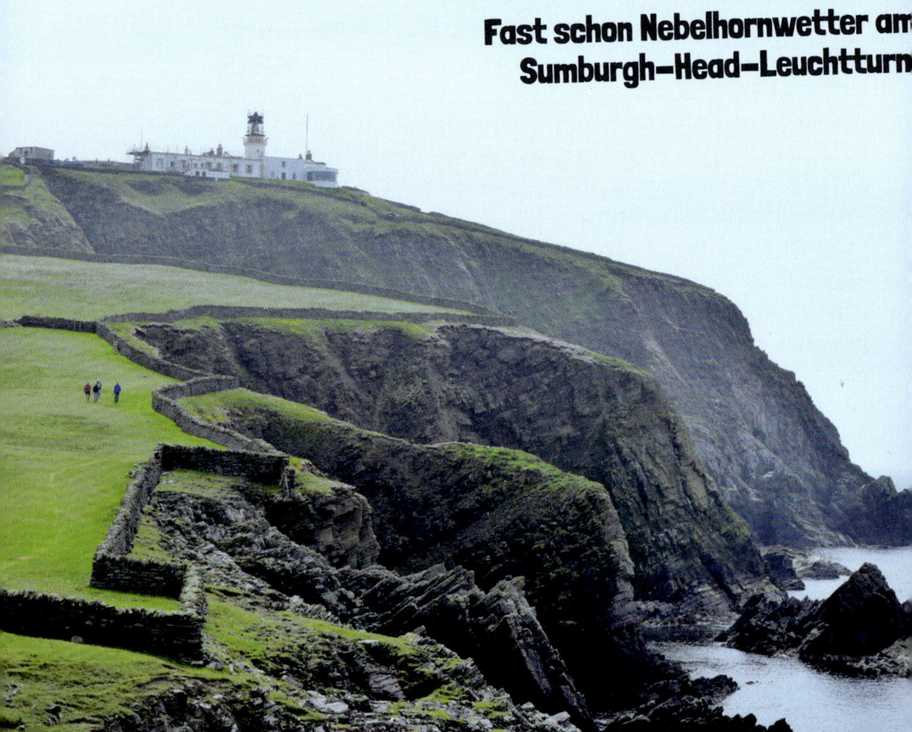

Fast schon Nebelhornwetter am Sumburgh-Head-Leuchtturm

Nestbereiche mit lauten Rufen. Sollten die ahnungslosen menschlichen Besucher das als Gesang missverstehen, wird der Bodenbrüter deutlicher: Er fliegt auf, kreist über der Mauer und fliegt nur wenige Zentimeter über ihren Köpfen einen mutigen Scheinangriff. Haben die Menschen es immer noch nicht verstanden, scheuen die Vögel auch vor weiteren Angriffen nicht zurück, bei denen sie sogar gezielt Kot abwerfen. Alles klar: Menschen sind hier nur Gast bei den Vögeln und müssen sich einen anderen Weg suchen. Wie gut, dass die Weide breit genug ist, um den aufgebrachten Vogel zu besänftigen.

Der Weg führt durch eine Mauerlücke zu einem Sträßchen, das hinauf zum **Sumburgh-Head-Leuchtturm** führt. Hier stand einst ein Fort. Sein altnordischer Name Sunn Borg bezeichnet eine Burg im Süden. Wie treffend für eine Wehranlage an der Südspitze der Insel! Auf den Überresten des alten Forts wurde 1821 der erste Leuchtturm der Shetlandinseln in Betrieb genommen. In der Anlage befinden sich ein Naturschutzzentrum, ein Café, eine Radaranlage aus dem Zweiten Weltkrieg und ein informatives Besucherzentrum, in dem viel über die Geschichte des Turms zu erfahren ist. So wurde die lebenswichtige Aufgabe des Leuchtturmwächters nicht von allen Amtsinhabern mit der nötigen Gewissenhaftigkeit ausgeübt. Im Wachbuch sind mehr als ein Dutzend Fälle verzeichnet, in denen der Wachhabende während des Dienstes einschlief. Das konnte fatale Folgen haben, wenn die Mechanik ausfiel oder das Signallicht gar unbemerkt erlosch. Zwei der Wärter wollten besonders schlau sein, indem sie das Einschlafen des anderen nie eintrugen oder meldeten. Als der Vorgesetzte dies erfuhr, beließ er es nicht bei der üblichen Ermahnung, sondern entließ sie auf der Stelle. Der Leuchtturm ist bis heute in Betrieb, seit 1991 arbeitet er vollautomatisch.

Das macht die Tour einzigartig!

- **Der bronzezeitliche Jarlshof**
- **Der Leuchtturm am Kap**
- **Die lustigen Papageientaucher**

In den Klippen am Leuchtturm nisten Tordalken und Dreizehenmöwen. Wale ziehen vorbei, Seehunde und Kegelrobben sonnen sich am Fuße der Klippen. An klaren Tagen lässt sich

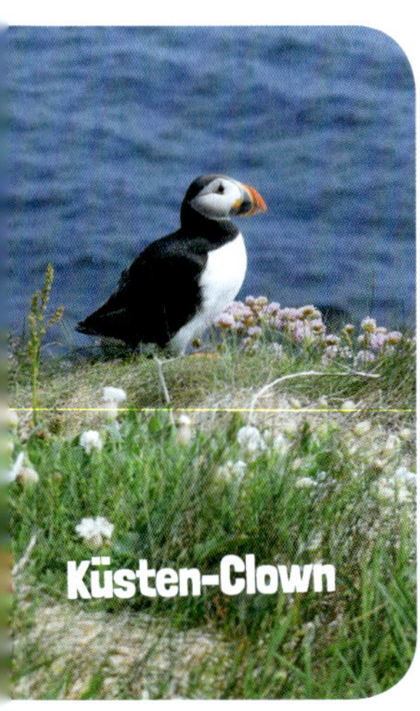
Küsten-Clown

Fair Isle in der Ferne erahnen. Das kleine Inselchen liegt 37 Kilometer entfernt auf halbem Weg zu den Orkneys und gehört ebenfalls zu Shetland.

Auf der Zufahrt geht es hinab zu einer Wal-Skulptur und zu einem Parkplatz mit einem **kleinen Leuchtturm**. Spätestens hier kommt das Fernglas zum Einsatz. In den zerklüfteten Klippen fühlen sich Trottellummen, Tordalken, Dreizehenmöwen, Eissturmvögel, den Kormoranen ähnliche Krähenscharben und die fast schon zutraulichen Papageientaucher wohl. Sie wissen ihre Gelege in den Felsnischen sicher und können den Menschen gegenüber gelassener auftreten als die Austernfischer.

Auf einem weichen Grasweg geht es nun geradeaus bergauf, an Gabelungen genügt es, sich an der Küstenlinie auf der rechten Seite zu orientieren. Schon bald kommt die Kuppel der Radarstation in Sicht, die auf dem **Compass Hill** steht, dies ist der höchste Punkt der Wanderung. Die Mühen des Aufstiegs werden mit großartigen Aussichten zur Halbinsel Compass Head und über die unendliche Weite der Nordsee belohnt. Der Weg verliert nun schnell an Höhe. Der Sumburgh Airport und der Fährhafen von Grutness kommen in Sicht. Im Hafen halten Fähren von Lerwick zur Fair Isle, der Flugplatz bedient die Strecken nach Aberdeen, Edinburgh, Glasgow, Inverness und Kirkwall.

Fähr- und Flughafen liegen an der Bucht Pool of Virkie, die um das Jahr 1500 ein wichtiges Handelszentrum der deutschen Hanse war. Heute verlockt der Grutness Beach zu einem Picknick. Wer hier noch widerstehen kann, wird vielleicht auf der anderen Seite der schmalen Landverbindung weich. Dort kommt kurz vor dem Ende der Wanderung hinter dem Sumburgh Hotel und dem Jarlshof der weitläufige weiße Sandstrand des **West Voe Beach** in Sicht. In den Dünen rund um die geschützte Bucht wächst der Strandhafer, hier lässt es sich vorzüglich picknicken oder sonnenbaden. Das flache Wasser lädt auch zum Planschen ein. Wild Swimming ist trotz des flachen Wassers nur etwas für gute Schwimmer, denn in der Bucht herrschen je nach Tide starke Rippströme.

GUT ZU WISSEN

Abenteuer 🔥🔥🔥🔥
Natur
Schwierigkeit

Insel: Shetland Mainland
Von: Sumburgh Hotel
Bis: Sumburgh Hotel
Länge: 6 Kilometer
Höhenmeter: 180 (hinauf und hinunter)
Etappen: 1
Markierung: keine
Höchster Punkt: Compass Hill, 105 Meter

Das brauche ich:

- Fernglas und Kamera für Vogelbeobachtungen
- einen durchschnittlichen Orientierungssinn
- ein Picknick für den Strand

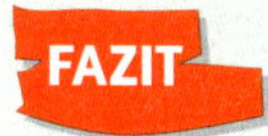

Alles, was zu einer perfekten Rundwanderung gehört – atemberaubende Landschaft, kulturelles Erbe und zahlreiche Tierbeobachtungen.

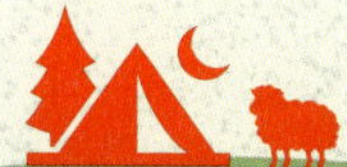

Wikingerinsel Brough of Deerness

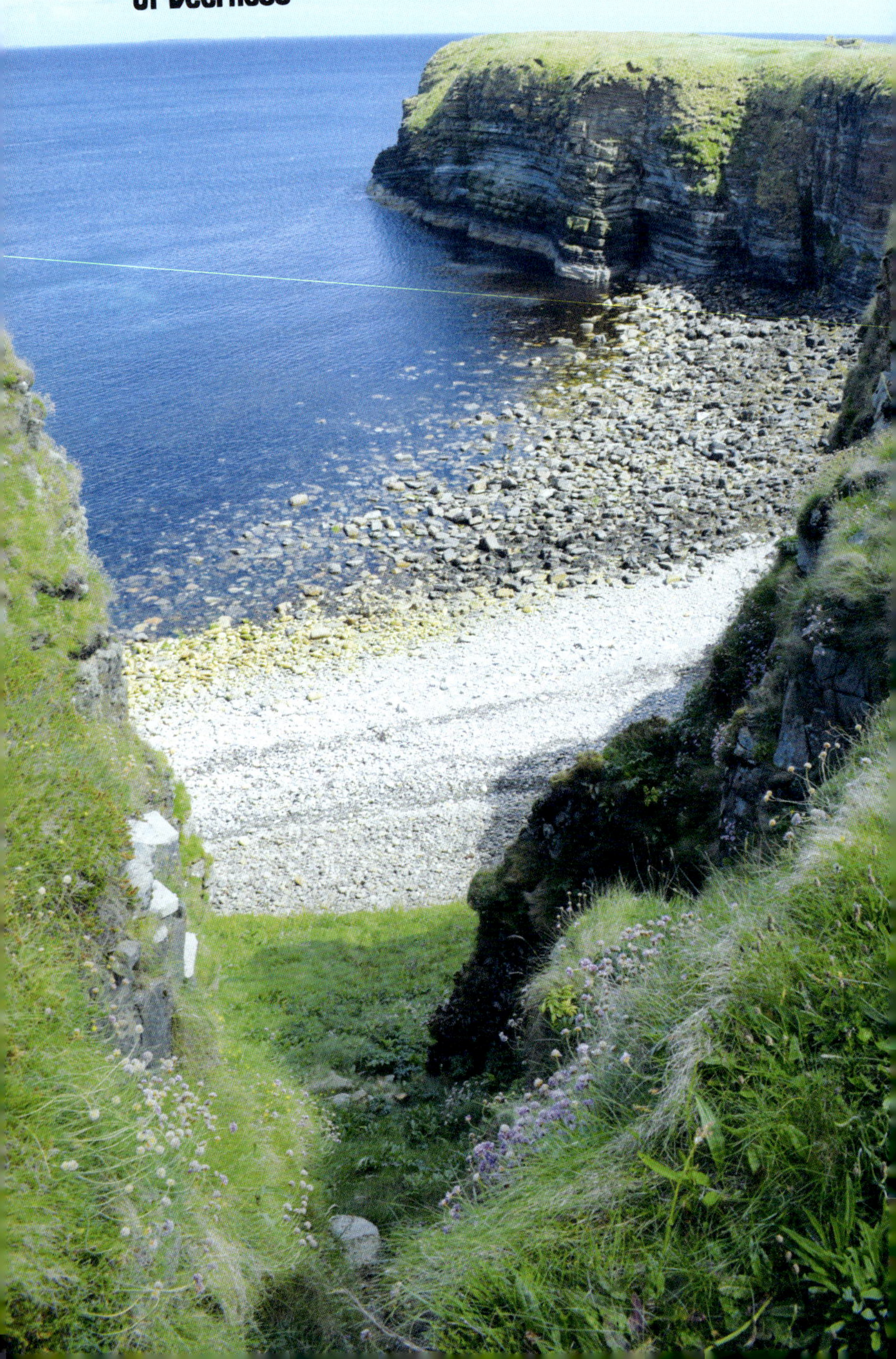

Mull Head

Von der Küstenhöhle zur Wikingerinsel

Zugegeben: Der Weg zum Old Man of Hoy ist die bekannteste Wanderung auf den Orkneys. Doch auf der Halbinsel Deerness lässt es sich wesentlich abwechslungsreicher wandern. Die Tour führt von der eingestürzten Meereshöhle The Gloup zur kleinen Gezeiteninsel Brough of Deerness, die bereits von den Pikten und Wikingern besiedelt wurde. Und im Mull Head Nature Reserve lassen sich die verschiedensten Seevögel, Schmetterlinge und Libellen beobachten.

Vor der Wanderung empfiehlt sich ein Abstecher zum **Besucherzentrum** für Informationen über das Naturschutzgebiet mit seinen Pflanzen und Tieren. Eigentlicher Startpunkt ist der Wanderparkplatz. Schon nach 200 Metern stoppt eine Holzkonstruktion den Lauf. Hier beginnt eine tiefe Rinne, die beim Einsturz einer Meereshöhle entstand und den treffenden Namen **The Gloup** trägt. *Gluppa* bezeichnete im Altnordischen eine Kluft oder einen Abgrund. Die Kraft der heranbrandenden Wellen hatte über die Jahrtausende zunächst eine Höhle entstehen lassen, deren Decke später kollabierte. Vom Meer kommend könnte man etwa 50 Meter unterirdisch durch den vorderen, noch intakten Bereich der Höhle zu dem offenen Krater schwimmen oder paddeln. Den Wanderern bietet sich vom Aussichtspunkt ein tiefer Blick in die etwa 70 Meter lange, bis zu 20 Meter breite und bis zu 25 Meter tiefe Schlucht.

Wenn die Einheimischen am Gloup voller Begeisterung von Tysties sprechen, meinen sie *black guillemots*, also Gryllteisten, die leicht mit den etwas größeren Schwarzen Trottellummen verwechselt werden können, die hier auch brüten. Diese Seevögel kommen nur für die Brut an Land und suchen sich im Gloup und auf den anderen Felsen der Halbinsel ein ungestörtes Plätzchen für ihre Eier. Bei genauem Hinsehen sind diese nicht so rund wie viele andere Eier, sondern laufen an der dünnen Seite kreiselförmig zu. Sollte das Ei auf dem Felsvorsprung ins Rollen kommen, wird es sich immer wieder zurückdrehen und nicht in die Tiefe stürzen. Genau das macht das Küken erst drei Wochen nach dem Schlüpfen, wenn es sich beim Lummensprung in die Tiefe stürzt, obwohl es noch gar nicht von seinen Flügeln getragen wird. Bei diesem Schauspiel kann einem vor Angst fast das Herz stehen bleiben, aber Verletzungen sind selten, der Aufprall auf dem Wasser oder dem Strand wird durch eine Fettschicht gebremst.

INFO

Deerness ist nur über eine schmale Landbrücke erreichbar. Der knapp 100 Meter breite Dingieshowe verbindet Deerness mit Mainland, der Hauptinsel der Orkneys.

Hinter einem zweiten Aussichtspunkt auf den Gloup führt der Weg nach Norden über die zerklüfteten Klippen des **Clu Ber**. Auf den Felsen nahe der Wasseroberfläche rekeln sich die Seehunde in der Sonne. Weiter oben fliegen, rufen und nisten Eissturmvögel, Dreizehenmöwen und Krähenscharben. Letztere können leicht mit Kormoranen verwechselt werden, doch bei genauem Hinsehen sind die Krähenscharben kleiner und schlanker, zudem haben sie ein lustiges Federbüschel oben auf dem Kopf, während es beim Kormoran eher am Hinterkopf sitzt.

Der Küstenweg führt genau auf den **Brough of Deerness** zu. Dieser etwa 80 Meter lange grasbewachsene Fels ist zwar eine

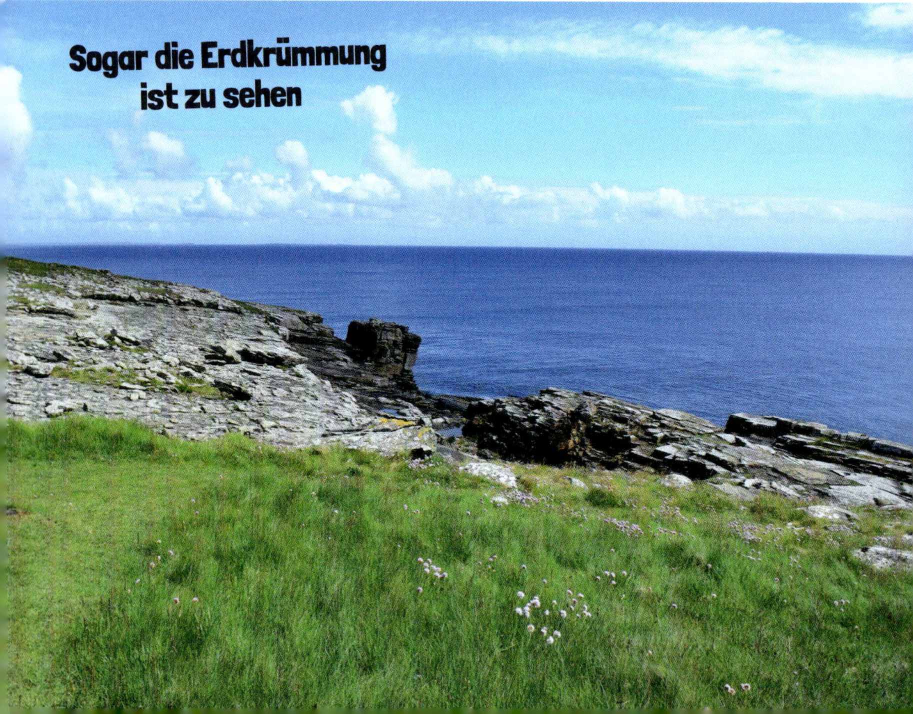

Sogar die Erdkrümmung ist zu sehen

Gezeiteninsel, jedoch nur bei hohem Seegang von der Hauptinsel abgeschnitten. Schon seit vielen Jahrhunderten zieht er die Menschen magisch an. Einige Siedlungsspuren gehen bis 600 v. Chr. zurück, auch die Pikten bauten hier. Später entstand eine Wikingersiedlung mit einem Schutzwall. Eine erste Kapelle entstand im 10. Jahrhundert, sie musste bereits im 11. oder 12. Jahrhundert ersetzt werden. Sie zählt damit zu den ältesten Nachweisen des christlichen Glaubens im Nordatlantik. Schwindelfreie steigen auf den in den Fels gehauenen Stufen hinab zur Bucht und folgen dem Pfad auf der felsigen, steilen Südseite den Brough hinauf. Dabei gilt es, weder auf dem rutschigen Untergrund abzugleiten noch das instabile Gestein loszutreten. Immer wieder verunfallen leichtsinnige Wanderer, und der Zugang musste schon mehrfach nach Erdrutschen vorübergehend gesperrt werden.

Das macht die Tour einzigartig!

- Wuselige Vogelfelsen
- Sonnenbadende Seehunde
- Die Ruine der Wikingerkapelle

Nach dem Abstecher geht es in nordwestlicher Richtung weiter, zum Teil ganz nah an den Kliffs. Schmetterlinge und Libellen schweben umher, darunter auch der Rote Admiral, der auffällig blaue Hauhechel-Bläuling und die leuchtend rote Adonislibelle. Sie lieben die Wildblumen des maritimen Gras- und Heidelandes. Hier wachsen wilder Thymian, Schlankes Jakobskraut, Knabenkraut, Moorbaumwolle und das Echte Labkraut, auch unter dem schönen Namen Liebfrauenbettstroh bekannt. Hinter einem schmalen Durchgang am Howan Lickan verläuft der Pfad nordwärts durch das Moorland und sollte möglichst nicht verlassen werden, denn im Schutz von Krähenbeere, Lauskraut und Glockenheide nisten Bodenbrüter wie Goldregenpfeifer, Brachvögel, Alpenstrandläufer, Große Raubmöwen und sogar Schmarotzerraubmöwen, die sonst viel weiter nördlich brüten. Schon bald ist der **Chip of the Mull** erreicht, so nennt sich das nördliche Ende von Mull Head. Von hier ist auf der anderen Seite des Deer Sound die Halbinsel Tankerness mit ihren markanten Landspitzen The Ness und

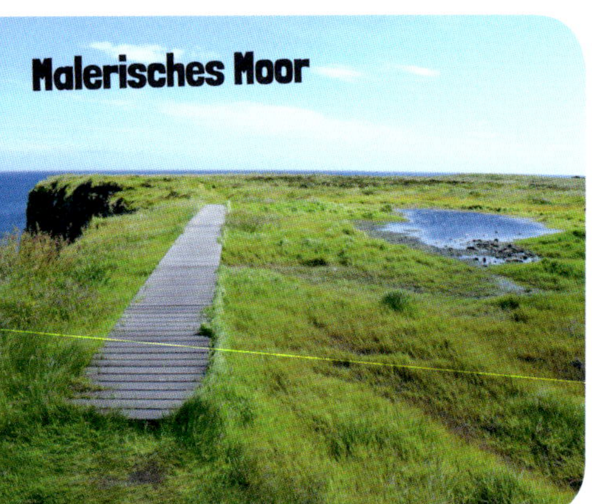

Malerisches Moor

Rerwick Head zu sehen. Dahinter ergibt sich bei klarem Wetter ein Panoramablick auf die nördlichen Orkney-Inseln Shapinsay, Eday, Stronsay South und Auskerry.

Der Weg schwenkt nach Westen und führt zu einem Vermessungspunkt (*trig point*) am höchsten Punkt des **Mull Head.** Mit 48 Metern Höhe ist er ziemlich unspektakulär, aber dennoch ein beliebtes Ziel für Trigbagger. Das sind Outdoorer, die es sich zum Ziel gesetzt haben, möglichst viele der etwa 6000 britischen *trig points* zu besuchen.

Bergab führt der Heidepfad nach Südwesten zu den zerklüfteten Klippen am **Ramna Geo** mit seinen kleinen Buchten, in deren hohen Felswänden im Frühjahr ungezählte Küstenvögel brüten. Über den Swin Ber geht es auf dem Küstenpfad am Ufer der Bucht **Den Wick** entlang. Disteln und die dunkelroten Blutaugen sprießen im feuchten Grasland. Der aussichtsreiche Weg ließe sich noch ewig fortsetzen, doch leider endet er kurz hinter dem Deerness Memorial. Am Covenanters' Memorial, so heißt das Denkmal offiziell, wird seit 1888 an ein Schiffsunglück erinnert. Während der schottischen Religionskriege waren 1679 über 1000 Anhänger des Presbyterianismus von der königlichen Armee gefangen genommen worden, ein Viertel dieser Gefangenen sollte von Edinburgh als Sklaven nach Amerika gebracht werden. Doch in einem Herbststurm sank das Schiff „Crown", der Kapitän unternahm keine Rettungsversuche, und über 200 Gefangene ertranken.

Also gehen die meisten Wanderer vor dem Holzsteg nach links durch das Heideland bergauf und fragen sich fasziniert, wer wohl in der wunderschön restaurierten **East Denwick Mill** wohnt. Weite Blicke öffnen sich über die gesamte Deerness-Halbinsel, Lerchen steigen singend auf. Nördlich der Brecklan Farm geht es vorbei an bezaubernden Wasser-Schwertlilien zurück zum Besucherzentrum und zum Wanderparkplatz.

GUT ZU WISSEN

Abenteuer 3/5
Natur 4/5
Schwierigkeit 3/5

Insel: Orkney Mainland
Von: The Gloup Car Park
Bis: The Gloup Car Park
Länge: 6,8 Kilometer
Höhenmeter: 120 (hinauf und hinunter)
Etappen: 1
Markierung: keine
Höchster Punkt: Mull Head, 48 Meter

Das brauche ich:

- genügend Zeit für die vielen Zwischenstopps
- ein gutes Picknick
- Trittsicherheit für die klippennahen Pfadabschnitte

FAZIT

Diese Tour ist der beste Einstieg ins Orkneywandern und macht Lust auf mehr. Sie bietet ganz kompakt all die Klippen, Gloups, Inselchen, Pflanzen, Tiere und Geschichten, mit denen die Orkneys Wanderer aus aller Welt begeistern.

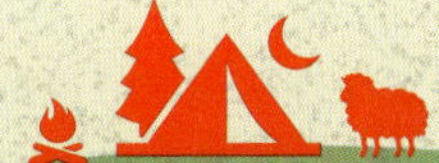

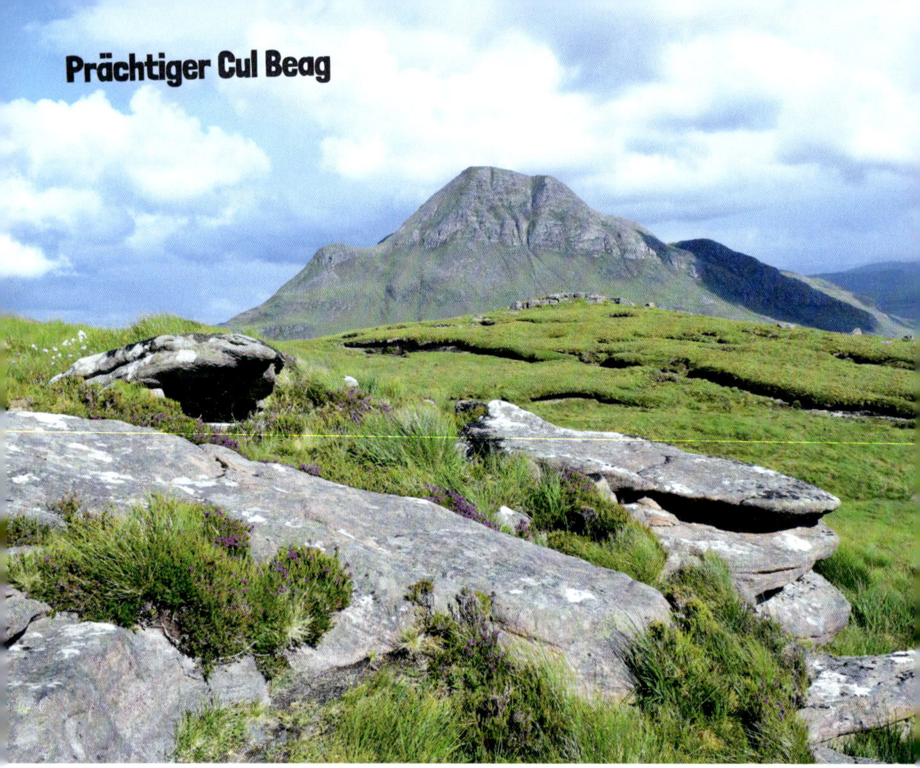

Prächtiger Cul Beag

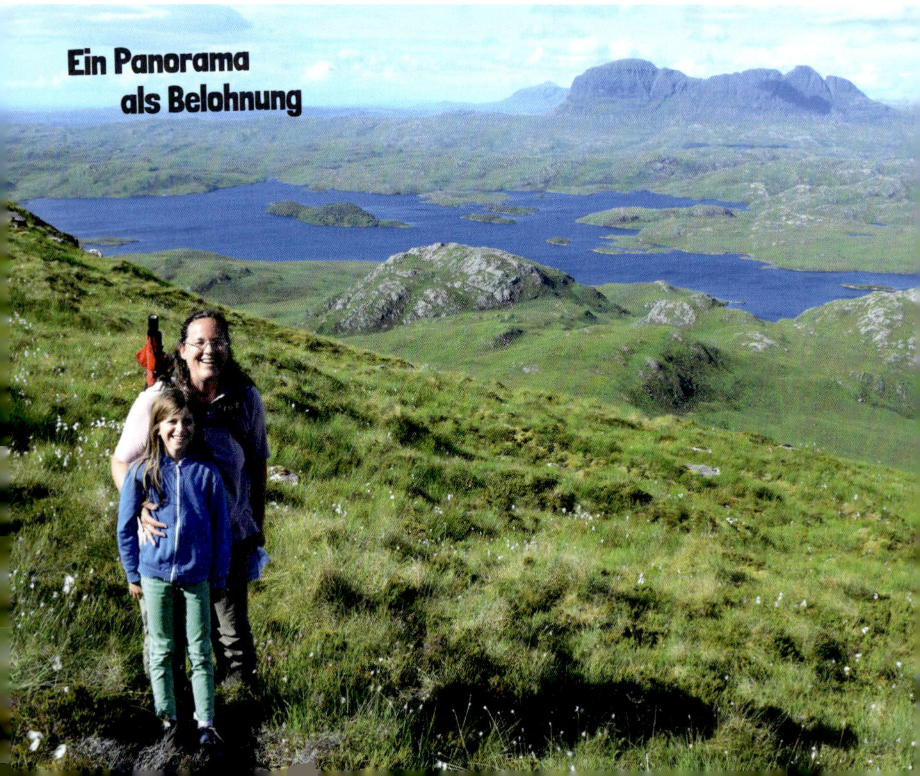

Ein Panorama als Belohnung

Stac Pollaidh

Aussichtsplatz über Highlands and Islands

Nirgendwo in Schottland gibt es bessere Aussichten. Kaum zu glauben, dass auf seinem Gipfel keine Höhenburg errichtet wurde, denn der Stac Pollaidh thront über den North West Highlands und bietet unfassbar weite Aussichten über die benachbarten Berge bis zu den Summer Islands und hinüber nach Lewis and Harris. An seinem Fuß glitzern im Sonnenlicht unzählige Seen und Tarns, das sind die typischen kleinen Teiche und Tümpel dieser Moorlandschaft.

Vorab ein guter Rat: niemals von „Stack Polly" (Stäck Polli) sprechen oder gar schreiben! Das tun nur ignorante Engländer, und sie machen sich damit bei den Schotten ziemlich unbeliebt. Ausgesprochen wird es eher wie „Stachk Poolukh". Übersetzt bedeutet es „**Steiler Fels am Tümpel**", wird aber mitunter auch als „Berg im Torfmoor" übersetzt – und beides passt perfekt!

Diese Tour ist ein purer Wandergenuss, auch für Orientierungsschwache. Vor einigen Jahren führte noch ein unübersichtliches Gewirr von Pfaden zum Stac Pollaidh, doch Wind, Regen und besonders Wanderstiefel hatten zu erheblichen Erosionen des weichen Sandsteins auf dem Südhang geführt. Vor allem die Pfade, auf denen die Wanderer früher von Süden den Gipfelsturm begannen, waren betroffen und sind inzwischen unter nachgewachsener Heide und Gras verschwunden. Nun führt der Weg ausschließlich von Norden auf den Gipfel.

Sobald am Wanderparkplatz die Straße überquert ist, führen die ersten Steinstufen durch das **schattige Wäldchen** zügig bergauf. An einem Wildzaun endet der Wald, nur noch einzelne Büsche und junge Bäume wachsen dekorativ in der Moorlandschaft. Hinter dem Holztor käme niemand auf die Idee, nach links abzubiegen, das ist erst der Rückweg, und jeder strebt halb rechts der Ostflanke des Stac Pollaidh entgegen. Hier ist schon der Großteil der Höhenmeter geschafft, denn er wirkt viel höher, als er ist. Mit seinen 612 Metern könnte er anderswo niemanden beeindrucken, doch hinter dem 58 Meter hoch gelegenen Loch überragt er seine Umgebung ziemlich eindrucksvoll. Außerdem gilt eine Erhebung in Großbritannien ab 610 Metern nicht mehr als Hügel, sondern als Berg!

Zwischen vereinzelten Felsbrocken, Gräsern, Farn und Erika gewinnt der Weg schnell an Höhe. Jede Verschnaufpause lässt sich nun mit dem Wunsch rechtfertigen, die Aussicht genießen zu wollen. Nach Süden öffnet sich über dem Loch Lurgainn der Blick auf den 589 Meter hohen **Sgòrr Tuath**, hinter dem sich die geschwungene Bergkette der Coigachs erhebt. Direkt hinter dem Sgòrr Tuath ragen der pyramidenförmige Südgipfel des Sgùrr an Fhidhleir (705 Meter) und sein 648 Meter hoher Nordgipfel empor.

Der Weg führt am Fuß des Stac Pollaidh halb um den Berg herum. Das Panorama wird nun vom östlichen Nachbarn **Cul Beag** (769 Meter) dominiert. Mit jedem Höhenmeter ergeben sich neue Fernblicke auf die karge Wildnis des Assynt. Immer mehr Berge und Hügel, Lochs und Tarns kommen in Sicht.

Im Tal glitzert das Sonnenlicht auf der Wasseroberfläche der drei großen Lochs im Norden des Cul Beag: Der nahe Loch Lòn

INFO

Der Westgrat und der letzte Aufstieg zum Hauptgipfel erfordern sehr gute Kletterfertigkeiten und kommen für normale Wanderer nicht in Betracht.

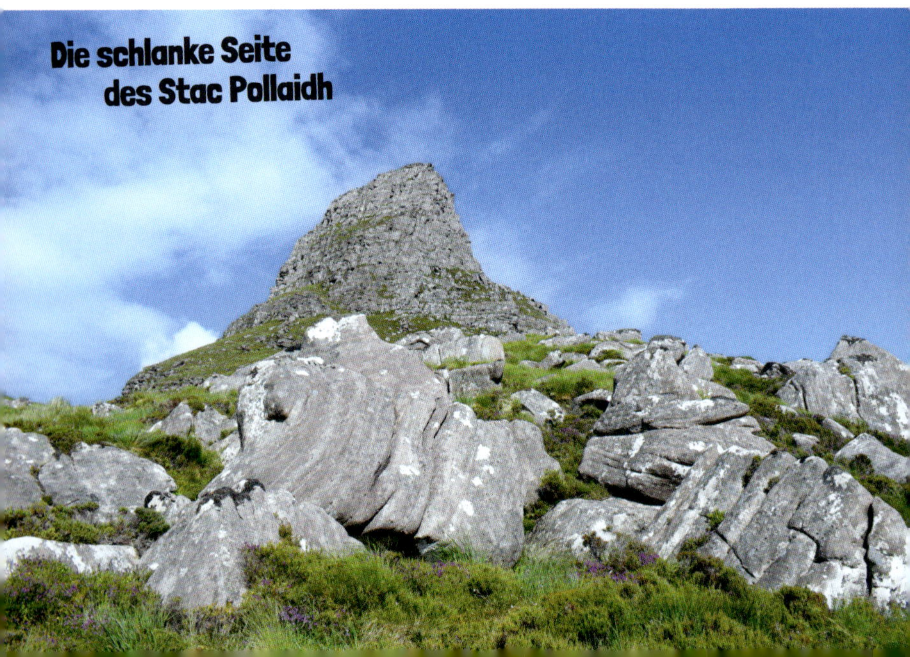

Die schlanke Seite des Stac Pollaidh

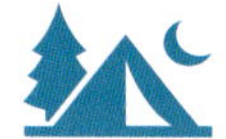

na h-Uamha und dahinter der große Loch An Doire Dhuibh, er bildet mit dem kleinen Lochan Gainmheich einen Doppelsee. Dahinter ragt der **Cul Mor** mit seinen drei Gipfeln hoch empor, der höchste misst 849 Meter.

Die Gabelung nordöstlich des Berges verlangt eine Selbsteinschätzung: Bin ich trittsicher und schwindelfrei? Traue ich mir den Aufstieg auf der Nordseite des Stac Pollaidh bei den aktuellen Wetterverhältnissen zu? Dann folge ich dem Pfad nach links steil bergauf zu einer Scharte im Gipfelkamm mit seinen Felstürmen. Von dort sind es nur noch wenige Schritte zum **Ostgipfel**. Die traumhafte 360°-Aussicht dort oben lässt jede Mühe vergessen. Aus jedem Blickwinkel ergeben sich neue Aussichten, die genossen und fotografiert werden wollen. Damit ist es dann auch genug, sosehr der Hauptgipfel auch locken mag. Die letzten Meter dorthin sind zwar mit Steinhaufen gekennzeichnet, aber definitiv keine Wanderung mehr, sondern eines der schwierigsten und gefährlichsten Kletterabenteuer in ganz Schottland.

Das macht die Tour einzigartig!

- **Spektakuläre Aussichten**
- **Bizarre Felsformationen**
- **Postkartenidyll am Loch Lurgainn**

Der Abstieg erfolgt anfangs auf demselben Weg, zurück zur Scharte und dort links bergab zum unteren Weg. Auf diesem waren diejenigen geblieben, die an der Gabelung eine der Fragen mit „Nein“ beantwortet hatten. Bereut haben sie es aber bestimmt nicht, denn auch auf dem unteren Weg haben sie hinter dem riesigen Loch Sionascaig den **lang gestreckten Sula Bheinn** (engl.: Suilven) mit seinen Felshöckern bestaunt. Sein Name bedeutet „Berg wie ein Pfeiler“. Dieser Name mag aus der aktuellen Perspektive ungewöhnlich erscheinen, doch wirkt seine steil abfallende Nordostseite tatsächlich wie ein schmaler Pfeiler. Eine vollkommen andere Form hat der Canasp (847 Meter) rechts dahinter: Seine beiden Flanken fallen gleichmäßig ab. Sula Bheinn und der Stac Pollaidh sind ein ganzes Stück niedriger, dennoch geht von ihnen eine wesentlich größere Faszination aus, weil sie

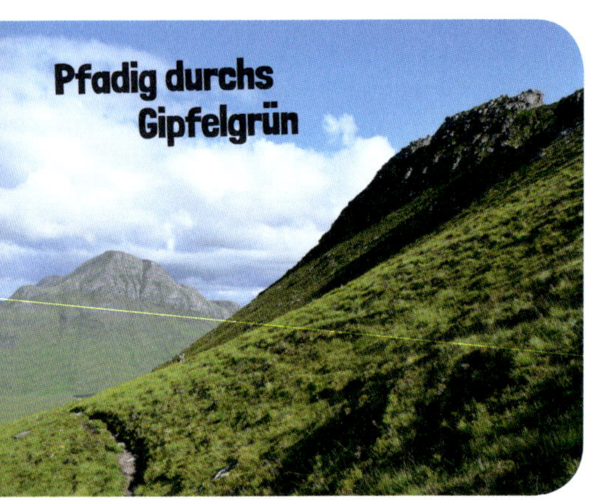

als Inselberge nach allen Seiten aus dem flachen Moorgebiet aufragen.

Je weiter der Pfad um den Stac Pollaidh herumführt, desto mehr Wasser kommt in Sicht. Auf halber Höhe lockern ein namenloser Teich und zahlreiche Tümpel die karge Moorlandschaft auf. Am Fuß des Berges sind es dicht beieinanderliegende Lochs, weiter hinten zahlreiche Inselchen im Minch. So heißt das Seegebiet zwischen dem schottischen Festland und den Äußeren Hebriden. Bei klarer Sicht ist im Norden der Leuchtturm von Point of Stoer zu sehen, westlich lässt sich am Gipfel des Meall Mor der höchste Punkt der Summer Isles festmachen.

Die idyllischen Lochs mit ihrer typisch länglichen Form entstanden im Eiszeitalter durch Gletscher. Nur wenige Bäume können in der kargen Landschaft überleben, der saure Boden der Torfmoore lässt in den niedrigen Lagen eher Heidekraut, Fingerhut, Krähenbeere, Sumpfgras und das insektenfressende Fettkraut gedeihen. Weiter oben sind es oft sogar nur Moose, an einigen Stellen wachsen Flechten. Sie sind typische Bioindikatoren für die Luftreinheit, denn sie besiedeln nur Orte mit sehr guter Luft.

Der Abstieg zur Südseite führt an **bizarren Felsformationen** entlang. Die erodierten Sandsteinfelsen sind in diesem Abschnitt besonders zerklüftet, sie bilden spitze Türmchen, mächtige Säulen und wüste Geröllfelder. Nun kommt auch wieder der Loch Lurgainn ins Blickfeld, mit einer hübschen Halbinsel und einem verlockenden Sandstrand. Damit es nicht langweilig wird, ändert sich nun die Bodenbeschaffenheit. Der Pfad wird sumpfiger, und es fällt schwer, zwischen den Tümpeln des **Torfmoors** trockene Füße zu bewahren. Doch es ist nicht mehr weit bis zum Holztor, wo die vom Aufstieg vertrauten Steinstufen schon darauf warten, den Wanderer sicher zurück zum Ausgangspunkt zu bringen.

GUT ZU WISSEN

Abenteuer 🔥🔥🔥🔥 (4 von 5)
Natur ⛺⛺⛺⛺⛺ (5 von 5)
Schwierigkeit (3 von 5)

Insel: Großbritannien
Von: Inverpolly-Nature-Reserve-Wanderparkplatz am Loch Lurgainn
Bis: Inverpolly-Nature-Reserve-Wanderparkplatz am Loch Lurgainn
Länge: 4,2 Kilometer
Höhenmeter: 481 (hinauf und hinunter)
Etappen: 1
Markierung: keine
Höchster Punkt: Stac Pollaidh Ostgipfel, 542 Meter

Das brauche ich:

- Fernglas für die unendlich weiten Panoramablicke
- Schwindelfreiheit für den Abstieg
- Umsicht und festes Schuhwerk im Moor

FAZIT

Kurz und knackig: Der steile Aufstieg gleich am Anfang bringt jeden schnell auf Betriebstemperatur. Danach wird die Atemluft eher für die vielen „Oh"- und „Ah"-Rufe benötigt, die in diesem traumhaften Panorama einfach herauswollen.

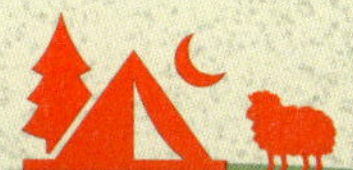

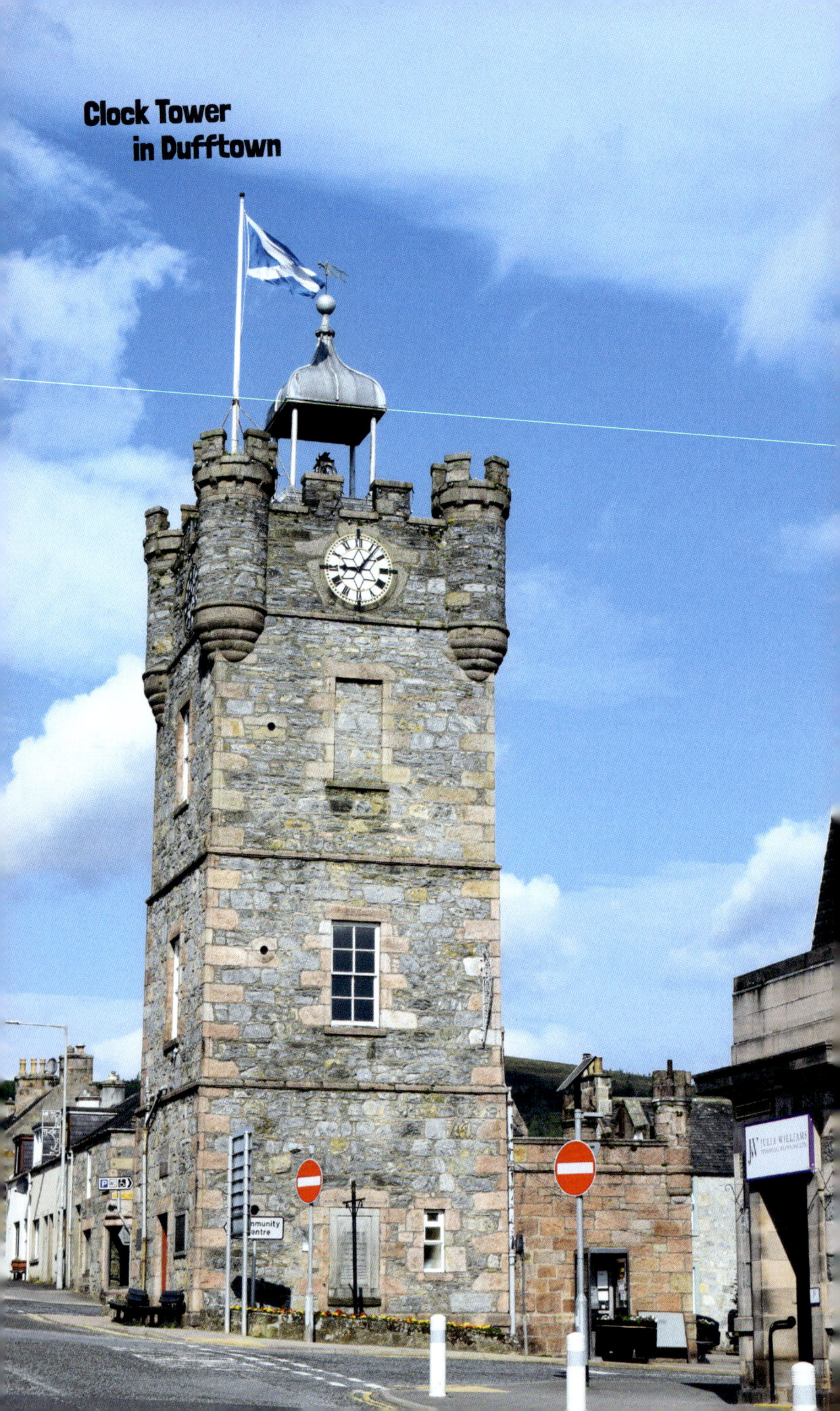

Clock Tower in Dufftown

Speyside Way

Warum er auch Whisky-Trail heißt

Küste, Fluss und Moor – welch großartige Kombination für einen Wanderweg! Er steigert seinen Schwierigkeitsgrad von Tag zu Tag. An der Küste von Moray lassen sich noch Seevögel und Delfine beobachten, bevor es das Flusstal hinaufgeht. Oft bleibt der Spey in Sichtweite, denn der Speyside Way führt auf alten Fischerpfaden und der Trasse der stillgelegten Bahnstrecke Strathspey Railway bis zu den mächtigen Erhebungen der Cairngorm Mountains.

Der Speyside Way hält einige Überraschungen bereit. Die erste ist schon der offizielle Startpunkt. Seit dem Jahr 2000 befindet er sich nicht mehr an der Speymündung, sondern gut 9 Kilometer östlich davon in der Hafenstadt **Buckie** (gälisch: **Bucaidh**). Der geschäftige Fischerort bietet eine gute Infrastruktur, um den Rucksack mit Proviant zu füllen.

Ohne nennenswerte Höhenunterschiede führt der Weg aus Buckie heraus und an der Küste entlang nach **Portgordon**. Ob das Hikerglück wohl ausreicht, um die Portgordon Seals zu beobachten? Das ist eine Gruppe von Seehunden, die sich hier niedergelassen hat. Oft tummeln sie sich in der Nähe des Hafens im Wasser oder entspannen sich auf den Felsen.

In **Spey Bay** mündet der Spey in die Nordsee – als breiter, flacher Fluss mit vielen Schotterinseln. Durch die Gezeiten wechseln sich das Süßwasser des Flusses und das Salzwasser der Nordsee stetig ab und ermöglichen eine große Artenvielfalt. Die vielen Vogelarten wiederum locken Ornithologen an, die hier überall mit Kameras und Bestimmungsbüchern auf der Lauer liegen.

Nach einem Abstecher zum imposanten Spey-Viadukt verläuft der Speyside Way zunächst am Waldrand des Culriach Wood, dann aber wieder direkt am Fluss. Auf dem Uferdeich wachsen Kräuter, Gräser und Sträucher, das ist zur Stechginsterblüte im Juni/Juli ein Genuss in Gelb. Hinter dem Kiefernwäldchen Warren Wood wird bald schon **Fochabers** (gälisch: **Fachabair**) erreicht.

Im Slorach's Wood lockt ein Wegweiser zu den Earth Pillars. Das ist eine Buntsandsteinformation, die von hier oben nicht einmal besonders sehenswert ist, aber einen fantastischen Ausblick ins Speytal bietet. Bergab geht es zum Burn of Mulben und nach **Boat o'Brig**, wo in früheren Zeiten eine kleine Fähre die beiden Flussufer verband.

INFO

Die Speyside ist eine kleine Whiskyregion mit über 50 aktiv produzierenden Destillerien. Kenner loben die Fruchtnoten und die Milde der Speyside-Whiskys.

Wer mit vollem Campinggepäck wandert, wird sich darüber freuen, dass der Speyside Way nicht über den 471 Meter hohen kahlen Ben Aigan führt, sondern auf halber Höhe durch die Wälder Wood of Knockmore und Wood of Arndilly. Kurz vor Craigellachie mündet der Fiddich in den Spey, hier im Glen Fiddich („Tal des Fiddich") verlief bis 2006 ein Abstecher des Speyside Ways nach **Dufftown**, der inoffiziellen Hauptstadt des Malt Whisky.

Craigellachie (gälisch: **Creag Eileachaidh**) ist bekannt für die Telford Bridge, eine Eisenbrücke mit vier Wehrtürmen. Auch ohne Abstecher nach Dufftown gibt der Speyside Way spätestens in Craigellachie zu erkennen, warum er auch Whisky-Trail

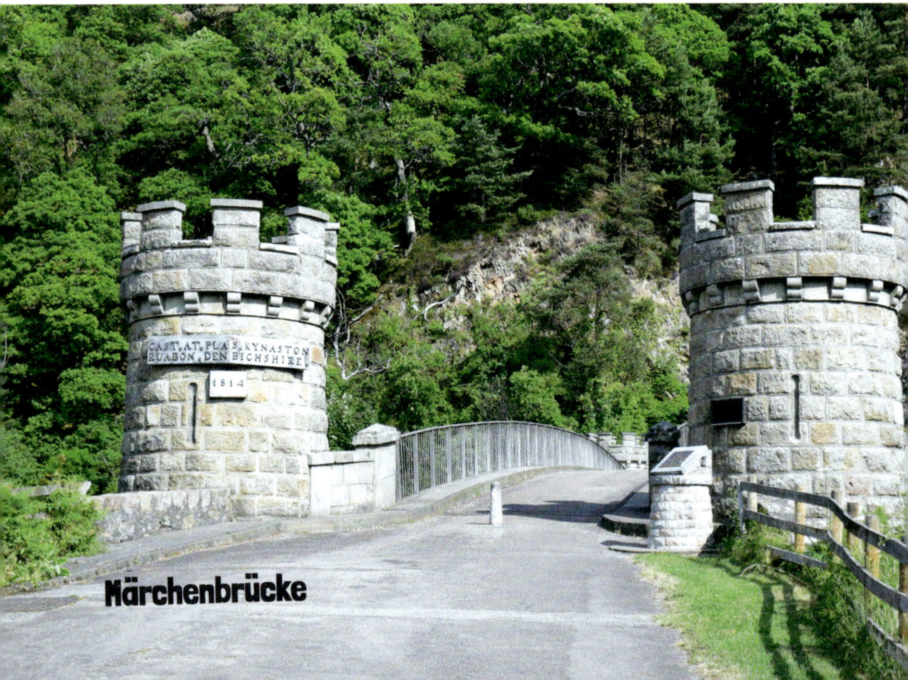

Märchenbrücke

genannt wird: Auf der Straße nach Dufftown kann die Speyside Cooperage besichtigt werden, eine Böttcherei, die jährlich mehr als 100.000 Whiskyfässer produziert und in ihrem Besucherzentrum sehr anschaulich das alte Handwerk des Fassbinders erklärt. Im Ort selbst liegt die Craigellachie-Destillerie und auf der anderen Speyseite die Destillerie Macallan, die nach Voranmeldung besichtigt werden kann. Diesen beiden werden noch zahlreiche weitere Destillerien folgen, die mit Führungen, Verkostungen und gut sortierten Shops für ihre Produkte werben. Bei so viel Hochprozentigem kommt das Hinweisschild auf den Werksverkauf von Walker's Shortbread sehr gelegen. Hier kann der Proviant um köstliche Shortbreads und andere Kekskösttlichkeiten aufgestockt werden.

Das macht die Tour einzigartig!

- **Der Duft wilden Fenchels**
- **Alte Fischerpfade am Spey**
- **Die Telford Bridge**

Das Speyside Way Visitor Centre im alten Bahnhof von **Aberlour** ist Startpunkt für eine herrlich flache Etappe auf der Eisenbahntrasse der stillgelegten Bahnstrecke Strathspey Railway. Dabei wird der Spey auf ehemaligen Eisenbahnbrücken überquert. Das Gelände wird offener und bietet feine Ausblicke hinab ins Speytal. Zahlreiche alte Haltepunkte begeistern mit liebevoll eingerichteten Rastplätzen, schönen Talblicken und bezaubernden Namen wie Dailuaine („grünes Tal") und Tamdhu („kleiner dunkler Hügel"). Die Destillerien am Wegesrand stellen gute Single Malt Whiskys her, produzieren aber auch für Blended Whiskys wie Johnnie Walker und The Famous Grouse.

Hinter Delnapot führt der Weg wieder auf die andere Flussseite und gabelt sich an der alten **Ballindalloch Station.** Halb rechts führt der neuere Hauptweg über Aviemore nach Newtonmore. Scharf links geht es auf dem älteren Teilstück über Ballindalloch nach Tomintoul. Die Tomintoul Spur ist das Sahnestück des Weges. Hinter der Auldich Farm ändert sich die Landschaft ganz enorm, denn es geht hinauf in die Cairngorms. Hinter der Glenlivet-Destillerie geht es auf einsamen Pfaden durch offenes Moorland hinauf zum **Càrn Daimh**. Mit seinen 570 Metern

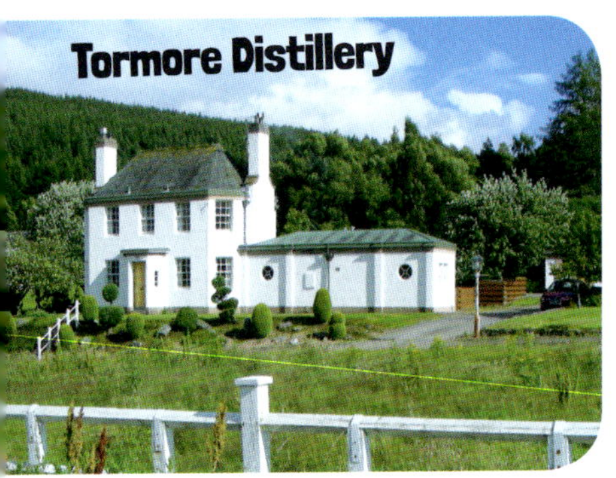
Tormore Distillery

ist er der höchste Punkt auf dem Speyside Way und bietet einen großartigen Rundumblick. Nach dem Abstieg endet die Tomintoul Spur am Touristenbüro in **Tomintoul**. Die meisten Speyside-Walker nehmen am nächsten Morgen den Schulbus oder ein Taxi zurück nach Ballindalloch, der echte Genusswanderer lässt sich den schönen langen Wandertag zurück über den Carn Daimh nicht entgehen.

Von Ballindalloch Station führt der Bahntrassenweg durch ein Waldstück, in dem wilde Kaninchen leben und in die Hänge neben dem Weg viele Gänge gebuddelt haben. Hinter der Tormore Distillery – architektonisch eine der schönsten – führt der Weg von der Bahntrasse bergauf ins offene Moorland, das auch mit nassen und sumpfigen Passagen nicht geizt, während er mehrere Waldgebiete durchquert. Hinter Cromdale verläuft der Weg auf der linken Speyseite zum Teil durch uralten Kaledonischen Kiefernwald und erreicht **Grantown on Spey**.

Auf der Old Spey Bridge geht es zurück zur Bahntrasse, die durch die offene Landschaft mit idyllischen Speytal-Blicken nach Nethy Bridge führt. Auf dem Weg nach Boat of Garten lassen sich manchmal Fischadler beobachten, denn der nahe Loch-Garten ist bekannt für seine Fischadler-Population. Nun kann nicht mehr auf der Bahntrasse gelaufen werden, denn zwischen Boat of Garten und **Aviemore** verkehrt tatsächlich noch ein Museumszug mit Dampflok und bietet feine Fotomotive vor der Kulisse der Strathspey-Landschaft.

Das jüngste und letzte Teilstück des Weges führt erneut tief in die Cairngorms. Bis Kincraig dient noch die Bahnlinie als Orientierung, danach geht es am Loch Insh entlang wellenförmig hinauf zu den Uath Lochans und ins Insh Marshes National Nature Reserve. Ab Kingussie muss nur noch dem Radweg durchs Tal gefolgt werden, um das Ziel in **Newtonmore** zu erreichen. Die wilde Seenlandschaft der Uath Lochans am letzten Wandertag ist ein Abschluss, den keiner je vergessen kann, der diesen Weg gelaufen ist.

GUT ZU WISSEN

Abenteuer 3/5
Natur 4/5
Schwierigkeit 4/5

Insel: Großbritannien
Von: Buckie
Bis: Newtonmore
Länge: 136,8 Kilometer, eine 25,2 Kilometer lange, anspruchsvolle Teilroute führt von Ballindalloch nach Tomintoul
Höhenmeter: 1207 hinauf, 970 hinunter
Etappen: 7
Markierung: stilisierte weiße Distel in weißem Sechseck (Scotland's Great Trails) oder weißer Lachs vor dunkelblauem Destillerieturm
Höchster Punkt: Càrn Daimh, 570 Meter

Das brauche ich:

- Busfahrplan von Tomintoul zurück nach Ballindalloch
- Insektenabwehr gegen die winzigen Midges und Zecken
- Lust auf Whisky

FAZIT

Eine gute Wanderung für Anfänger und Genusswanderer, die lieber die Landschaft genießen, als jeden Schritt genau zu bedenken. Bei technischem Interesse an den Gerätschaften und Abläufen der zahlreichen Destillerien können sogar 14 Tage zu kurz sein.

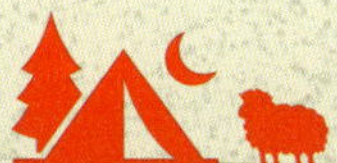

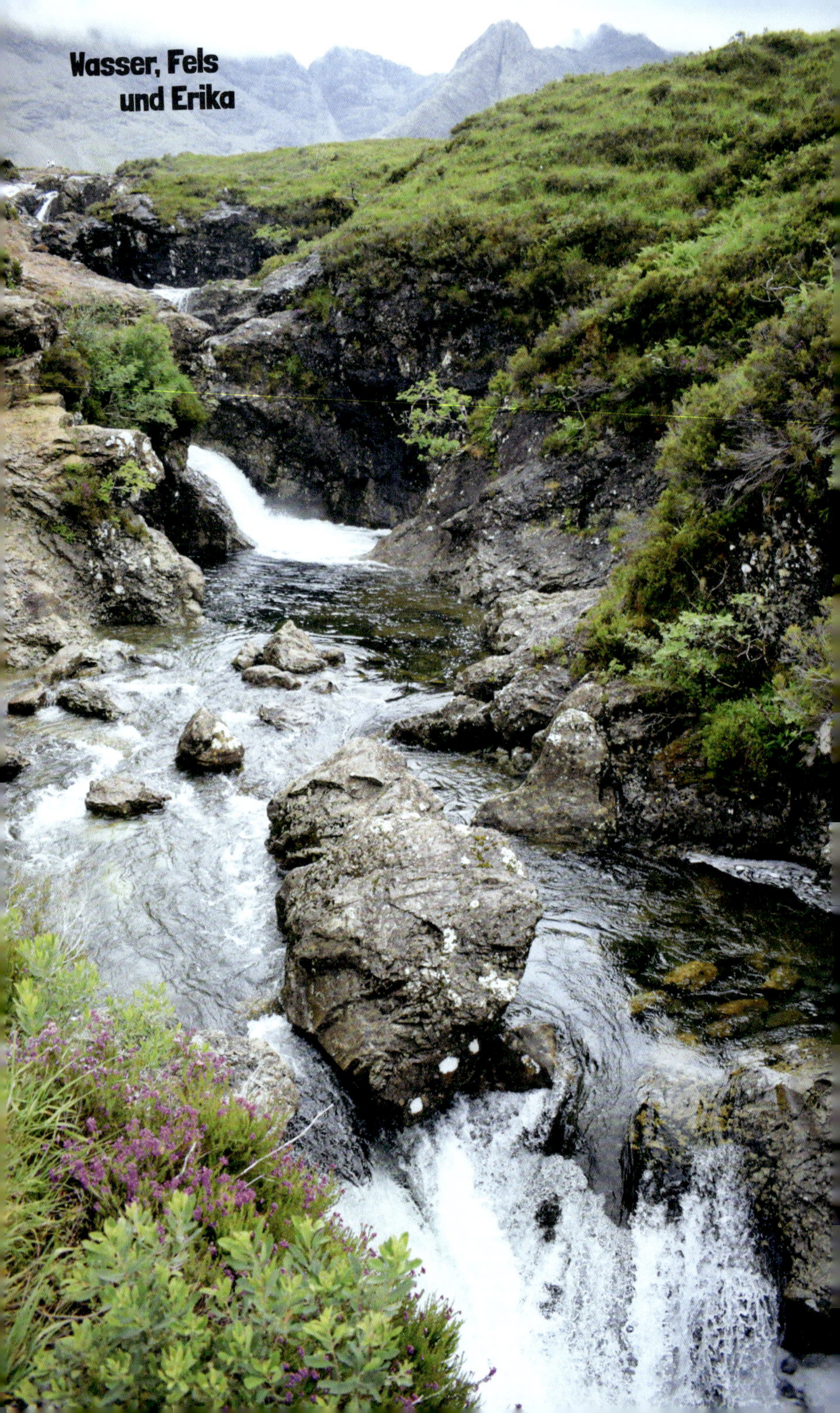

Wasser, Fels
und Erika

Glumagan nan Sithichean

Fairy Pools und Fernblick

Diese Wanderung müsste eigentlich zweimal in diesem Buch auftauchen: einmal bei strahlendem Sonnenschein mit glitzernden blauen Wasserbecken, feinen Aussichten ins Glen Brittle und gemütlichen Picknicks am Fuß der Cuillin Mountains. Und ein zweites Mal bei Regenwetter, wenn die Wasserfälle gut gefüllt sind und die tief hängenden Wolken der Landschaft etwas Mystisches geben. Ist das vielleicht ein Anreiz, den Weg zweimal zu gehen?

Zu den beliebtesten Wanderungen auf der Isle of Skye gehört der Weg zu einer Kaskade von Wasserfällen, die ganz verträumt Fairy Pools genannt werden, Glumagan nan Sithichean auf Gälisch. An schönen Tagen ist vom Startpunkt aus fast die komplette Wanderstrecke zu sehen, und es kann Vorfreude auf weite Aussichten aufkommen. Doch auch trübes Wetter ist kein Grund für trübe Stimmung, denn bei Regenwetter tosen die Wasserfälle umso imposanter – und es lässt sich in dieser kargen Berglandschaft hinter manch einem Felsbrocken eine Fee vermuten, die nur darauf wartet, in eines der Wasserbecken zu hüpfen, sobald die Menschen nicht mehr hinschauen.

Vom Parkplatz geht es auf der gegenüberliegenden Straßenseite zunächst auf einem breiten Schotterweg bergab, dann etwas ebener durch feuchtes Grasland. Eine Brücke erleichtert die Überquerung eines namenlosen Baches, das rostige Metallschild daneben kündigt die Fairy Pools an. Der Weg nähert sich nun dem **Allt Coir' a Mhadaidh** an. Das Flüsschen kommt aus den Cuillin Mountains und wird auch Brittle River genannt.

Hier unten wirkt es fast noch wie die meisten anderen schottischen Bäche und Flüsse. Es plätschert munter über **kleine Stromschnellen**, umströmt Felsbrocken und verlässt auch schon einmal sein Bett, wenn es ihm darin zu eng wird. Aus allen

Richtungen wird es von kleinen Bächen und Rinnsalen gespeist, die sich durch das sumpfige Grasland schlängeln. Das Wasser ist nur wenige Zentimeter tief. Es ist kaum vorstellbar, dass darin jemand baden möchte, aber hin und wieder fällt der Blick auf Menschen mit nassen Haaren und Handtüchern um die Schultern. Hartgesottene Bärtige, zähe Seniorinnen, junge Mädchen und ganze Familien haben offenbar ihr Bad schon hinter sich.

INFO

Bis vor 10 Jahren waren diese Wasserfälle weitgehend unbekannt. Inzwischen ist im Sommer nur frühmorgens, spätnachmittags und bei Wildwetter ein Parkplatz zu finden.

Je weiter der Weg neben dem Flusslauf bergan führt, desto eher ist zu verstehen, warum es die vielen Besucher hierherzieht. Der Allt Coir' a Mhadaidh hat sich tief in das karstige Gestein gegraben. Über zahlreiche Geländestufen stürzen Wasserfälle in **natürliche Pools**. Jeder ist anders: knöcheltief und scheinbar bodenlos, still, strömend und wild strudelnd. Bei genauem Hinsehen ist in einem der Pools sogar ein Unterwasserbogen zu sehen. Ob das wohl der Zugang zum Feenland ist?

Ein Träumchen: Das kristallklare blaue Wasser in den Becken glitzert in der Sonne, es zieht Wildschwimmer und überhitzte Wanderer magisch an. Die Erfrischung ist nur einen beherzten Schritt vom Weg entfernt, und er**frisch**end ist sie wahrlich. Immerhin kommt das Wasser aus den Bergen und ist nur 8–12 Grad

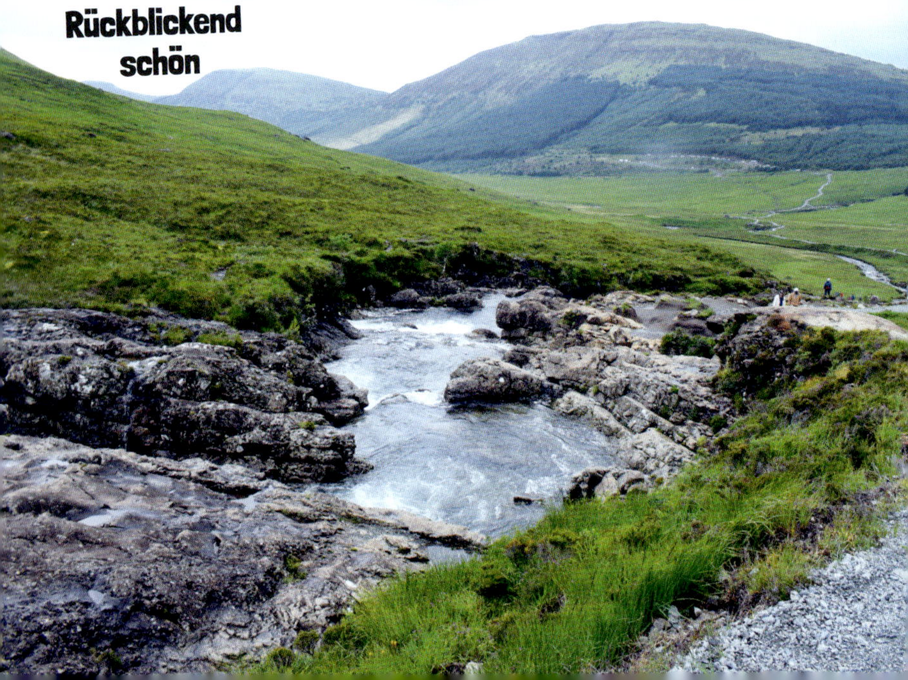

Rückblickend schön

kalt. Außerdem ist an sonnigen Tagen mit zahlreichen Zuschauern und deren Kameras zu rechnen. Wer abgehärtet und mutig genug ist, dort ein Bad zu nehmen, sollte außerhalb der Hauptbesuchszeiten kommen oder muss darauf gefasst sein, von Touristen aus aller Welt fotografiert zu werden.

Wer ohne Bad (oder danach) weiterwandert, kann sich auf eine große Vielfalt von Wasserfällen freuen. Mit leisem Gluckern und ohrenbetäubendem Rauschen fließt das Wasser durch schmale Spalten und über breite Kiesbetten. Da gibt es ganz breite, die wie ein Schleier über eine gleichmäßige Kante keinen Meter tief fallen. Andere fallen aus großer Höhe in einem einzigen schmalen Strahl. Wieder andere rauschen rechts und links an einem Fels vorbei und vereinigen sich dahinter wieder. Einer von ihnen bildet bei den zurückfließenden Wasserströmen sogar ein X!

Das macht die Tour einzigartig!

- **Die zauberhaften Wasserfälle**
- **Der schroffe Hang des Bruach na Frithe**
- **Die Vogelwelt im Moorland**

An Regentagen muss auf dem Weg neben den Pools manch ein Zulauf übersprungen oder durchwatet werden. Ein Blick auf die Karte: Zwischenzeitlich hat sich der Flussname geändert, denn der Allt Coir' a Mhadaidh kommt von Südosten und gibt dem Fluss seinen Namen, sobald er mit dem **Allt Coir' a' Tairneilear** zusammenfließt. An einem Steinhaufen kann der Pfad nach links entspannt ignoriert werden, noch mag sich niemand von den Wasserfällen verabschieden.

Eindrucksvoll erhebt sich der **Sgùrr an Fheadain** (688 Meter) mit seiner auffälligen senkrechten Rinne, die eine Herausforderung für die besten Felskletterer ist. Sie heißt treffend Waterpipe Gully, also Wasserrohr-Schlucht. Der Weg wird feuchter und steiniger, er führt durch eine Furt und geradeaus weiter auf das Tal zu, durch das der Allt Coir' a' Tairneilear zwischen dem Sgùrr an Fheadain und dem Bruach na Frithe angeflossen kommt.

Weil es schöner ist, einen Rundweg zu laufen, geht es nicht auf demselben Weg zurück, sondern links auf dem Pfad am Fuß des

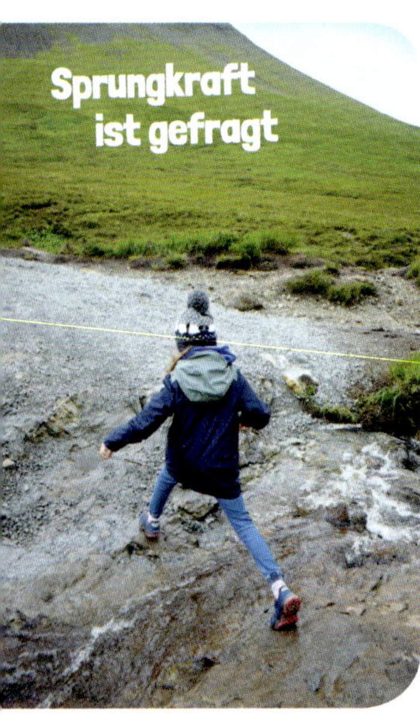
Sprungkraft ist gefragt

Bruach na Frithe über den Geröllhang bergauf. Der Pfad steigt zunächst sanft an und gewinnt später schneller an Höhe. Zurück auf die Fairy Pools schauend, ergibt sich nun ein guter Blick auf den **Sgùrr Thuilm** (881 Meter). Zwischen Berg und Fluss kam es 1601 zur letzten Schlacht der Clans MacLeod und MacDonalds, sie ging als Battle of Coire na Creiche in die Geschichtsbücher ein.

Steinhaufen helfen bei der Orientierung auf dem Weg zum **Bergsattel Bealach a' Mhaim** mit Aussicht auf seine beiden Lochs und die Isle of Raasay. Auf dem Verbindungsweg von Sligachan nach Glen Brittle geht es nach links auf einem bequem zu laufenden Forstweg neben dem Bach Allt a' Mhàim. Hier werden große Anstrengungen bei der Aufforstung unternommen. Nach längeren Regenfällen kann es in einigen Furten nasse Füße geben. Es geht sehr viel ruhiger zu als an den Wasserfällen und Becken der Glumagan nan Sithichean. Rücksichtsvolle und leise Wanderer können im Moorland und im angrenzenden Wald Rothirsche, Kaninchen und viele verschiedene Vogelarten beobachten, darunter stark gefährdete Arten wie der Wiesenpieper, Brachvögel und den Sandregenpfeifer. Auch Steinwälzer, Alpenstrandläufer und Graureiher. Manchmal verirren sich auch Möwen von der Küste hierher, hin und wieder steigen Krähen- und Rabenschwärme auf.

Ohne wieder ganz ins Tal zurückzuführen, verläuft der Weg parallel zum Waldrand und bietet mit einem kleinen, **moorbraunen Wasserfall** noch ein letztes Fotomotiv, bevor es auf dem Hauptweg zurück zum Parkplatz geht.

Die Wanderung war zu kurz? Am Parkplatz beginnt auch die 16 Kilometer lange Rundwanderung Bealach Brittle Loop, eine waldreiche Runde um die Gipfel des Beinn a Bhràghad und Beinn Staic. Das ist nach der kargen Landschaft rund um die Wasserfälle ein ziemlicher Kontrast. Benannt ist die Runde nach dem Bealach-Brittle-Pass, der die Täler Glen Eynort und Glen Brittle miteinander verbindet.

GUT ZU WISSEN

Abenteuer 3 von 5
Natur 4 von 5
Schwierigkeit 2 von 5

Insel: Isle of Skye
Von: Glenbrittle Forestry Commission Car Park
Bis: Glenbrittle Forestry Commission Car Park
Länge: 7,9 Kilometer
Höhenmeter: 313 (hinauf und hinunter)
Etappen: 1
Markierung: keine
Höchster Punkt: Bealach a' Mhaim, 352 Meter

Das brauche ich:

- Fantasie für die Feengeschichte
- Mut für ein Bad in den Pools
- Faltblatt der Forestry Commission mit der Wanderskizze

FAZIT

Eine abwechslungsreiche Bergwanderung durch eine geologische Zauberwelt. Jedes Wetter ist prima – vom heißen Badewetter bis hin zu Regentagen, bei denen die unbändige Kraft der Natur besonders gut zu spüren ist.

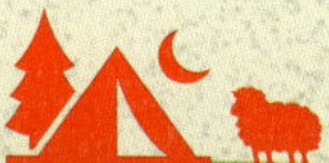

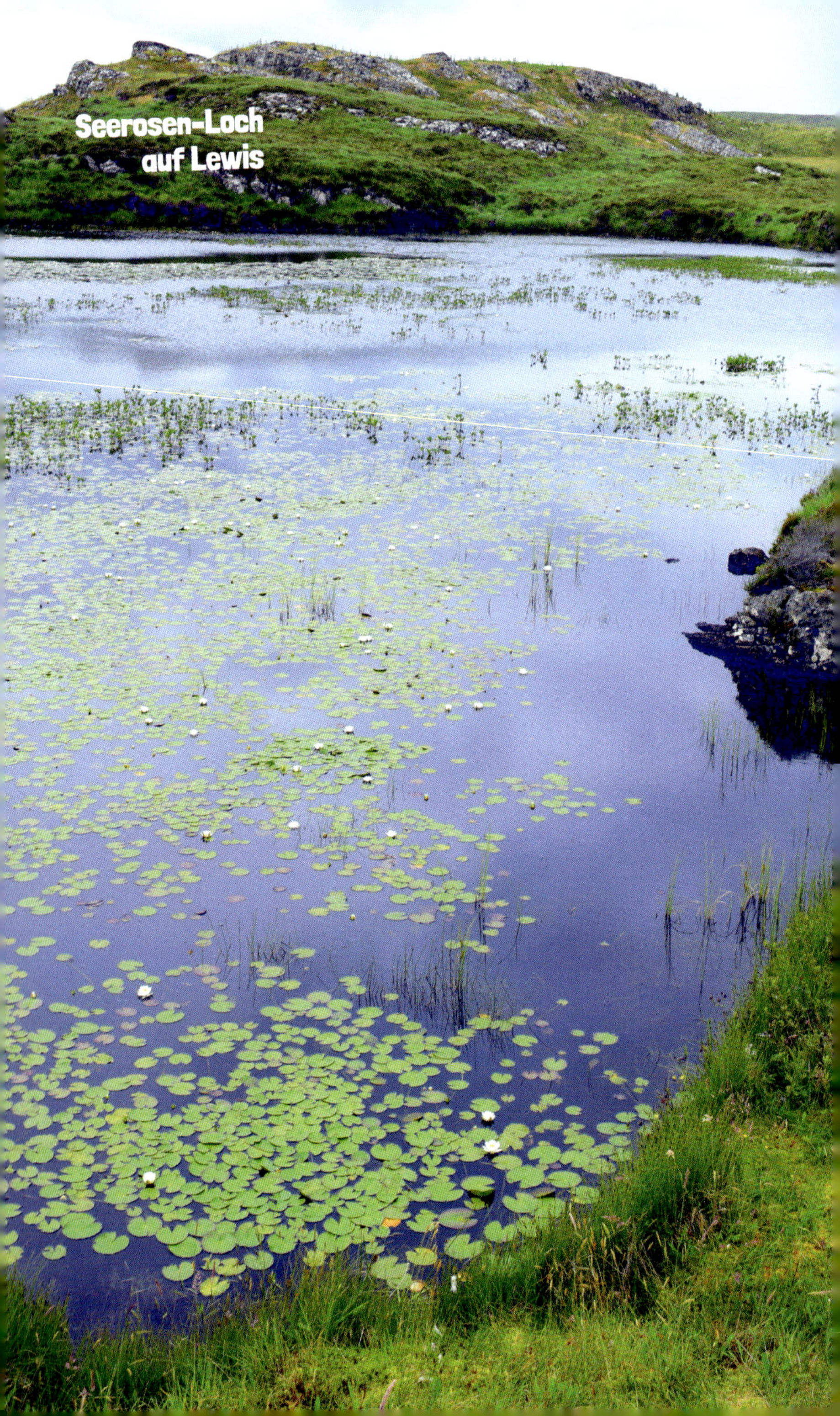
Seerosen-Loch auf Lewis

Hebridean Way

Inselhüpfen auf den Western Isles

„10 Inseln, 6 Dämme, 2 Fähren und 1 Abenteuer!“ Mit diesen Zahlen wird für den Hebridean Way geworben. Die erste Zahl ist zwar mit Vorsicht zu betrachten, aber ansonsten trifft es zu. Ein Abenteuer ist es in jedem Fall, wenn ein Fernwanderweg über eine abgelegene Inselkette führt, auf der mehr Schafe als Menschen leben.

Vatersay (Bhatarsaigh) ist die südlichste bewohnte Western Isle. Gar nicht leicht, die weißen Sandstrände zu beiden Seiten der Village Hall zu verlassen und am Fuß des lang gestreckten Hügels Heiseabhal durch die karge Graslandschaft zu wandern. Neugierige Schafe schauen beim Grasen auf, denn hier kommen selten Menschen vorbei. Wäre 1991 nicht der Damm gebaut worden, zählte Vatersay womöglich zu den unbewohnten Inseln.

Auf **Barra (Barraigh)** erreicht der Hebridean Way seinen höchsten Punkt inmitten bergiger Moorlandschaft auf der Westseite des Beinn Tangabhal. Hier oben lässt sich eine schöne Aussicht auf Vatersay und die unbewohnten Bishop's Isles genießen. Menhire, Grabkammern, eisenzeitliche Forts und Ruinen späterer Epochen locken immer wieder vom markierten Weg. Einige kernige Auf- und Abstiege durch ausgesetztes Gelände stehen noch an, bevor hinter dem Strand Traig Mhòr der Fähranleger erreicht ist. Auch das macht diese Wanderung einzigartig: Es geht nur mit der Fähre weiter und an stürmischen Tagen gar nicht. Hier sind Gelassenheit, Zeitpuffer und Proviantreserven gefragt.

Irgendwann kommt eine Fähre und erreicht **Eriskay (Eirisgeigh)**. An dem Sandstrand links soll Bonnie Prince Charlie 1745 angelandet sein, und die unglückselige Geschichte der Jakobiteraufstände nahm ihren Lauf. Im Norden der Insel lohnt sich ein kleiner Abstecher zur Kapelle St Michael of the Sea. Der Altar wurde aus dem Bug eines alten Rettungsbootes gefertigt.

Bei der Überquerung des Dammes ist rechter Hand die unbewohnte **Insel Calvay** zu sehen. Im Jahr 1941 lief hier die SS Politician auf Grund, deren kostbare Ladung Whisky von den Bewohnern Eriskays „gerettet" wurde, nachzulesen als Roman und Gedicht, anzusehen als Musical und Spielfilm.

INFO

Die Äußeren Hebriden werden auch Western Isles genannt. Das ist die Übersetzung des gälischen Namens Na h-Eileanan Siar.

Nun folgen angenehme Wanderstunden an der Westküste von **South Uist (Uibhist a Deas)**. Der Wind kommt über den offenen Atlantik heran und streicht über die Strände zu dem breiten Streifen der *Machair*-Landschaft. *Machair* ist das gälische Wort für einen besonders fruchtbaren Boden aus Muschelsand und Torf, der nur im Nordwesten Schottlands und Irlands zu finden ist. Hier blühen kunterbunte Wildblumen wie Hornklee, Gänseblümchen, Kuckuckslichtnelken, Knabenkraut und seltene Orchideen. Hummeln taumeln von Blüte zu Blüte, Kiebitze waten umher, manchmal ist der schnarrende Ruf eines Wachtelkönigs zu hören, oder eine Kornweihe fliegt auf. Hinter der alten Kirche von Howmore ändert sich das Landschaftsbild, der Hebridean Way führt durch ausgedehnte Moorgebiete mit zahlreichen Lochs und Tümpeln.

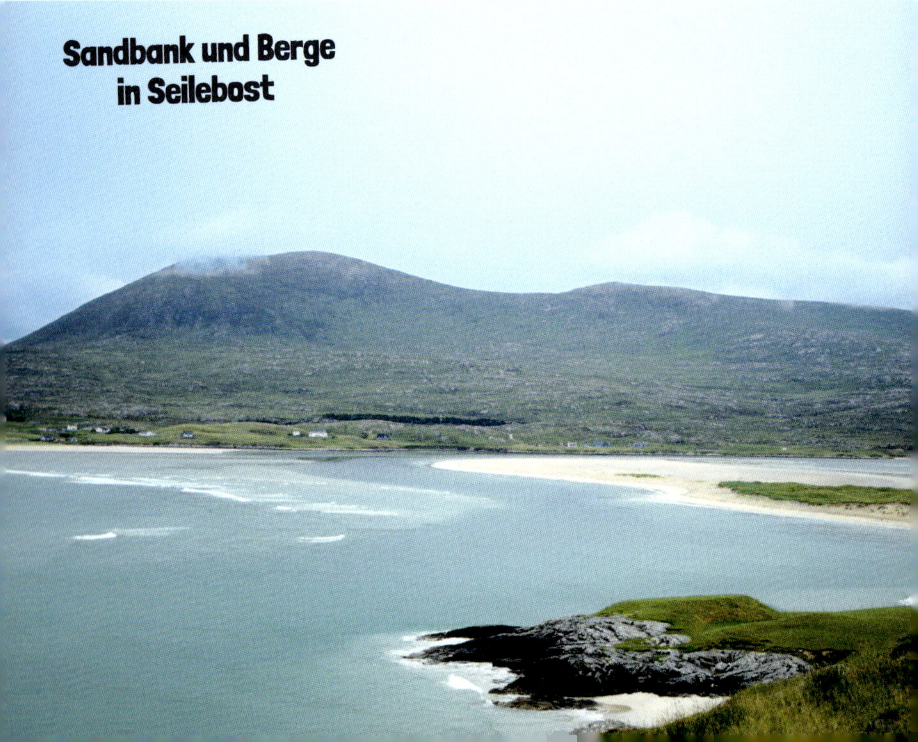

Sandbank und Berge in Seilebost

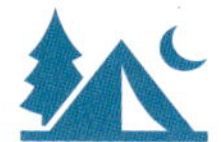

Ein kreisender Steinadler oder ein fischender Grünschenkel ist dort eher anzutreffen als Menschen.

„Caution – Otters crossing!“ warnen Schilder an den Dämmen, die South Uist mit **Benbecula (Beinn na Faoghla)** und **Grimsay (Griomasaigh)** verbinden. Das grandiose 360°-Panorama auf dem Gipfel des nur 124 Meter hohen Ruabhal entschädigt für das lange Teertreten auf den Dammstraßen. An klaren Tagen reicht die Sicht im Norden und Süden über alle Western Isles, im Westen bis St Kilda und im Osten bis nach Skye, Rum und Mull.

Auf **North Uist (Uibhist a Tuath)** zeigt die Karte mehr Wasser als Land, zwischen Lochs und Tümpeln schützt ein Dammweg vor allzu tiefem Moorwasser. Die schmale, lange Meeresbucht Lochepot teilt North Uist fast in zwei Inseln, dahinter fällt die Entscheidung schwer: Auf dem Weg bleiben und den Pobull-Fhinn-Steinkreis ansehen? Oder vor dem Ben Langass links die Grabkammer Barpa Langais besuchen? Egal, am Ende geht es an dem kleinen, künstlich angelegten Waldstück entlang, das gar nicht in die gewohnte Ödnis passen will. Dahinter verläuft der Weg parallel zur Straße bis nach **Lochmaddy**. Dieses schnuckelige Örtchen ist einen Abstecher wert, dort gibt es einen Fährhafen und das Taigh Chearsabhagh: Museum, Galerie, Kunsthandwerkermarkt, Post und Café in einem. Die gefüllten, getoasteten Flatbreads sind der größte Genuss, den ein Wandertag bei Wildwetter verheißen kann.

Das macht die Tour einzigartig!

Mooreinsamkeit

Silberne Strände

Wildwetterwandern

Im Moorland auf der Westseite des Blathaisbhal bedarf es guter Orientierung, wenn seltene Wegweiser die einzige Hilfe durch das weglose Torfmoor sind. Kurz auf der Straße durchgeatmet, dann geht es durch ein beängstigendes Gewirr aus Lochs mit Inseln, düsteren Tümpeln und moorigen Landbrücken zum 190 Meter hohen Beinn Mhor. Auf **Berneray (Beàrnaraigh)** sind nur wenige Schritte nötig, um den Fährhafen zu erreichen. Wie schade, denn an der Westküste erstreckt sich

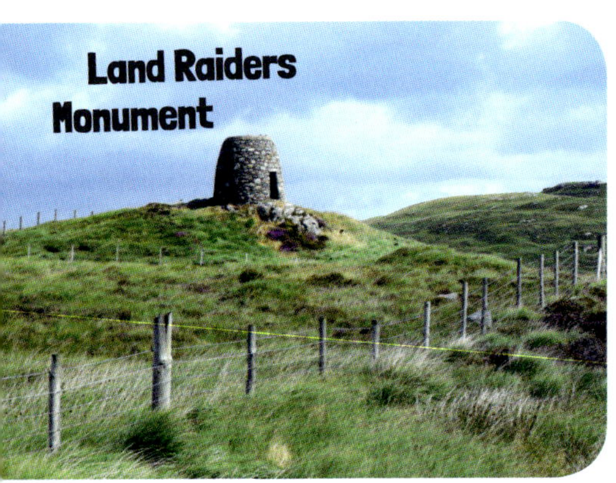

Land Raiders Monument

einer der schönsten Strände der Britischen Inseln: türkis strahlendes Meer, silbrig-weißer Sand und bunter Machair.

Nach einer abwechslungsreichen Zickzackfahrt zwischen den Inselchen im Harris-Sund landet die Fähre auf der Insel **Lewis and Harris** an. Das ist die drittgrößte Britische Insel, nur Großbritannien und Irland sind größer. Der Name ist verwirrend und führt zu der irrigen Annahme, dies seien zwei Inseln, vielleicht mit einer Meerenge bei Tarbert. Spätestens beim Eintreffen in Tarbert wird aber klar, dass es eine einzige Insel ist, denn dort werden die Inselteile durch eine 800 Meter schmale natürliche Landbrücke zusammengehalten. Der südliche Teil dieser großen Insel heißt tatsächlich Harris. Damit ist aber nicht nur die kleine Landmasse südlich von Tarbert gemeint. Der bergige Bereich südlich der gedachten Linie von Scarp Island durch den Loch Reasort und den Loch Langabhat bis zum Seaforth Island gehört noch zu Harris. Erst danach beginnt Lewis mit seiner größtenteils flachen Landschaft.

In **South Harris** sind die härtesten Streckenabschnitte des gesamten Weges zu bewältigen. Triefnasse Pfade und weglose Passagen führen durch das einsame Moorland zur Westküste. Sie bieten feine Aussichten auf die Strände von Scarista, Horgabost und Luskentyre. Hinter Tarbert recken einige Berge ihre Gipfel in die Wolken, doch muss keiner von ihnen erklommen werden, immerhin ist An Clisham 799 Meter hoch und damit der höchste Punkt auf den Äußeren Hebriden. Hinter Bowglass (Bogha Glas) liegt die Grenze zu **Lewis (Leòdhas)**. Die raue Hügellandschaft wird bald von sanfteren Wellen abgelöst. Neben der Straße äsen Rothirsche, auf vielen der Süßwasser-Lochs wachsen Seerosen – der Weg bezaubert auch auf der letzten Insel mit seiner vielfältigen Natur. Hinter Achmore erstreckt sich die weite Moorlandschaft bis an den Stadtrand von **Stornoway (Steornabhagh)** mit seinem schönen Schloss Lews Castle.

GUT ZU WISSEN

Abenteuer 🔥🔥🔥🔥🔥
Natur ⛺⛺⛺⛺⛺
Schwierigkeit ●●●●●

Insel: Vatersay, Barra, Eriskay, South Uist, Benbecula, North Uist, Berneray und Lewis and Harris
Von: Vatersay
Bis: Stornoway
Länge: 252 Kilometer
Höhenmeter: 2899 hinauf, 2996 hinunter
Etappen: 12
Markierung: stilisierte Berge über Schriftzug „Hebridean Way"
Höchster Punkt: Westhang des Beinn Tangabhal, Barra, 275 Meter

Das brauche ich:

- wirklich wetterfeste Kleidung und Ausrüstung
- im Sommer: guten Insektenschutz
- ein sturmfestes Zelt

FAZIT

Vier Jahreszeiten an einem Tag sind hier eher die Regel als die Ausnahme. Wer das mag, wird von einem lebenslang unvergesslichen Wanderabenteuer mit einsamen Stränden, lieblichen Seerosenteichen und imposanter Berglandschaft belohnt.

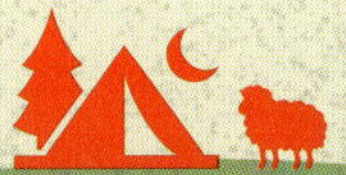

Natürlich zieht eine Wolke auf

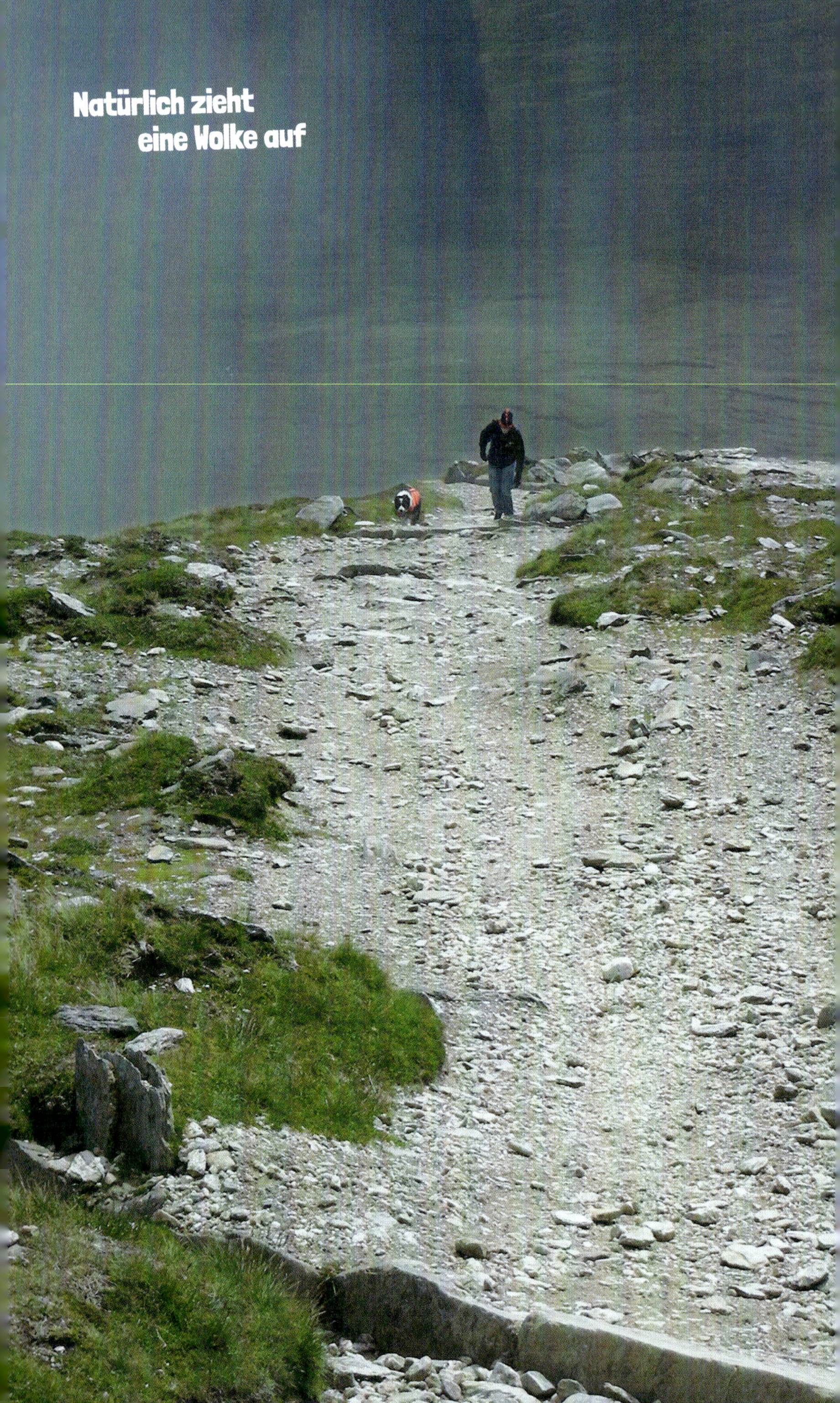

Ben Nevis

Auf dem Dach der Britischen Inseln

Für viele Wanderer ist die Besteigung des Ben Nevis der krönende Abschluss ihrer Tour auf dem West Highland Way, auch andere Schottlandreisende versuchen diese Bergtour. Bergeinsamkeit ist daher bei bis zu 200.000 Besuchern pro Jahr nicht zu erwarten. Nur jeder Zweite erreicht das Gipfelplateau, denn es ist kein Sonntagsspaziergang, sondern eine anspruchsvolle Tour mit 1300 Höhenmetern und oft widrigen Wetterbedingungen.

Für die Besteigung des Ben Nevis haben sich zwei Startpunkte bewährt: Die meisten Wanderer ziehen einen sanften Anstieg am Beginn der Wanderung vor und schlüpfen am **Ben Nevis Visitor Centre** in die Wanderstiefel. Wer in der Jugendherberge oder auf dem Campingplatz übernachtet, wird hingegen dort auch starten und über den steilen Pfad zum Pony Track aufsteigen wollen.

Seinen Namen hat der Pony Track von den Lastentieren, die seit Ende des 19. Jahrhunderts das Observatorium auf dem Gipfel versorgen. Er wird auch „Tourist Route“ oder Mountain Path genannt und beginnt mit einer Überquerung des **River Nevis**. Auch ohne durchgängige Markierung ist er nahezu unverlaufbar, an den meisten wichtigen Stellen stehen Wegweiser, ansonsten folgt man den ausgetretenen Wegen.

Der Weg steigt anfangs nur sachte an und führt auf den mit Gras bewachsenen **Meall an t-Suidhe** (711 Meter) zu. Hinter den Gebäuden von **Achintee** schwenkt der Weg in südöstliche Richtung. In einem großen Stein mit einem Geldschlitz werden an dieser Wegkreuzung Spenden für die Instandhaltung des Weges gesammelt. Gut investiertes Geld, denn der Path ist sehr gut ausgebaut. Sogar Stufen wurden angelegt, wo es sonst zu steil wäre.

Der Blick von der Südwestflanke des Meall an t-Suidhe ins Glen-Nevis-Tal ist ein Genuss, einige Bächlein wollen auf

Trittsteinen übersprungen werden, und nach etwa 1,5 Kilometern ist der Pfad erreicht, der von der Jugendherberge heraufkommt. Der Weg ist inzwischen steil genug geworden, um den Wanderern mit einigen Kehren und ungezählten Stufen den Aufstieg zu erleichtern.

Hinter einer Holzbrücke geht es durch einen lang gezogenen Linksbogen ins Tal des **Allt Na n-Urchaire**, dieser Bach wird auch Red Burn genannt. Er hat sich tief in das rote Gestein geschnitten.

Nach weiteren zwei Kehren liegt ein breiter Sattel zwischen dem Meall an t-Suidhe und dem Ben Nevis. Linker Hand glitzert der lang gestreckte Bergsee **Lochan Meall an t-Suidhe**, der wegen seines zungenbrecherischen Namens von den meisten Wanderern kurz Half Way Loch genannt wird.

Oberhalb des Sees zweigt der **North Face Path** nach links ab. Man sollte ihn nur dann als Alternativweg zum Gipfel betrachten, wenn man absolut trittsicher und auch in großen Höhen angstfrei ist, gut mit Karte und Kompass navigieren kann und viel Erfahrung als Bergwanderer hat. Sollte dies alles zutreffen, bietet sich hier eine spektakuläre Wanderung mit einem einmaligen Blick auf die 300 Meter hohe Ben-Nevis-Nordwand. Dieser

INFO

Ben Nevis ist der meistbestiegene Gipfel Schottlands. Unbedingt früh starten, um vor den Menschenmassen auf dem Gipfel zu sein, besonders an sonnigen Sommertagen.

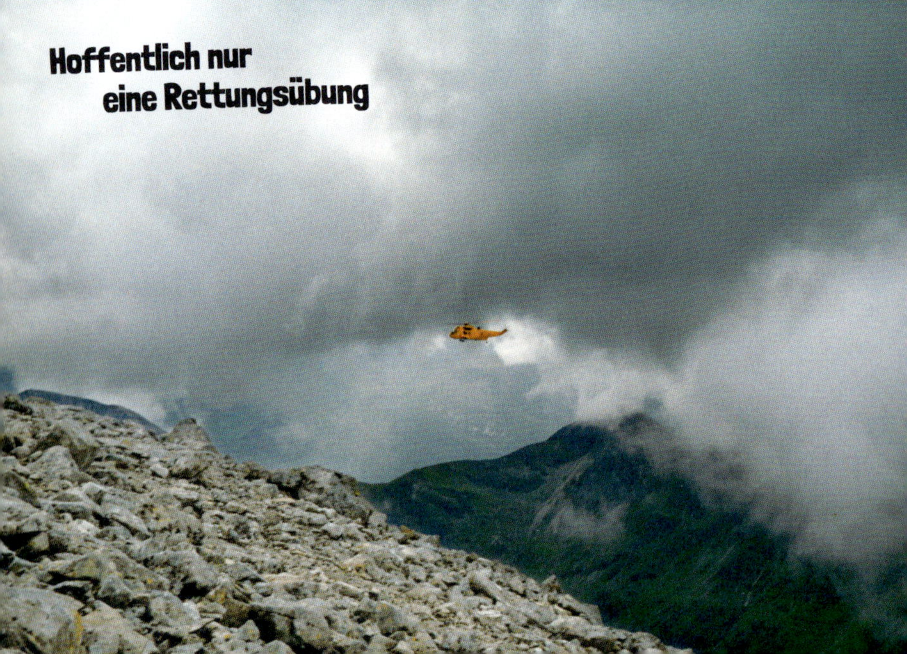

Hoffentlich nur eine Rettungsübung

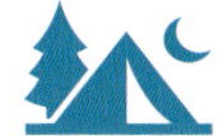

Pfad führt nämlich nördlich des Ben Nevis zur Charles Inglis Clark Memorial Hut, überquert den Bach Allt a Mhullinn und steigt steil zum Càrn Mòr Dearg (1220 Meter) an. Von dort geht es auf dem Càrn Mòr Dearg Arête, einem ausgesetzten, schmalen Grat, hinüber zum Gipfel des Ben Nevis.

Wer keine Gams im Stammbaum hat, wird am Half Way Loch scharf rechts abbiegen und dem technisch einfachen Normalweg folgen. Der **Red Burn** wird überquert, und es geht Stufe um Stufe weiter bergauf. Die schon im Tal recht karge Vegetation weicht immer weiter zurück, der Weg führt über Schotter und Geröll stetig bergan. Gleichzeitig tun sich großartige Ausblicke auf: Beim Blick zurück kommt zunächst Loch Linnhe in Sicht, danach Fort William und dahinter Loch Eil. Schließlich ergeben sich auch wieder Ausblicke auf das Half Way Loch.

Das macht die Tour einzigartig!

- **Der höchste britische Berg**
- **Die Panorama-Fernblicke**
- **Die Grampian Mountains**

Üblicherweise entscheidet sich nun, ob der Gipfel erreicht werden kann. Durch eine schiere Steinwüste zieht sich der Weg in östlicher Richtung durch unzählige Haarnadelkurven bergauf. Überall weisen Steinmännchen den Weg. So nett sie an einem sonnigen Tag aussehen, so lebensrettend können sie an einem Nebeltag sein. Altschneefelder sind auf diesem Streckenabschnitt auch im Hochsommer keine Seltenheit, sie sollten möglichst umgangen werden. Ist dies nicht möglich, bedarf die Querung äußerster Wachsamkeit, denn sie sind mitunter instabil und vom Schmelzwasser unterspült.

Über den kargen Bergrücken führt der Pfad auf das riesige Gipfelplateau zu. Nun lassen sich bereits erste Blicke nach Südwesten zum Firth of Lorn und der dahinterliegenden Isle of Mull erhaschen. An Nebeltagen will nun jeder Schritt wohlüberlegt sein, denn der Pfad führt hier stellenweise sehr dicht an den steil abfallenden Abbruchkanten der Nordwand entlang. Noch ein letzter Linksbogen, und der höchste Punkt ist erreicht.

Der eigentliche Gipfel des **Ben Nevis** ist durch einen Vermessungspunkt auf einem *cairn* („Steinhaufen“) gekennzeichnet.

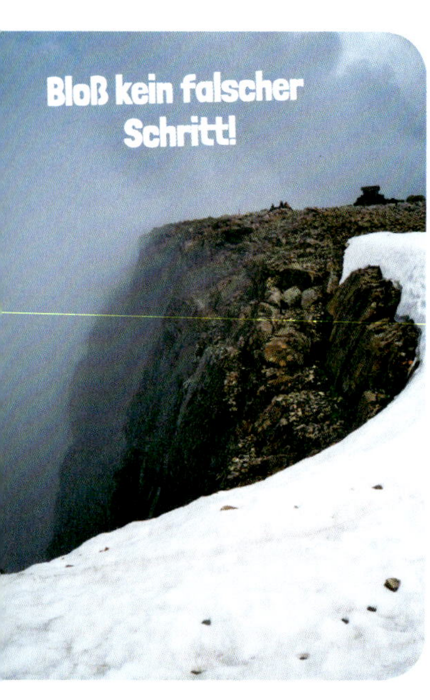

Die moderne Wetterstation daneben ist in Betrieb und sendet die Daten ins Tal. Auch die Reste des Observatoriums der Scottish Meteorological Society sind noch zu erkennen. Im Observatorium waren ab 1883 ein Stationsleiter und zwei Assistenten für die exakten Wetteraufzeichnungen verantwortlich. Während der langen, dunklen Wintertage waren sie auch im schlimmsten Schneetreiben aktiv und darauf angewiesen, dass die Petroleumvorräte für ihren Herd und den Ofen im Büro nie zur Neige gingen.

Doch genug der dunklen Gedanken. Jetzt ist es Zeit für ein Jubeltänzchen und ein Picknick mit **360°-Panorama** auf die unfassbar vielen Gipfel der Highlands. Besonders die ebenfalls um die 1300 Meter hohen Cairgorm Mountains im Osten lassen manch einen schon die nächste Bergwanderung planen. Bei klarer Sicht ist auf Südsüdwest in fast 200 Kilometern Entfernung die irische Küste zu erkennen.

Der **Abstieg** erfolgt auf demselben Weg, dabei bedarf es auf dem Gipfelplateau einiger Aufmerksamkeit, um den richtigen Pfad zu wählen. Später gilt es, bei den Serpentinen im Geröll- und Schneefeld stets guten Halt für die müden Beine zu finden. Selbst bei großer Eile sollte deshalb für jeden staunenden Ausblick und jedes Foto angehalten werden. Die schottische Bergwacht weiß zu berichten, dass die meisten schweren Unfälle bei Nebel, beim Abstieg oder einer gefährlichen Kombination aus beidem geschehen.

Wieder heil im Tal Glen Nevis angekommen, bietet sich das **Ben Nevis Inn** für eine Stärkung an. Das Inn befindet sich in einer 200 Jahre alten rustikalen Scheune in Achintee oberhalb des Besucherzentrums, dort gibt es von Ende März bis Ende Oktober köstliches Essen, Bier aus lokalen Brauereien und Livemusik. Hier tauschen sich erfolgreiche Gipfelstürmer über ihre Erlebnisse aus und stoßen mit Einheimischen auf die wunderbare Bergwelt an.

GUT ZU WISSEN

Abenteuer 4/5
Natur 4/5
Schwierigkeit 5/5

Insel: Großbritannien
Von: Ben Nevis Visitor Centre
Bis: Ben Nevis Visitor Centre
Länge: 16,5 Kilometer
Höhenmeter: 1330 (hinauf und hinunter)
Etappen: 1
Markierung: Wegweiser
Höchster Punkt: Gipfel von Ben Nevis, 1345 Meter

Das brauche ich:

- Trittsicherheit und Schwindelfreiheit
- wetterfeste Kleidung und gute Kondition
- genügend Wasser und Proviant

FAZIT

Das Gipfelglück am höchsten Punkt der Britischen Inseln ist unvergleichlich. Wenn dann noch klare Sicht hinzukommt, fällt der Abstieg schwer.

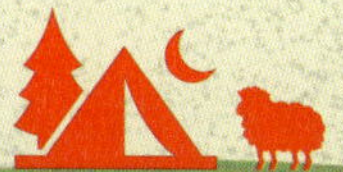

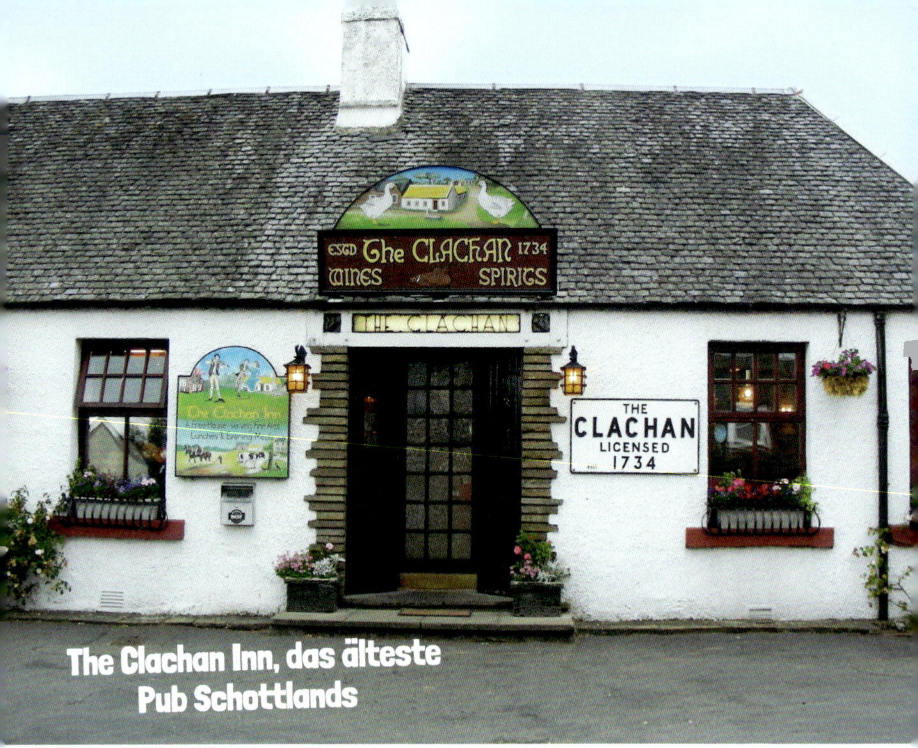

The Clachan Inn, das älteste Pub Schottlands

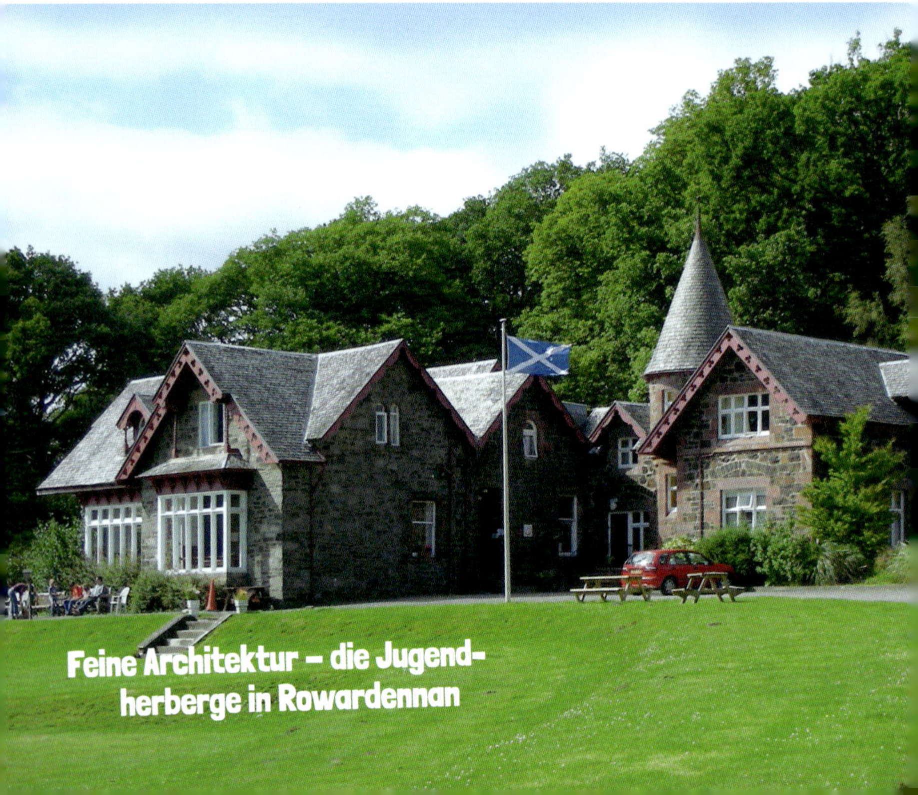

Feine Architektur – die Jugendherberge in Rowardennan

West Highland Way

Schottlands erster Fernwanderweg

Dürfte ich in meinem ganzen Leben nur noch eine einzige Wanderung auf den Britischen Inseln machen, würde ich ohne jedes Zögern zum West Highland Way aufbrechen. Ich würde nach Norden ins Abenteuer wandern – durch sanfte Hügellandschaften, geheimnisvolle Moore, kühle Wälder und schroffes Bergland. Natürlich gäbe es einen Pint im ältesten Pub Schottlands – und auf den Bonnie Banks am Loch Lomond würde ich die wohlbekannte alte Melodie summen.

Der West Highland Way ist ein ganz besonderer Fernwanderweg. Für ihn wurden keine neuen Wege ausgedacht und angelegt, er folgt Feldwegen, alten Viehtreiberpfaden, Militärstraßen und stillgelegten Bahntrassen. Hier waren schon immer Menschen zu Fuß unterwegs. Im Norden von Glasgow beginnt der Weg im Ortszentrum von **Milngavie** am Fluss Allander Waters, dessen Lauf er zunächst folgt. Im Mugdock Wood wartet für Naturfreunde schon die erste Überraschung: Hier wachsen viele seltene und geschützte Pflanzen. Einige von ihnen fangen Insekten, um sich auf den nährstoffarmen Böden mit Mineralstoffen zu versorgen, wie das Gemeine Fettkraut und der Sonnentau.

Durch das hügelige Farmland geht es zur Glengoyle-Distillery. Beschwingt von dem bei der Besichtigung gereichten *wee dram*, so nennen die Schotten ein Gläschen Whisky, läuft es sich locker nach Gartness. Im Herbst wandern dort die Lachse durch die Stromschnellen im Endrick Water ihren Laichplätzen entgegen. In Drymen, dem nächsten Etappenort, ist die Einkehr in **The Clachan Inn** schon fast Ehrensache. Immerhin hat es bereits seit 1734 eine Schanklizenz und ist damit das älteste Pub in ganz Schottland. Damit nicht genug: Das Bier ist süffig und das Pubfood köstlich!

Auf dem Gipfel des **Conic Hill** geht es nicht anders: Es wird pausiert, um die atemberaubende Aussicht möglichst lange genießen zu können. Hier erheben sich die Highlands hinter dem **Loch Lomond**, Schottlands größtem Süßwassersee. An klaren Tagen kommt sogar die Isle of Arran in Sicht. Am Ostufer des Sees geht es munter auf und ab nach Rowardennan mit einer wunderschön gebauten Jugendherberge. Wer auf der Suche nach einer guten Ausrede für eine zweite Nacht in diesem ehemaligen Jagdschlösschen ist, legt einen Pausentag ein. Loch Lomond bietet sich zum Baden an, Ben Lomond lädt zu einer aussichtsreichen Bergtour ein. Er stellt keine hohen technischen Anforderungen, nur bei Nebel bedarf es gewisser Orientierungsfähigkeiten. Auch gute Wanderer besteigen ihn gerne, denn er ist der südlichste Munro, so nennen die Schotten die Gipfel über 3000 Fuß. Manche Munro Mads versuchen, alle 282 Munros zu besteigen. Wenn das kein Plan für die nächste Schottlandreise ist!

INFO

Der West Highland Way ist einer der beliebtesten Fernwege Europas, über 50.000 Wanderer gehen ihn jedes Jahr. Dennoch ist er nicht überlaufen und bietet großartigen Naturgenuss.

Auf schmalen Pfaden hoch über dem Loch Lomond geht es durch eine geschichtsträchtige Landschaft. Hier war der junge Clanchef Rob Roy MacGregor aktiv. Als schottischer Robin Hood wurde er bezeichnet, weil er die Reichen bestahl, entführte und erpresste. Er kämpfte im Jakobitenaufstand von 1715 auf der Seite

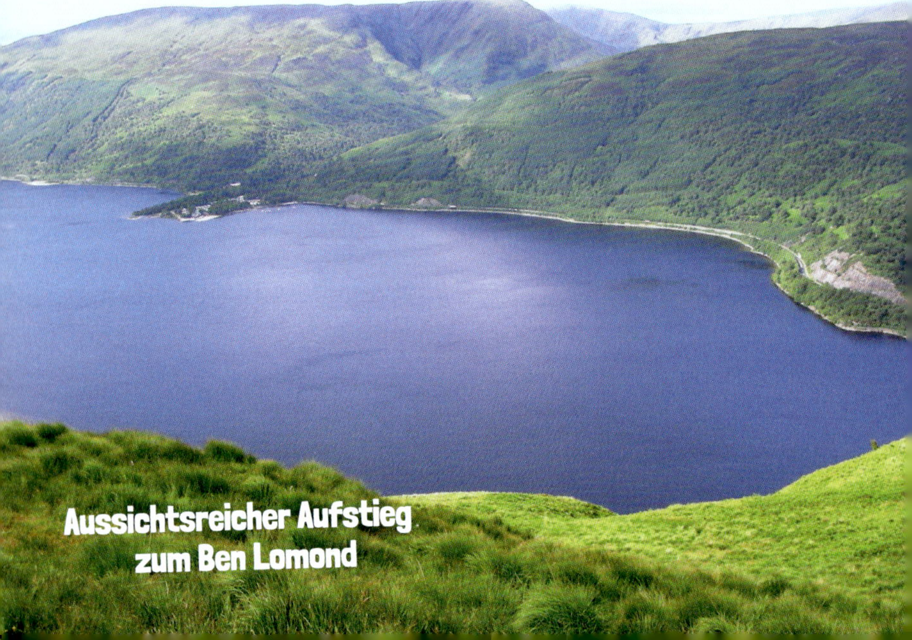

Aussichtsreicher Aufstieg zum Ben Lomond

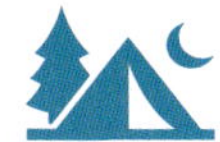

der Jakobiten gegen den englischen König Georg I. und wurde als Hochverräter verurteilt. Die bekannte schottische Weise „The Bonnie Banks of Loch Lomond“ geht auf den Jakobitenaufstand von 1745 zurück und besingt die Sehnsucht zweier inhaftierter Männer aus dem Gefolge von Bonnie Prince Charlie. Der eine wurde freigelassen und konnte die *high road* nehmen, also den Pfad durch die Berge. Seinem zum Tode verurteilten Kameraden blieb nur die *low road*, der Weg der Toten durch die Unterwelt. Immerhin tröstlich, dass er sich diesen Weg kürzer vorstellte.

Von Inverarnan folgt der Weg auf alten Militärstraßen dem **River Falloch** durch sein Tal. Der reißende Fluss fasziniert jeden mit seinen breiten Wasserfällen. Ab Crainlarich folgt der West Highland Way dem River Fillan. Umgeben von dichten Wäldern und den majestätischen Gipfeln der Southern Highlands ist das Wandern der pure Genuss, besonders an der Westflanke des Beinn Dorain. Dieser 1076 Meter hohe Munro lockt zu einem weiteren Gipfelsturm.

Das macht die Tour einzigartig!

Aussicht auf Loch Lomond vom Conic Hill

Einsames Rannoch Moor

Magisches Glen Nevis

Danach bleibt hoffentlich noch genug Kraft für das **Rannoch Moor**, Schottlands größtes zusammenhängendes Moorgebiet. Die Wanderung durch dieses wundervolle Stück Natur ist die schönste, aber auch schwierigste Etappe des West Highland Ways. Vollkommen ungeschützt verläuft der Weg durch das Moorland, es will ohne Witterungsschutz oder Ausweichrouten, auch bei sengender Hitze, Regen und Sturm, durchquert werden. Das soll aber nicht von der Schönheit des einsamen Hochmoors ablenken: Auf der weiten Fläche wachsen vereinzelte Bäume zwischen Pfützen, Tümpeln und Seen, dahinter erheben sich die mächtigen, zerklüfteten Berge des Am Monadh Dubh (Black Mount).

Tagesziel ist das Kingshouse Hotel, das nach der Schlacht von Culloden 1745 als Kaserne für die Soldaten des Königs Georg III. genutzt wurde und später eine Herberge für Viehtreiber war. Bei den zutraulichen Hirschen und der grandiosen Aussicht auf das

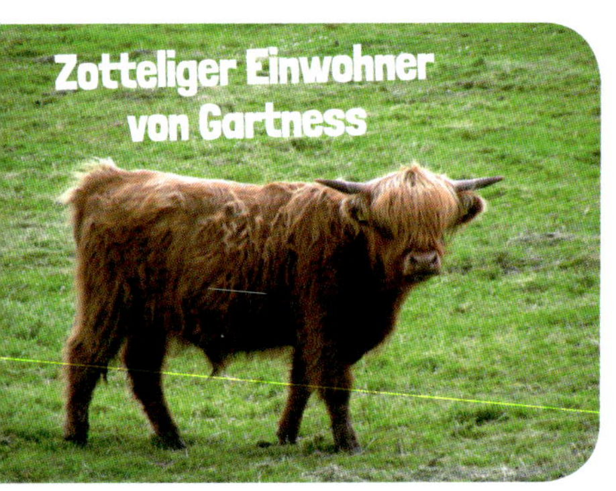

Zotteliger Einwohner von Gartness

Bergmassiv Buachaille Etive Mor fällt es schwer, den Outdoortag zu beenden. Der höchste Gipfel des Massivs ist **Stob Dearg**, er fällt durch seine markante Pyramidenform auf und gilt als der meistfotografierte Berg Schottlands.

Er thront am Eingang zum **Glen Coe**, dem wohl bekanntesten Tal in Schottland. In dieser spektakulären Bergkulisse wurden Kinofilme wie „Braveheart", „Highlander" oder „Harry Potter und der Gefangene von Askaban" gedreht. Seinen Beinamen „Tal der Tränen" erhielt es 1692. Der englische König William III. verlangte von allen schottischen Clanchefs einen Treueeid, der in Inverary abgelegt werden sollte. Der Chief des Clans MacDonald begab sich irrtümlich nach Inverlochy und erreichte Inverary fünf Tage zu spät, doch er glaubte, seinen Treueeid noch korrekt abgelegt zu haben. Vollkommen arglos gewährten die MacDonalds dann im Februar über 120 Soldaten Quartier, ganz nach den uralten Gesetzen der schottischen Gastfreundschaft, den Abend verbrachten alle mit Plaudereien, Kartenspiel und Essen. Doch am frühen Morgen wurden mindestens 38 männliche Clanmitglieder heimtückisch ermordet, alle Häuser wurden angezündet, und die hilflosen Frauen, Kinder und Alten erfroren in der Winterkälte. Das Massaker schockierte die an Gräueltaten gewöhnten Zeitgenossen nicht durch die Zahl der Opfer, sondern wegen des Missbrauchs der traditionellen Gastregeln.

Am Devil's Staircase gibt es trotz seines Namens nichts zu fürchten. Wenn nicht gerade Wildwetter herrscht, ist der Aufstieg über den Bergpfad zur Passhöhe ein herrliches Wandererlebnis. Die Anstrengung zum höchsten Punkt des West Highland Ways wird an klaren Tagen mit einem ersten Blick auf den Ben Nevis belohnt. Der Weg dorthin führt über alte Militärwege ins Glen Nevis, an dessen Ende liegt **Fort William**. Viele Wanderer ziehen hier die Wanderstiefel noch nicht aus, sie besteigen den Ben Nevis und/oder laufen auf dem Great Glen Way oder dem East Highland Way weiter.

GUT ZU WISSEN

Abenteuer 4/5
Natur 4/5
Schwierigkeit 3/5

Insel: Großbritannien
Von: Milngavie
Bis: Fort William
Länge: 154 Kilometer
Höhenmeter: 2825 hinauf, 2864 hinunter
Etappen: 8
Markierung: stilisierte weiße Distel in weißem Sechseck (Scotland's Great Trails) oder die grünen Buchstaben WHW vor stilisiertem Gebirge mit Zelt und Baum
Höchster Punkt: Pass zwischen Stob Mhic Mhartuin und Beinn Bheag, 548 Meter

Das brauche ich:

- genügend Speicherplatz für die vielen Fotos
- feste Wanderschuhe mit gutem Profil
- Insektenabwehr gegen die Highland-Midges (dort kaufen!)

FAZIT

Der ideale Weg für Schottlandfans: ein sanfter Start in den Lowlands zum Warmlaufen, klare Seen, weite Täler, Wasserfälle, Moor und Fels. Die Landschaft bietet jeden Tag ein neues Glanzstück, bis sich am Ende der Ben Nevis zeigt.

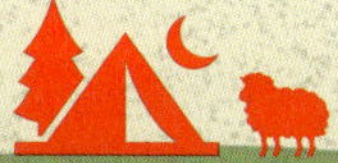

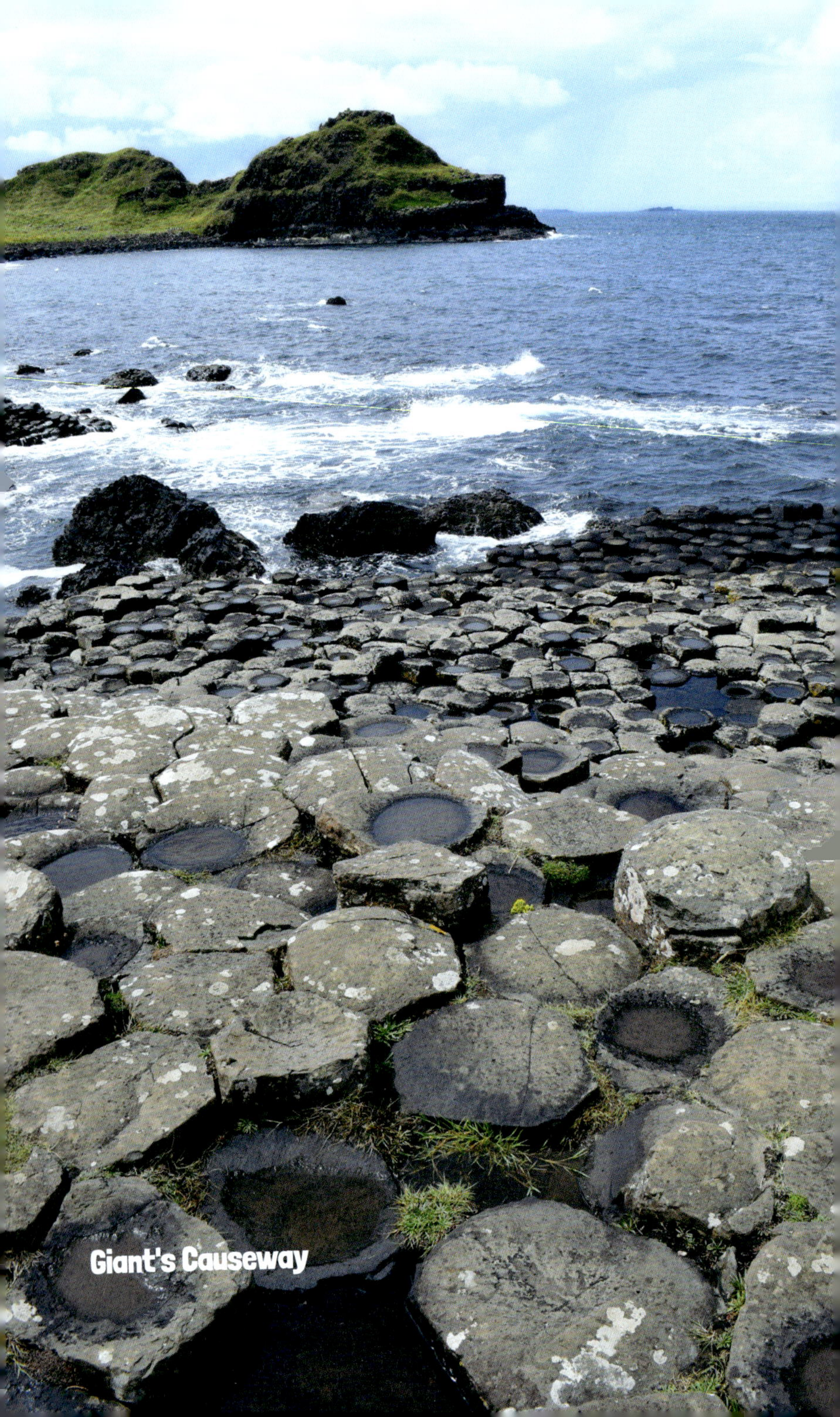

Giant's Causeway

Giant's Causeway

Kantiges UNESCO-Welterbe

Tausende von Basaltsäulen ragen meterhoch aus dem heranbrandenden Meer. Der Kopf sagt, dass es Lava ist, die vor rund 60 Millionen Jahren bei einer Vulkaneruption an die Erdoberfläche kam und zu diesen faszinierenden Säulen erstarrte. Doch beim Anblick der bizarren Gesteinsformation drängt sich das Gefühl auf, dass es vielleicht doch das Werk eines Riesen gewesen sein könnte, wie die Legende erzählt.

Schon beim Start der Wanderung steht das Ende fest: ein Bad im Meer! Die Sandstrände in Portballintrae sind zu verführerisch. Am Salmon Rock Beach führt der Weg zur Three Quarter Bridge. Dahinter sind es nur wenige Schritte zum **Runkerry Beach**, an dessen nördlichem Ende der markierte Giant's Causeway Yellow Trail beginnt. Er verläuft am Runkerry House entlang. Hier ergeben sich schöne Aussichten zurück nach Portballintrae, hinüber zu den Skerries und manchmal sogar bis zum Inishowen Head. Der Klippenpfad führt zum **Runkerry Head**, hier werden mitunter Delfine und Riesenhaie beobachtet.

Der Green Trail kommt hinzu, und das Causeway Hotel lädt zu einer ersten kleinen Kaffeepause ein. Wer vorbestellt hat, holt ein liebevoll zusammengestelltes Picknick für den weiteren Weg ab. Über das Dach des Besucherzentrums geht es zu einer Treppe, die auf den Blue Trail führt. Von den vier Trails, die der National Trust angelegt hat, ist der blaue der beliebteste. In der Rechtskurve am Great Stookan lässt sich bei einem Blick über die **Portnaboe Bucht** (Bay of the Cow) in einem der Felsen ein liegendes Kamel erkennen.

Hinter dem Great Stookan sind in den sumpfigen Wiesen wilde Kamille, seltene Schmetterlinge und die ersten kleineren Basaltsäulen zu finden. Diese bilden den Auftakt zu einem perfekten Spannungsbogen: An die niedrigen Säulen des Little

Causeway schließt sich der Middle Causeway an. Dort fällt eine Gruppe von besonders glatten Steinen ins Auge. Das ist der **Wishing Stone**. Eine alte irische Überlieferung besagt, dass Wünsche nur in Erfüllung gehen, wenn vor dem Hinsetzen viermal mit dem Gesäß gewackelt wird und im Sitzen die Basaltsäule zur Linken mit der Hand gestreichelt wird.

INFO

Bei allen Legenden und Überlieferungen – Fakt ist jedenfalls: Giant's Causeway ist das einzige irische Naturdenkmal. Die Urgewalten haben ganze Arbeit geleistet!

Der **Grand Causeway** bildet den Höhepunkt der Wanderung. Wer sich für Geologie interessiert, sollte viel Zeit einkalkulieren, denn an den vielen verschiedenen Säulen mag man sich gar nicht sattsehen. Die meisten sind sechseckig und messen etwa 30 Zentimeter, aber es gibt auch Exemplare mit vier, fünf, sieben und acht Ecken. Keiner kennt die genaue Zahl der Säulen, es dürften zwischen 34.000 und 40.000 sein. Sie entstanden vor etwa 60 Millionen Jahren bei Eruptionen entlang einer Spalte zwischen den Inneren Hebriden und dem Norden Irlands. Die an die Erdoberfläche getretene Lava kühlte ziemlich langsam ab, härtete dadurch sehr gleichmäßig aus und schrumpfte, bis sich in gleichmäßigen Abständen Spannungsrisse bildeten.

Zu sachlich? **Eine irische Legende** erzählt von dem Riesen Finn McCool, auch Fionn mac Cumhaill genannt. Er lebte

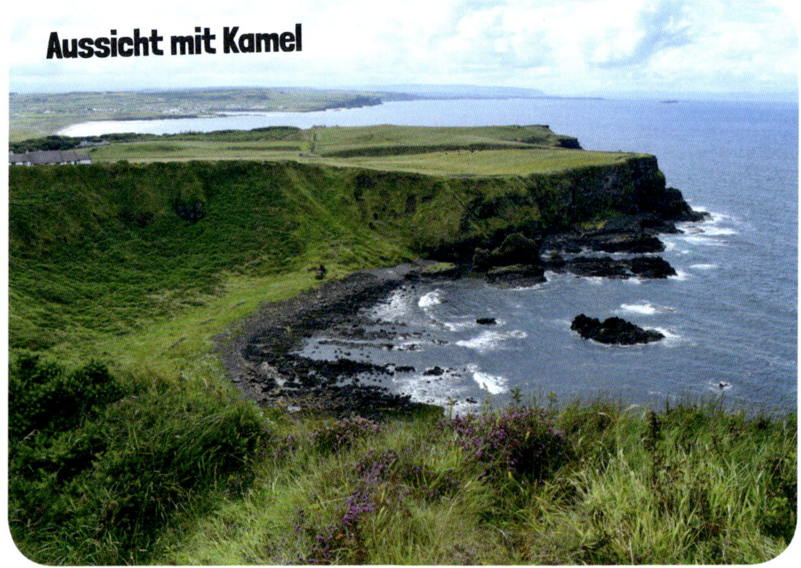

Aussicht mit Kamel

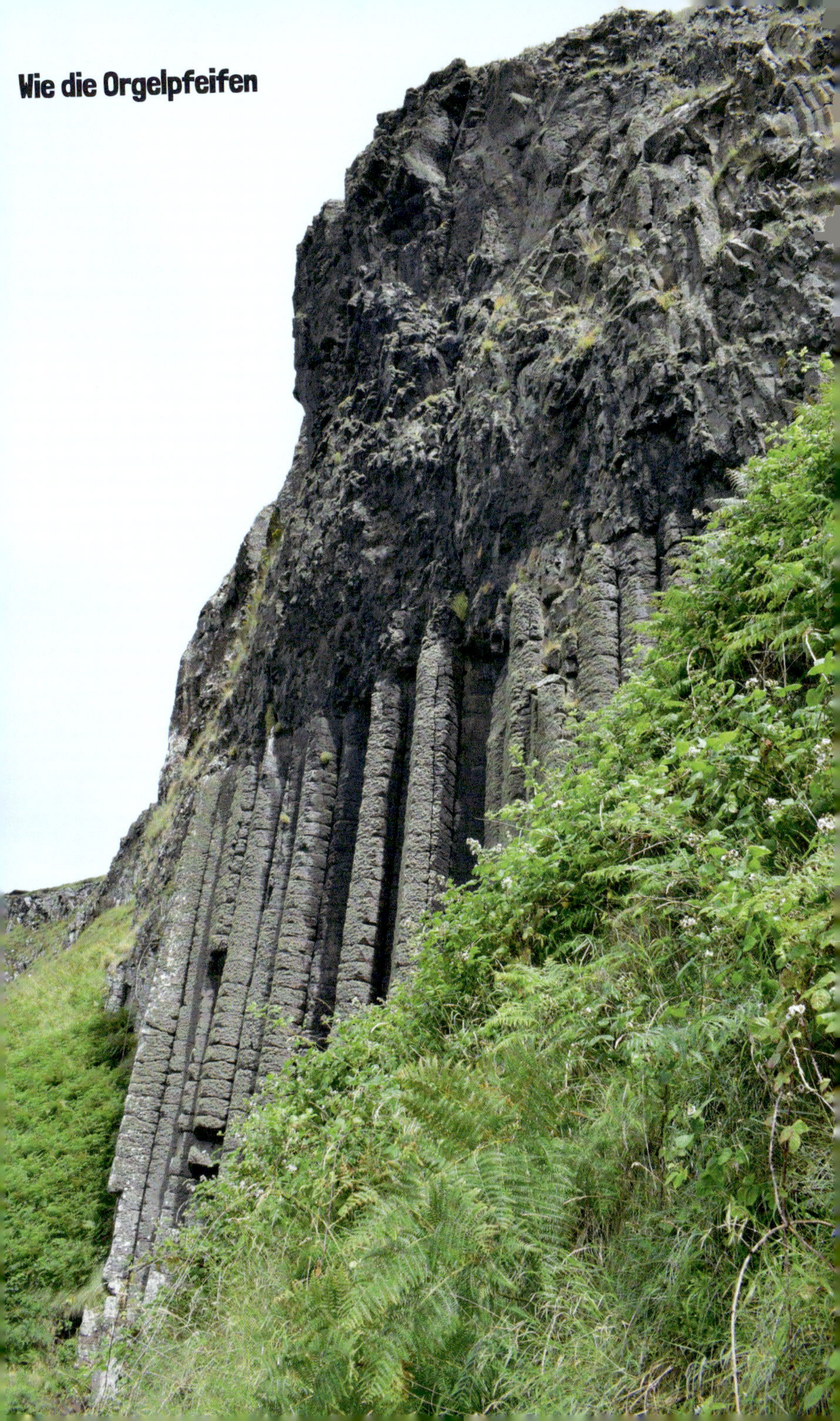

Wie die Orgelpfeifen

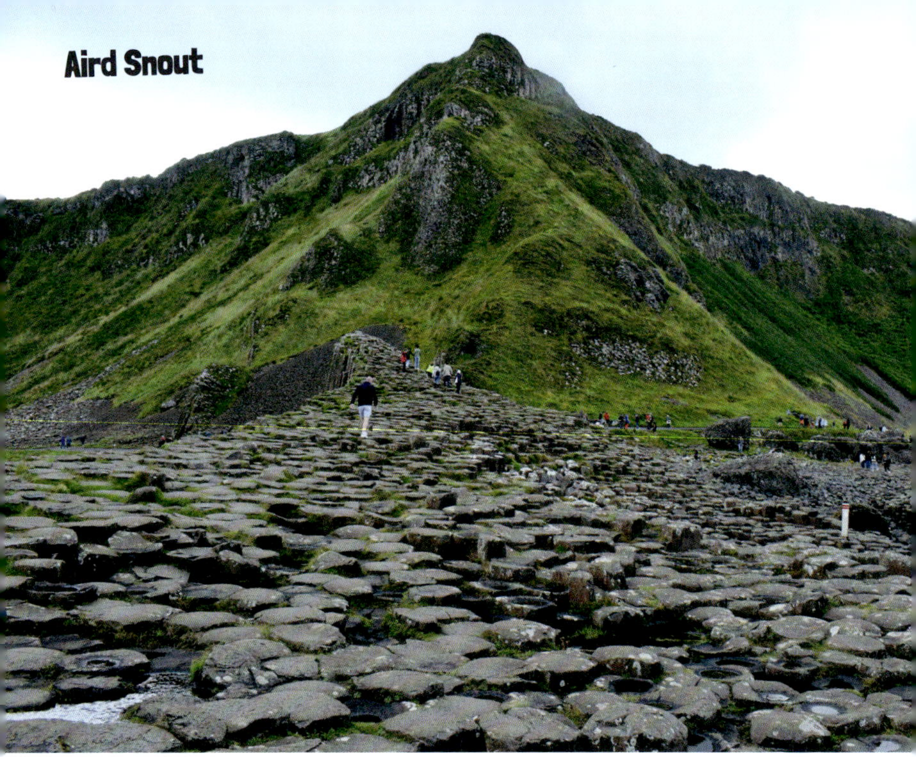

Aird Snout

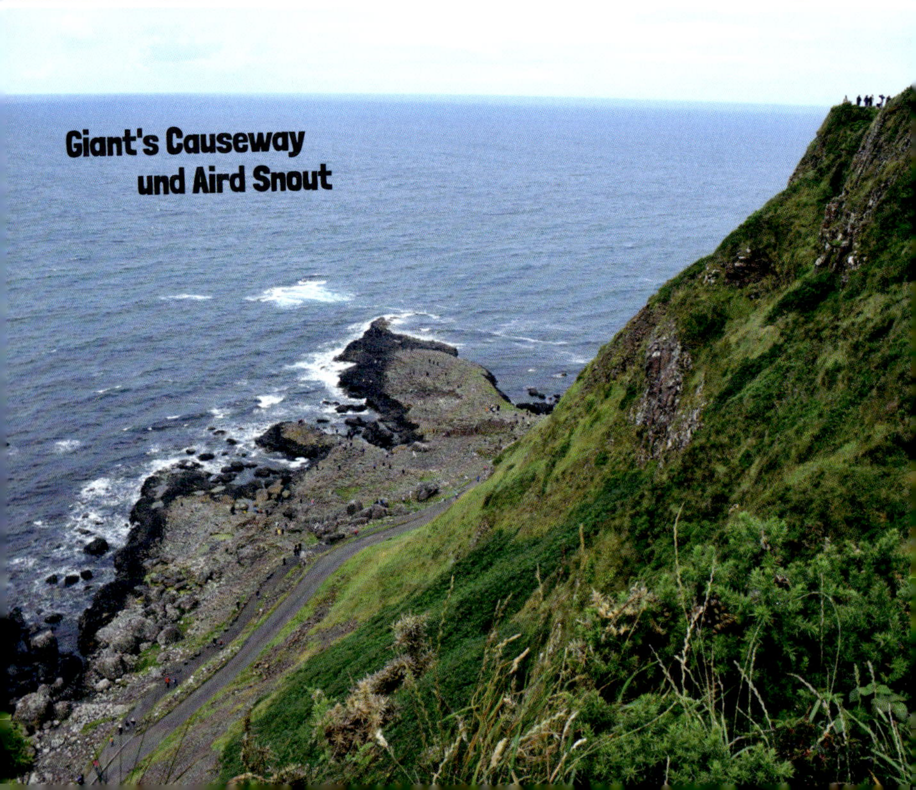

Giant's Causeway
und Aird Snout

mit seiner geliebten Frau Oonagh ganz im Norden Irlands. Eines Tages geriet er in Streit mit dem schottischen Riesen Benandonner, der auf der Hebrideninsel Staffa wohnte. Im Zorn brach er Felsbrocken aus der irischen Küste und rammte sie in den Meeresgrund, spazierte in seinen Siebenmeilenstiefeln nach Schottland und wollte klarstellen, wer der Stärkere ist. Doch als er zum schlafenden Widersacher kam, war dieser größer als erwartet. Entsetzt ergriff er die Flucht und rannte über den Damm zurück in die Arme seiner Frau. Der Schotte hatte zwischenzeitlich den Damm entdeckt und wanderte zur Felsburg seines Kontrahenten.
Dort erwartete ihn Oonagh und bedauerte, ihr Gemahl sei nicht daheim. Benandonner solle es sich bequem machen und warten. Sie bot ihm einen riesigen Bottich Tee an und reichte ihm ein „Sandwich" aus zwei Eichenbrettern, belegt mit einem armdicken Stück Leder. Der Gast biss sich daran einen Zahn aus und ahnte schon nichts Gutes, als sie ihn aufforderte, nebenan mit ihr nach dem neugeborenen Sohn zu sehen. Ihm war die gälische Gastfreundschaft heilig, also blieb ihm nichts anderes übrig. Dort lag Finn – am Daumen nuckelnd, mit Häubchen als Baby verkleidet. Benandonner erschrak. Wenn der Säugling so groß war, welcher Statur musste der Vater sein? Er nahm die Beine in die Hand, floh über den Damm und riss ihn hinter sich nieder. Nur Säulen an den beiden Ufern überdauerten. Wer's nicht glaubt, kann nach Schottland fahren: Auf Staffa hat Finn McCool den Endpunkt des Dammes sogar als Höhle ausgestaltet, sie heißt Fingal's Cave und ist 85 Meter lang.

Das macht die Tour einzigartig!

- **Wildblumenwiesen**
- **Einzigartige Gesteinsformationen**
- **Gigantische Legende**

Hinter dem **Giants Gate**, einer Engstelle zwischen dem Causeway und den Felsklippen, beginnt der Red Trail. Er führt nach Osten zum Giant's Boot. Plötzlich ist es ruhig, und die Natur kann genossen werden, denn die meisten Besucher gehen auf dem blauen Weg zurück. Die Basaltsäulen, Klippen, Wiesen und Sumpftümpel machen die Bereiche östlich des Giant's Cause-

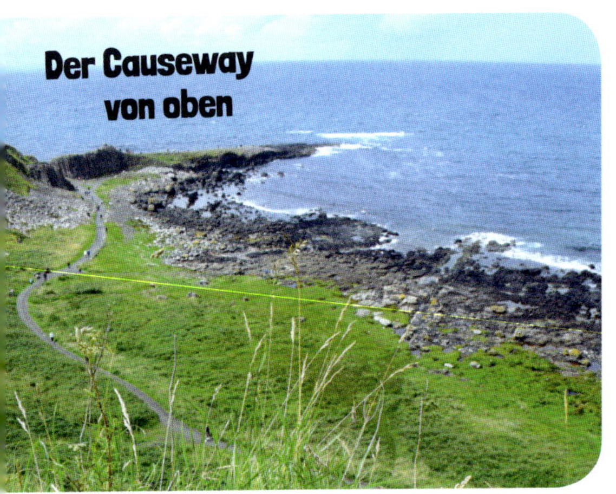

Der Causeway von oben

way zu einem perfekten Vogelparadies. Geduldige Beobachter können Eiderenten, Rotschenkel, Eissturmvögel, Trottellummen, Strandpieper, Gryllteisten, Tordalken und Kormorane beobachten. Vielleicht lässt sich sogar ein Otter beim Fischen in einem Gezeitentümpel ertappen.

Immer wieder sind in den Klippen sechseckige Säulen zu entdecken. An Giant's Organ, der Orgel des Riesen, geht es geradeaus zum **Amphitheater**. Hier wachsen die Säulen im Halbkreis bis zu 25 Meter in die Höhe. Wen wundert's, dass die musikalischen Iren eine Gruppe schmaler Säulen als The Harp („Harfe") bezeichnen?! Die markanten Felssäulen werden The Chimneys („Kamine") genannt. Am Lacada Point, der Halbinsel dahinter, sank 1588 eine Galeone der spanischen Armada und riss die 1300-köpfige Besatzung in den Tod.

Zurück an der Orgel geht es die Stufen des **Shepherds Path** hinauf. Dort trifft der Red Trail auf den **Causeway Coast Way**, einen 51 Kilometer langen Fernwanderweg, der in Ballycastle beginnt und in Portstewart endet. Leider wird er hier oben auf der Höhe geführt. Brächte er die Wanderer unmittelbar zu den Welterbe-Basaltsäulen, hätte er selbstverständlich den Sprung in die Liste der 30 schönsten Wanderungen geschafft.

Der Weg führt zwischen Stechginster und Brombeeren zum **Aird Snout**, einer Felsnase mit großartiger Aussicht auf den Causeway. Auf den Klippen grasen Dexter-Rinder, das ist eine alte irische Rasse mit sehr beweglichen, robusten Tieren, die gerne die raue Vegetation in Küstennähe fressen. Grasend schaffen sie Platz für bunte Wildblumen, und ihr Dung lockt Käfer und andere Insekten an, die wiederum für die Bestäubung wichtig sind. Ab dem Besucherzentrum führt der Causeway Coast Way auf dem bereits bekannten Klippenweg zurück zum Runkenny Beach und zum Salmon Rock Beach in **Portballintrae**.

GUT ZU WISSEN

Abenteuer 3/5
Natur 4/5
Schwierigkeit 2/5

Insel: Irland
Von: Portballintrae, Salmon Rock Beach Car Park
Bis: Portballintrae, Salmon Rock Beach Car Park
Länge: 12,2 Kilometer
Höhenmeter: 157 (hinauf und hinunter)
Etappen: 1
Markierung: National Trust Yellow Trail, Blue Trail und Red Trail, Causeway Coast Way
Höchster Punkt: Klippe Aird Snout, 85 Meter

Das brauche ich:

- Gleichgewichtssinn fürs Klettern auf dem Causeway
- Zeit für die traumhaften Ausblicke von oben
- Badesachen

FAZIT

Zu Recht ist der Giant's Causeway eins der beliebtesten Ausflugsziele in Nordirland. An den Basaltsäulen ist nur bei Nacht und Nebel mit Einsamkeit zu rechnen. Aber das betrifft nur einen 800 Meter langen Abschnitt der Gesamtroute.

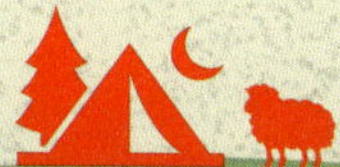

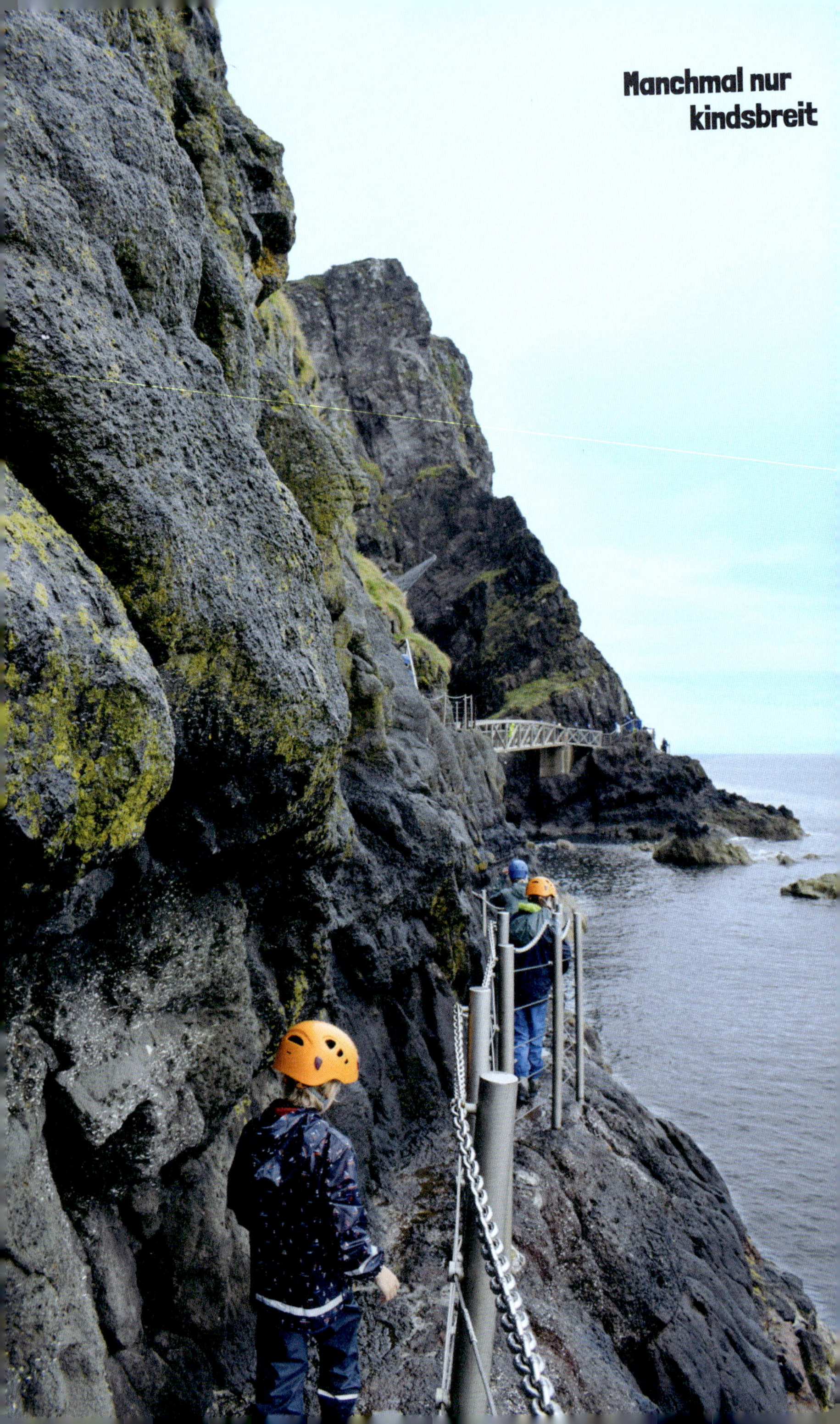

Manchmal nur kindsbreit

The Gobbins Cliff Path

Behelmt und gut geführt durch die Klippen

Eine Wanderung von nur 3 Kilometern, bei der Helmpflicht besteht und die nur mit einem Tourguide möglich ist? Das klingt schräg und macht neugierig. Ach ja: Wanderstiefel sind auch nötig und werden sogar an Besucher verliehen, die in Flipflops oder Turnschuhen kommen. Am Ende der Tour ist jeder froh um diese Sicherheitsregeln, die manch eine Verletzung oder Unannehmlichkeit verhindern und ein ungewöhnliches Wandererlebnis ermöglicht haben.

Die Tour beginnt etwa 5 Kilometer südwestlich des Startpunktes in einem eigens gebauten Besucherzentrum. Hier werden die Wanderer begrüßt und genau angesehen. Jeder muss überknöchelhohe Wanderstiefel tragen und körperlich so fit sein, dass er ohne längere Pausen die Treppen eines fünfstöckigen Gebäudes hinaufsteigen könnte. Wer unter 120 Zentimeter misst, darf nicht mitkommen. Rucksäcke, Essen, Regenschirme, Hunde und Gehstöcke sind ebenfalls nicht erlaubt. Solchermaßen eingeschüchtert lauscht jeder aufmerksam den Sicherheitsregeln und passt den bereitliegenden Helm sehr sorgsam an. Die kurze Shuttlefahrt mit dem Minibus endet an einem Sträßchen, das bergab zum Beginn des Gobbins Cliff Path führt.

Das ist der Auftakt zu einem ziemlich ungewöhnlichen Wandererlebnis. Am Fuß der Klippen, kurz hinter einem **munter plätschernden kleinen Wasserfall**, versperrt ein Eisentor den Zugang zum Klippenweg. Nur die Tourguides haben Schlüssel dafür. Jeder nimmt sich vor, noch einmal zurückzukommen, um die lange Wendeltreppe hinaufzusteigen und den Aussichtspunkt oberhalb der Klippen zu besuchen.

Andächtig betreten die Besucher den Pfad durch „**Wise's Eye**", eine ovale Öffnung in einem massiven Basaltfelsen. Benannt wurde es nach dem Mann, der den Weg entdeckt und 1902 so ausgebaut hatte, dass er für Besucher ohne Kletterausrüstung zugänglich wurde. Der Eisenbahningenieur Berkeley Deane Wise hatte damit für die Belfast and Northern Counties Railway Company eine Touristenattraktion geschaffen, die in den ersten Jahrzehnten zahlreiche Besucher anlockte, die ein kombiniertes Ticket für die Bahnfahrt und den Gobbins Path kauften.

INFO

Die Klippen bestehen aus 100 Millionen Jahre altem Kalkstein, der vereinzelt mit Basaltfelsen durchsetzt ist, die zeitgleich mit dem Giant's Causeway entstanden.

Doch der Unterhalt der Brücken, Galerien, Handläufe und Sicherungen verschlang viel Geld. In den 1930er-Jahren kam die Eisenbahngesellschaft in finanzielle Schwierigkeiten und musste den Weg schließen. Nach dem Zweiten Weltkrieg wurden The Gobbins kurzzeitig durch die Ulster Transport Authority wiedereröffnet, aber 1954 ebenfalls aus Kostengründen geschlossen. Erst 2014/15 baute das Larne Borough Council eine Reihe neuer Brücken und Galerien, finanziell unterstützt durch die Europäische Union. Ab 2015 gab es wieder geführte Touren. Wie fragil die Konstruktionen sind, zeigte sich schon im Folgejahr: Der Zugangsweg und andere Bereiche erlitten 2016 schwere Sturmschäden, erst seit 2017 ist wieder ein regelmäßiger Besucherbetrieb möglich. Immer noch ist der letzte Abschnitt gesperrt, und auf anderen Streckenabschnitten ist das Steinschlagrisiko so groß, dass die Besucher nicht anhalten dürfen.

Raue Felsküste

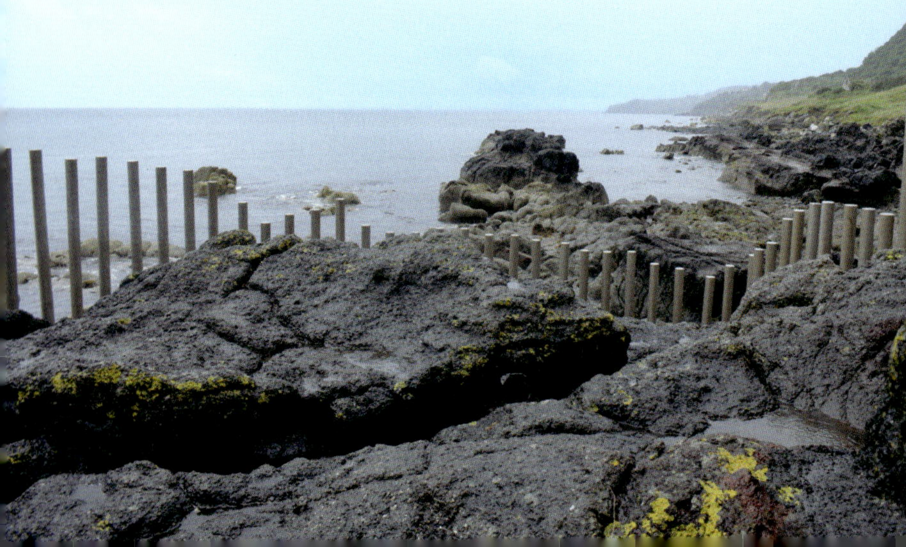

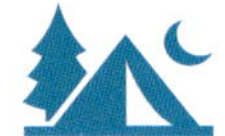

Nun aber hinein ins Vergnügen: Der Gang über den schmalen Steig, der in die steile Felswand gehauen wurde, ist oft fast ein Balancieren. Die zweite Brücke verbindet zwei Felsnasen, zwischen denen in einer alten Gletscherspalte Wundklee und Streifenfarn wachsen. **Sandy Cave** ist eine nach hinten versetzte Höhle, in der sich im Schutz eines Felsvorsprungs sogar Sand sammeln konnte. Anfang des vorigen Jahrhunderts war dies ein beliebter Picknickplatz für die Ausflügler.

Die meistfotografierte Brücke auf dem Gobbins Path ist die 5,4 Tonnen schwere **Tubular Bridge**, eine futuristisch anmutende Stahlkonstruktion, die sich in regelmäßigen Abständen oval um die Längsseite der Brücke legt. Wahrscheinlich bietet das mehr Stabilität bei rauer See, in jedem Fall hat sie einen hohen Wiedererkennungswert auf Erinnerungsfotos.

Das macht die Tour einzigartig!

- **Brücken über tosenden Wellen**
- **Kreisende Seevögel**
- **Faszinierende Geologie**

Am Ende der Tubular Bridge schaut die Spitze des **Man O'War** aus dem Wasser, das ist ein Fels, der sich aus geschmolzener Lava bildete und die ersten Besucher an ein gesunkenes Schiff erinnerte. Von der anschließenden Galerie ergibt sich ein feiner Blick hinab ins Meer. In der Felswand sitzen brütende Seevögel, die sich an die täglichen Besucher gewöhnt haben und dicht über ihren Köpfen hin und her fliegen. Ein Dach schützt die Wanderer vor herabfallendem Vogelkot. Wer unbedacht in eine Hinterlassenschaft auf einem Geländer greift, wird von den Tourguides auf das bereitstehende Reinigungs- und Desinfektionsmittel aufmerksam gemacht. Üblicherweise nisten hier in den Gobbinskliffs Tordalke, Lummen, Krähenscharben, Dreizehenmöwen und Silbermöwen. Manchmal werden auch Kormorane, Wanderfalken und die weiter nördlich nistenden Puffins gesichtet. Auch der Blick aufs Meer kann sich lohnen, hier lassen sich manchmal Seehunde und Tümmler sehen.

Eine Brücke führt zu einem Felsen und eine zweite zurück zu den Kliffs. Auf diese Weise wird ein Bereich eingerahmt, den die Tourguides **The Aquarium** nennen. Ein Tunnel bildet den tiefsten

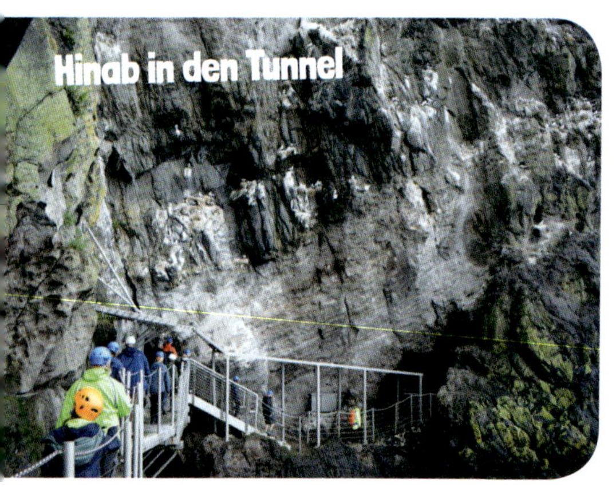
Hinab in den Tunnel

Punkt der Wanderung, er liegt zum Teil sogar unterhalb des Wasserspiegels. An seinem Ende liegt die Spleenwort Cave, benannt nach den Streifenfarnen, die in ihrem feuchten, windgeschützten Inneren gut gedeihen. Unterhalb dieser Höhle befindet sich die Otter Cave, in der zahlreiche Knochen gefunden wurden, über deren Herkunft noch gerätselt wurde, als sie bei einem Erdrutsch verschüttet wurde. Sie bewahrt ihr Geheimnis also weiterhin.

Die **Swinging Bridge** hat ihren Namen von ihrer ursprünglichen Vorgängerbrücke, die wirklich bei Belastung und Wind ins Schwingen geriet. Beim Bau der heutigen Brücke wurden der Name und die eindrucksvolle Konstruktion beibehalten, sie ist aber bedenkenlos begehbar. Dahinter endet die Wanderung, obwohl noch weitere Treppen, Brücken und Galerien zu sehen sind. Der ursprüngliche Weg führte hinter dem Gordon's Leap bis zu einer Hängebrücke an den Seven Sisters Caves, doch konnte er (bislang) nicht wiederhergestellt werden.

Warum der massige Felsvorsprung **Gordon's Leap** heißt, ist bei den Einheimischen umstritten. Die einen sagen, es sei der Name eines Gemeinderates gewesen, der die Baugenehmigung für den Gobbins Path unterschrieb. Andere bringen es mit einem Massaker an römisch-katholischen Familien in Verbindung, bei dem ein Mann namens Gordon von dem Felsen ins Meer gestoßen wurde. Vielleicht war es auch einer der Eisenbahnarbeiter oder ein Lokalpolitiker namens John F. Gordon, der von diesem Felsen sprang. Keiner weiß es. Die Höhlen jedenfalls wurden nach dem Sternbild der Sieben Schwestern benannt, wie die Plejaden im Volksmund heißen. Hier brütet zwischen April und Juni die einzige Festlandkolonie von Papageientauchern in Nordirland. Zurück geht es auf demselben Weg, sodass jedes der spannenden Details noch einmal aus einer anderen Perspektive betrachtet werden kann.

GUT ZU WISSEN

Abenteuer 4/5
Natur 4/5
Schwierigkeit 3/5

Insel: Irland
Von: Ballystrudder, The Gobbins Visitor Centre
Bis: Ballystrudder, The Gobbins Visitor Centre
Länge: 3 Kilometer
Höhenmeter: 191 (hinauf und hinunter)
Etappen: 1
Markierung: geführte Wanderung
Höchster Punkt: Gobbins Road, 52 Meter

Das brauche ich:

- überknöchelhohe Wanderschuhe
- wetterfeste Kleidung
- ein Ticket für die geführte Tour

FAZIT

Hier treffen Erdgeschichte, Ingenieurskunst und wilde Natur aufeinander. Vogelfans werden ihre helle Freude haben, wenn sie ihren gefiederten Freunden ganz nahe kommen können.

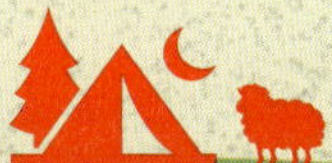

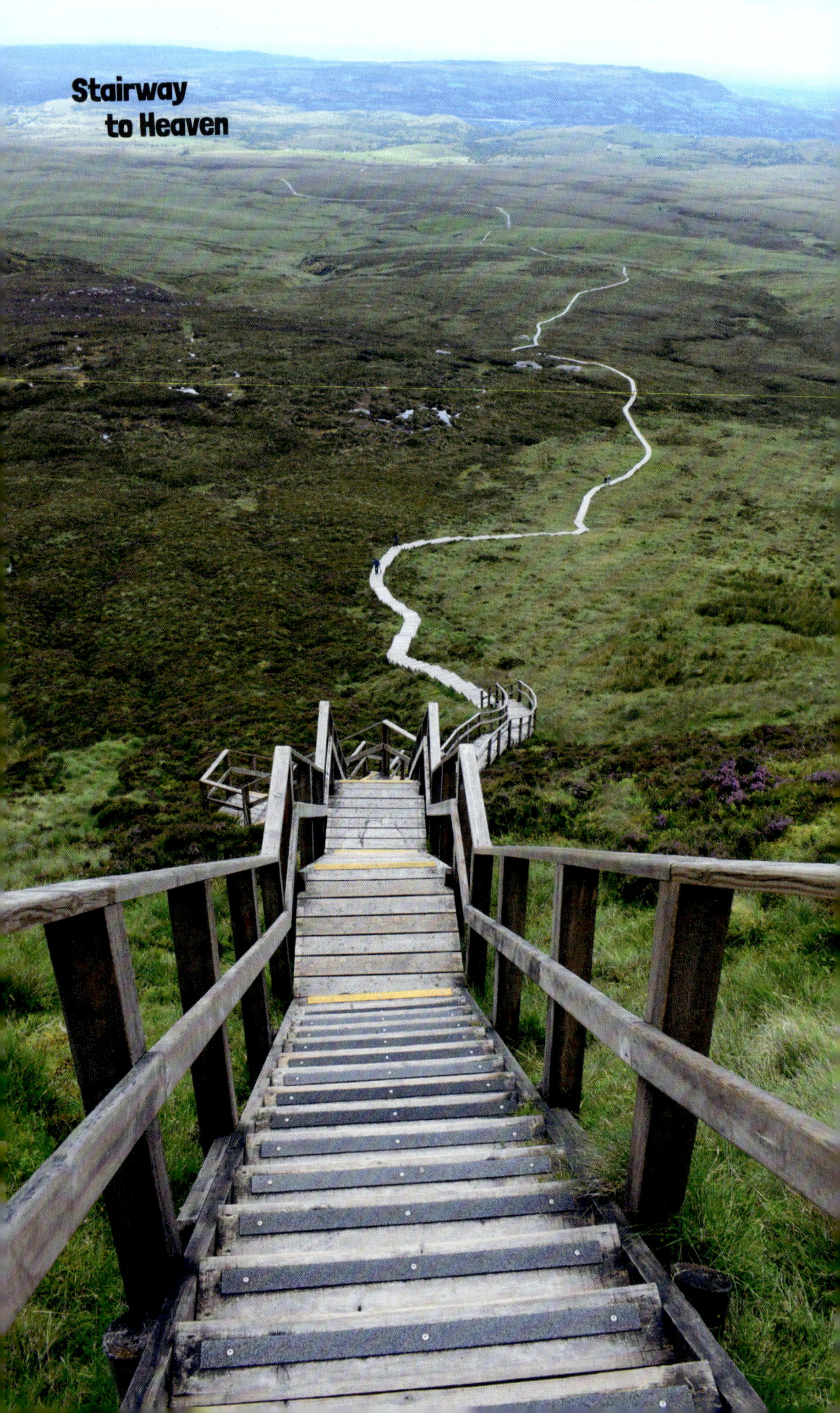
Stairway to Heaven

Cuilcagh Boardwalk Trail

Auf Holzplanken zur irischen Binnengrenze

Diese Tour ist atemberaubend im doppelten Wortsinn. 6 Kilometer geht es durch die Kalksteinlandschaft und Moore leicht bergauf, dann folgt eine steile Holztreppe. Wer alle Stufen hinter sich hat und am Ende glücklich oben auf der Plattform steht, kann seine Atemnot mit Rufen des Entzückens überspielen. Denn der Ausblick über die weite Berglandschaft der Western Fermanaghs ist bei jedem Wetter (außer vielleicht bei Nebel) einzigartig und grandios zugleich.

Umgeben von Bäumen und Büschen beginnt diese Wanderung am **Cuilcagh-Boardwalk-Wanderparkplatz**. Auf dem breiten Schotterweg geht es flott voran, und die Bäume werden seltener. Auf der rechten Seite des Weges mäandert der **Aghinrawn River** durch seine Auen, ein kleiner Bach nur, aber hübsch anzusehen. Er entspringt in 500 Metern Höhe unterhalb des Cuilcagh Mountain. Wie auch der etwas weiter östlich fließende Owenbrean River ist er ein sogenannter Schwindbach. Er versinkt in der Nähe des Startpunktes in der karstigen Kalklandschaft und erreicht unterirdisch das Marble-Arch-Höhlensystem. Das ist übrigens im Anschluss an die Wanderung unbedingt einen Besuch wert. Gemeinsam bilden der Cuilcagh Mountain Park und die Höhlen seit 2001 einen der ersten anerkannten europäischen UNESCO-Geoparks.

Bei diesem Wanderweg steht der Naturschutz an oberster Stelle. Das ist im Sommerhalbjahr schon kurz nach dem Start zu erkennen, wenn am letzten Parkplatz ein großer Metallkasten in den Blick kommt. Ein **Seasonal Litter Bin** hält Einwurfschlitze für jede Art von Abfall bereit. Wenn das mal keine Aufforderung ist, am Ende der Wanderung alle geleerten Proviantverpackungen genau dort zu entsorgen!

Nachdem der **Aghinrawn River** überquert und ein Zaun überstiegen ist, führt der Schotterweg durch die offene Landschaft.

Am Wegesrand wächst vereinzelt Beinbrech, dessen zweiter Name sympathischer klingt: Gelbe Moorlilie. Am Horizont kommt der flache Bergrücken des Cuilcagh Mountain in Sicht. Er scheint noch endlos weit entfernt zu sein und rückt doch mit jedem Schritt etwas näher.

INFO

Ist der Cuilcagh-Boardwal-Trail-Parkplatz schon besetzt, lässt es sich gut am Marble Arch Cave parken. Besonders praktisch, wenn ohnehin eine Höhlentour und eine Einkehr im Café geplant sind.

Je mehr der Weg an Höhe gewinnt, desto stärker wird der Drang, sich immer wieder umzudrehen, um die **unfassbare Weite der Landschaft** zu genießen, die sich beim Blick zurück darbietet. Und das, obwohl jedem klar ist, dass dieses Panorama auf dem Rückweg ohne diese Verrenkungen zu sehen sein wird. Diesem Bedürfnis kamen die Ranger des Cuilcagh Mountain Park entgegen, indem sie an einem Aussichtspunkt eine Tafel aufstellten, die das Panorama erläutert.

Plötzlich verändert sich die Landschaft. Das Grasland weicht dem **Hochmoor**. Hinter einem Zauntritt beginnt der mittlere Abschnitt der Tour: ein aufwendig angelegter Steg, der das empfindliche Hochmoor darunter schützt und das Entstehen von ungewollten Pfaden verhindert. Auch mit mäßigen Englischkenntnissen wird nun klar, dass es sich bei dieser Wanderung nicht um einen ***broad**walk*, also eine Promenade, handelt. Vielmehr ist es ein ***board**walk*, ein Weg auf Brettern und Planken.

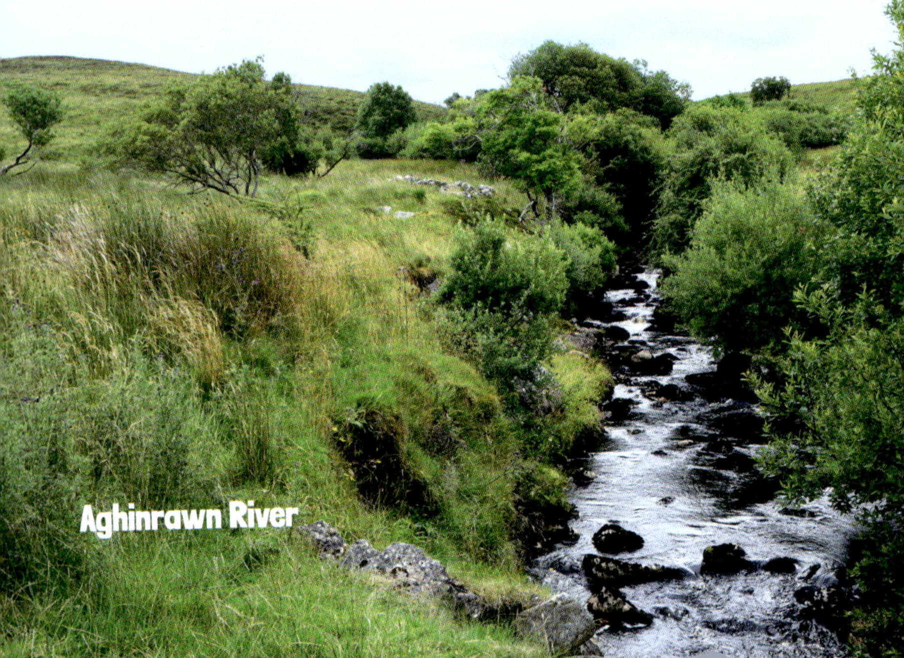
Aghinrawn River

 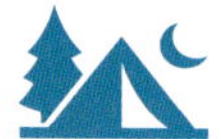

Nachdem er den **Balbarrinnagh River** überquert hat, schlängelt sich der Holzweg bergauf und gibt immer wieder neue Blicke frei. Typische Moorpflanzen wie Heide, Wollgras und kleinere Orchideen wachsen hier. Außerhalb der Hauptbesuchszeiten können sogar Moorschneehühner beobachtet werden. Die dichte Heide bietet einen guten Lebensraum für diese Bodenbrüter, die sehr davon profitieren, dass (fast) alle Menschen auf den Holzstegen bleiben.

Ein markanter **Felsblock** abseits des Weges verführt zu einem Abstecher. Aber dafür den Holzweg verlassen und das empfindliche Moor schädigen? Gar nicht nötig. Sogar an Familien und andere neugierige Menschen wurde gedacht: Zu dem verlockenden Fels führt ein kleiner Holzsteg. Auch stellt sich die Frage, ob in dem benachbarten Fels vielleicht ein Elf oder ein Troll lebt, denn bei genauem Hinsehen zeichnet sich dort eine kleine Tür ab. Das regt besonders an nebligen Tagen die Fantasie an.

Das macht die Tour einzigartig!

- **Unberührte Moorlandschaft**
- **Blumenreiche Weiden**
- **Stairway to Heaven**

Handfester wird es am Ende des Holzsteges, denn nun beginnt der letzte und steilste Abschnitt. Ein Weg wie eine **Himmelsleiter** schlängelt sich durch die schroffe Felslandschaft. Typische Hochlandvögel wie Merlin, Wanderfalke, Goldregenpfeifer, Ringelmeise und Bekassine lassen sich in diesem oberen Abschnitt des Weges beobachten. Wie fremd klingt da der Ruf einer Möwe, wenn sie den Weg von der Küste auf den Cuicagh hinter sich hat und in Gipfelnähe nach Futter sucht.

Bei einer der nächsten Atempausen kommt ein kleiner **Bergsee** in Sicht. Er trägt den Namen Lough Atona. Menschen mit schwachem Gleichgewichtssinn freuen sich über das Treppengeländer und den Handlauf, die ihnen Sicherheit geben. Andere spurten an ihnen vorbei, immer zwei Stufen auf einmal nehmend und dabei noch munter plaudernd. Am Ende der vielen Treppen sind alle vereint, wenn sie auf der hölzernen **Plattform** staunend ins Tal blicken und den Weg zurückverfolgen, bis er

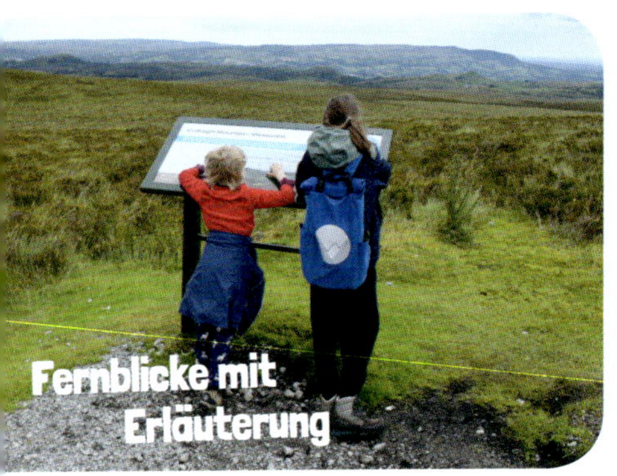
Fernblicke mit Erläuterung

am Horizont verschwindet. Die Marble Arch Caves lassen sich erahnen.

Die Grenze zur Republik Irland ist vom Aussichtspunkt nur 150 Meter und 20 Höhenmeter entfernt. Der Gipfel des Grenzbergs **Cuilcagh** befindet sich 1 Kilometer südöstlich. Mit 666 Metern Höhe ist er der höchste Punkt der gesamten Grenzlinie. Kein Grenzzaun steht trennend zwischen Nordirland und der Republik Irland. Trotzdem ist es ein besonderes Gefühl, der Grenze zu Fuß so nahe gekommen zu sein. Sein Name ist auf den ersten Blick irreführend: Das irische Wort *cuilceach* bedeutet „kreidig", aber der Berg besteht vorwiegend aus Sandstein und Schiefer. Bedenkt man die Kalksteinlandschaft am Tourstart, lässt sich der Name auch mit „kalkhaltig" übersetzen und passt perfekt!

Noch lieber hätte ich den **Cuilcagh Way** empfohlen, der hinter der Aussichtsplattform nach Osten über den Grenzgipfel Cuilcagh führt und im weiten Bogen über den Florence Court zurück zum Visitors Centre führt. Doch die fortschreitende Erosion durch Wetter und Wanderstiefel veranlasste die Leitung des Cuilcagh Lakelands Geoparks dazu, den Bergpfad hinter der Plattform zu sperren, damit sich die empfindliche Flora wieder erholen kann. Bis zu einer möglichen Wiederfreigabe müssen wir also auf dem Rückweg mit derselben Strecke zufrieden sein.

Das ist nämlich die Schattenseite dieses Holzwegs: Um das Jahr 2010 wurden jährlich etwa 3000 Besucher gezählt, die auf schmalen Pfaden durch das Moor wanderten, um den Cuilcagh zu besteigen. Um das darunterliegende Moor vor Erosion zu schützen, wurde 2015 der Bohlenweg angelegt. Die ersten Fotos des „Stairway to Heaven" waren solch ein spektakulärer Anblick, dass die Besucherzahlen auf über 60.000 pro Jahr emporschnellten.

Also bleibt nur, seufzend Abschied vom Cuilcagh zu nehmen, auf dem Rückweg die Aussicht zu genießen und noch einmal wiederzukommen, wenn der große Rundweg über den Gipfel des Cuilcagh wieder freigegeben ist!

GUT ZU WISSEN

Abenteuer 🔥🔥
Natur ⛺⛺⛺
Schwierigkeit 🪢🪢🪢

Insel: Irland
Von: Enniskillen, Marlbank Road
Bis: Enniskillen, Marlbank Road
Länge: 11,1 Kilometer
Höhenmeter: 425 (hinauf und hinunter)
Etappen: 1
Markierung: gelbes Farnblatt auf blauem Grund
Höchster Punkt: Cuilcagh-Aussichtsplattform, 611 Meter

Das brauche ich:

- Ausdauer
- Sonnenschutz und Wasser
- Fernglas für die Moorschneehühner

FAZIT

Schafe auf blumenreichen Wiesen, sonnenbadende Eidechsen, Moorschneehühner im Heidekraut, und über allen kreisen Wanderfalke und Merlin. Dazu Aussichtsbänke an den richtigen Stellen und ein gut gepflegter Weg. Eine unvergessliche Tour!

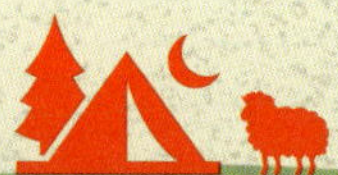

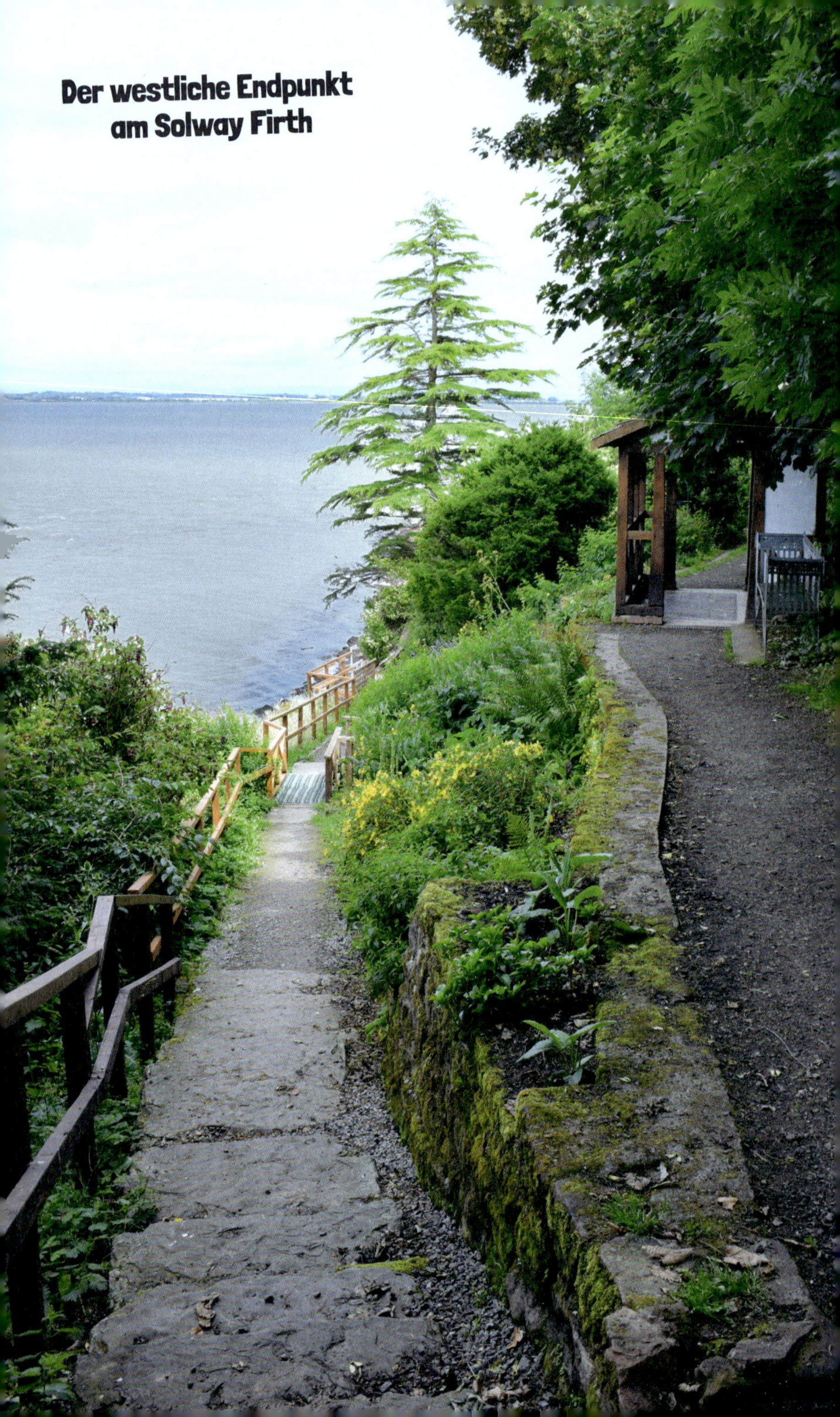
Der westliche Endpunkt am Solway Firth

Hadrian's Wall Path

Bewegte Geschichte im Norden Englands

Es ist etwas ganz Besonderes, ein Land von Küste zu Küste durchwandern zu können. Dies gilt umso mehr, wenn damit eine Reise in die Vergangenheit verbunden werden kann und es sich dabei um einen gut markierten Wanderweg handelt. Er ist abwechslungsreich und leicht zu laufen, wenngleich im hügeligen mittleren Teil etliche Höhenmeter gemeistert werden müssen.

Das Schwierigste an dieser Tour ist die Entscheidung zwischen den beiden möglichen **Laufrichtungen**. Der Hadrianswall wurde von Ost nach West gebaut. Deshalb folgt ihm der Hadrian's Wall Path von Wallsend nach Bowness-on-Solway. Das ist ungewöhnlich für britische Wanderwege, denn die Wegplaner schlagen damit eine Wanderung gegen den vorherrschenden Wind vor! Wie gut, dass das nur eine Empfehlung ist. Die nette Dame im Museum Segedunum berichtet, dass es doch tatsächlich Wanderer gibt, die sich vom Rückenwind getragen von Bowness-on-Solway nach Wallsend wagen.

Hat man sich einmal für eine Laufrichtung entschieden, kann es losgehen, für diese Beschreibung ganz klassisch in **Wallsend**, einem Vorort von Newcastle upon Tyne. Schon das Aussteigen aus der Bahn ist ein Vergnügen: Wallsend Metro Station ist der einzige Bahnhof der Welt mit zweisprachigen Informationstafeln auf Englisch und Latein. Hier ist man also vorbereitet, falls die alten Römer noch einmal in der Gegend sein sollten …

Am Startpunkt lassen sich Kenntnisse über die Aktivitäten der Römer im Römerfort und Museum **Segedunum** auffrischen. Nach dem Besuch ist klar, dass es sich um eine Grenzbefestigung handelt, die zum Limes Britannicus gehörte und dazu diente, die Plünderungen und kleineren Angriffe aus dem Norden zu unterbinden sowie den Personen- und Warenverkehr zu kanalisieren. Auf diese Weise fiel es auch leichter, Zölle bei den

Reisenden zu erheben, die auf der Dere Street zwischen Eboracum (York) und dem Antoniuswall in Schottland unterwegs waren. Für die Abwehr größerer Angriffe oder gar Invasionen war der Hadrianswall gar nicht ausgelegt. Dennoch dürften die Sperranlagen jeden beeindruckt haben, der sich ihnen aus dem Norden annäherte. Hinter den ersten Fallgruben und Fußangeln verlief ein steiler und tiefer Nordgraben, an den sich die Mauer des eigentlichen Hadrianswalls anschloss. Diese Kombination aus Graben und Wall wurde zum Teil direkt an eine Felswand angeschlossen, die auf natürliche Weise die Annäherung erschwerte. Südlich des Walls verliefen die Militärstraße und der Südgraben, auch Vallum genannt.

INFO

Der Hadrian's Wall Path folgt dem historischen Grenzwall, der auf Anordnung des Kaisers Hadrian von 122 bis 128 n. Chr. im Norden Englands gebaut wurde.

Dann geht es endlich los, zunächst am **Tyneufer** von Wallsend durch die Innenstadt von Newcastle upon Tyne, dann durch offenes Farmland nach Heddon-on-the Wall. Von hier verläuft der Hadrian's Wall Path entweder direkt neben dem Hadrianswall oder neben der alten Römerstraße, die parallel zum Hadrianswall angelegt wurde, um Baumaterial und Legionäre transportieren zu können. Die der Römerstraße folgende B6318 heißt daher auch Military Road.

Nach der Überquerung des North Tyne bei Chollerford führt der Weg am Römerkastell **Chesters** entlang. In der weitläufigen

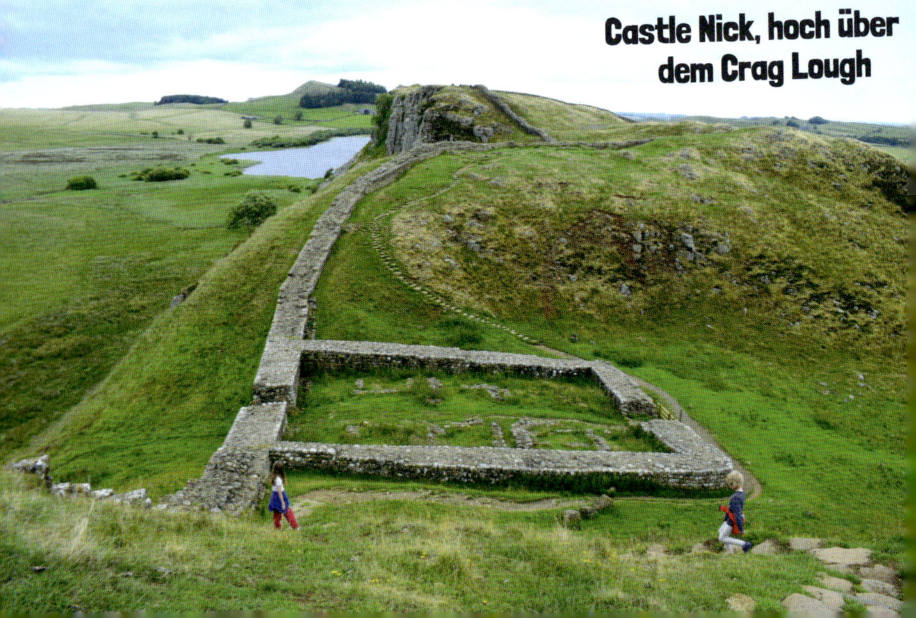

Castle Nick, hoch über dem Crag Lough

Anlage sind viele gut erhaltene Spuren der Römer zu sehen, der Bereich unten am Tyneufer verführt zu einem Picknick. Die Landschaft wandelt sich. Das bewirtschaftete Farmland geht in karges Moorland über. Der hoch gelegene Abschnitt im **Northumberland National Park** ist der interessanteste Abschnitt der Tour, hier ist die Landschaft rauer, und der Hadrianswall ist besonders gut zu erkennen. Viele Forts sind so gut erhalten, dass ein Extratag für deren Besichtigung eingeplant werden sollte. Da ist das Kastell Brocolitia mit einem Tempel, der dem römischen Sonnengott Mithras geweiht war. Da sind die gut erhaltenen Meilenkastelle und Grenztürme, die immer wieder den Fotoapparat aus seiner Hülle locken. Und da ist das **Vercovicium Castum**, ein ganz besonders beeindruckender Ort am Hadrianswall. Hier vermuten Historiker eine römische Zivilsiedlung, denn der Ortsname setzt sich aus den lateinischen Begriffen *vergere* („Neigung“) und *vicus* („Siedlung“) zusammen, also war dies „Das Dorf am Abhang“, gemeint ist damit der steil abfallende Felsgrat des Whin Sills. Neben dem Dorf entstand das zunächst gleichnamige Kastell, es ist heute unter dem englischen Namen House Steads („festes Haus“) bekannt. Weltweit bekannt ist dieses Kastell für die gut erhaltenen Gemeinschaftslatrinen.

Das macht die Tour einzigartig!

- **Grüne Hügellandschaft**
- **2 Jahrtausende Geschichte**
- **Coast-to-Coast-Wanderung (fast)**

Durch felsiges Gelände geht es zu den Cuday’s Crags, wo der Pennine Way von rechts hinzukommt. Hinter den Hotbank Crags und dem Milecastle 38 verläuft der Grenzwall auf den Felsen oberhalb des Crag Lough, es ist ein anstrengendes und faszinierendes Auf und Ab. An stürmischen Tagen bietet der etwas geschütztere Military Way eine gute Alternative. Auch von dort ist das **Sycamore Gap** zu sehen. Der Anblick des Bergahorns, der hier direkt an der Mauer in einem Bergsattel stand, war unvergesslich. Der Sycamore Gap Tree wurde 1991 durch den Film „Robin Hood“ weltberühmt und galt als meistfotografierter Baum Großbritanniens. Doch Unbekannte fällten ihn im Herbst 2023.

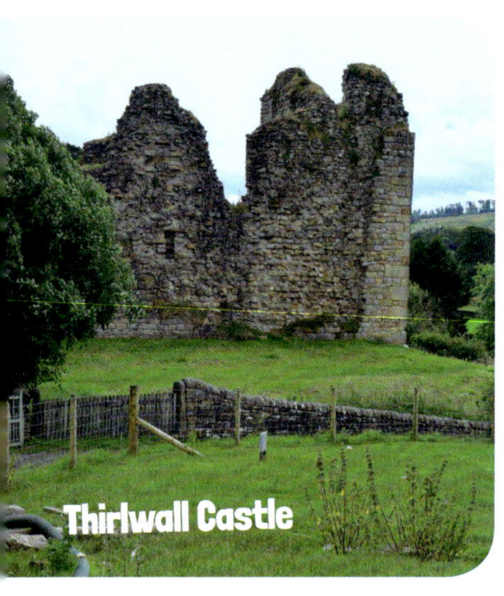
Thirlwall Castle

Hinter dem Meilenkastell 39, Castle Nick, führt der Weg an den Peel Crags entlang aus dem felsigen Hügelland hinaus. Reicht die Zeit für einen Abstecher zum **Fort Vindolanda**? Immerhin handelt es sich um eine der wichtigsten römischen Ausgrabungsstätten in ganz Europa. Vindolanda wurde berühmt für die Schrifttafeln der hier stationierten Legionäre, die aus dem Alltag in der Garnison berichteten.

Auch ein Besuch in der traditionsreichen Brauerei Twice Brewed gehört zu den festen Programmpunkten vieler Wanderer. Im dazugehörenden **The Twice Brewed Inn** lässt es sich gut speisen, danach geht es mit den Astronomen des Inns zum Sterngucken in den Northumberland Dark Sky Park.

Ein idyllisches Plätzchen für eine längere Rast ist Walltown, bei trockenem Wetter draußen mit Blick auf die spektakulären Felskanten der **Walltown Crags**, bei Regen in dem sympathischen Besucherzentrum oder im Roman Army Museum. Hinter dem Thirlwall Castle trennen sich Pennine Way und Hadrian's Wall Path wieder, der nun nach Birdoswald führt. Rund um das Kastell ist das längste intakte Stück der Grenzmauer zu sehen, im Museum ist ein 3D-Modell des Hadrianswalls zur Zeit seiner Fertigstellung ausgestellt.

Auf dem Weg nach Walton lässt sich in der Ferne die Lanercost Priory erahnen. Zum Bau des Klosters wurden Steine aus dem Hadrianswall verwendet. Durch Farmland geht es nun hinab zum River Eden und an seinem Ufer durch die Parks von **Carlisle**. Die Innenstadt ist einen Abstecher wert: Die Kathedrale ist fast 900 Jahre alt, und die wehrhafte Festung Carlisle Castle ist noch gut erhalten. Auf dem letzten Stück neben dem River Eden und dem Solway Firth ist keine Mauer mehr zu sehen. Die lässt sich dann aber wieder am Ziel entdecken: Die Steine der Dorfkirche von **Bowness-on-Solway** stammen aus dem Hadrianswall!

GUT ZU WISSEN

Abenteuer 4/5
Natur 4/5
Schwierigkeit 3/5

Insel: Großbritannien
Von: Wallsend
Bis: Bowness-on-Solway
Länge: 135 Kilometer
Höhenmeter: 1278 hinauf, 1285 hinunter
Etappen: 6
Markierung: auf dem Hut stehende Eichel (National Trail)
Höchster Punkt: Whinshield Crags, 345 Meter

Das brauche ich:

- festes Schuhwerk für die steinigen Abschnitte
- Interesse an römischer Geschichte
- Sonnenbrille für die Nachmittage

FAZIT

Dieser Weg führt durch eine abwechslungsreiche Landschaft und zwei liebenswerte Städte. Wer Geschichte und „olle Steine" mag, wird sehr glücklich wandern. Wer aber den Weg nur wählt, weil er als der leichteste National Trail gilt, könnte auf den mittleren Etappen überrascht werden.

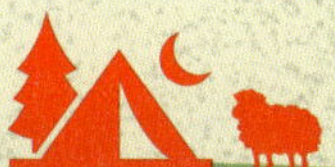

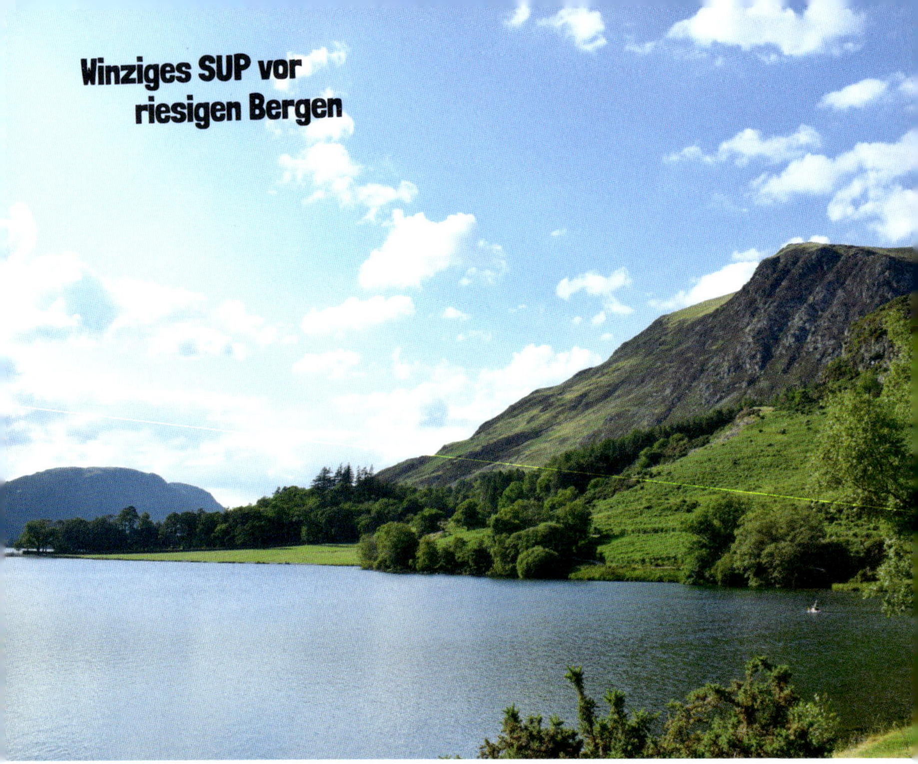

Winziges SUP vor riesigen Bergen

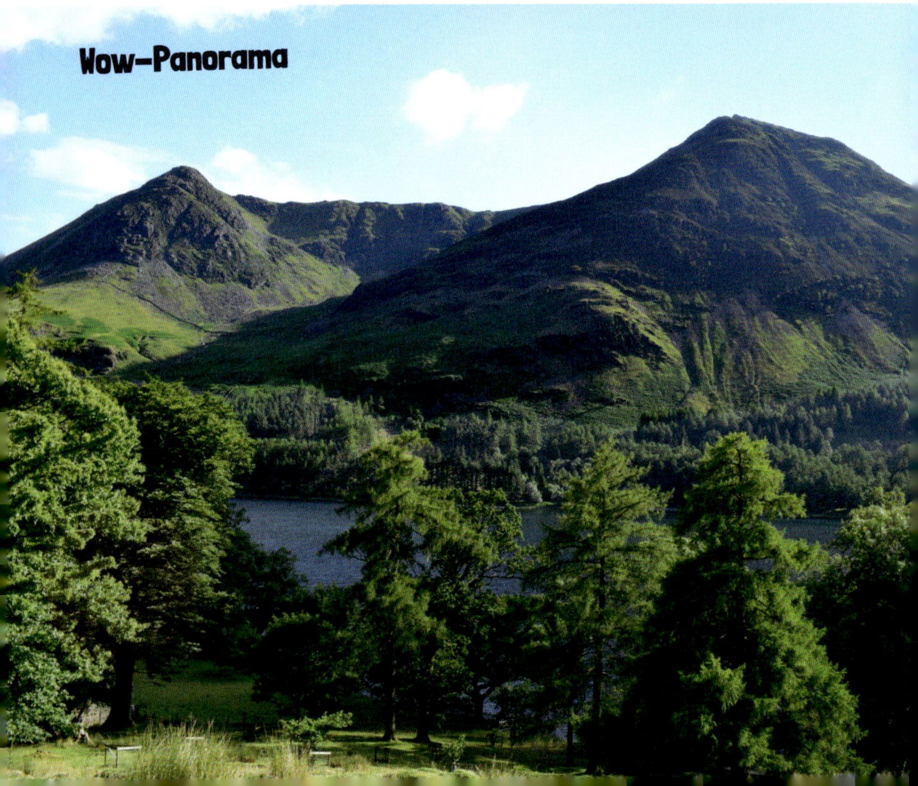

Wow-Panorama

Buttermere

Genuss-Klassiker im Lake District

Der Lake Distict hat seinen Namen von den zahlreichen wunderschönen Seen. Unter ihnen sind bekannte Namen wie Windermere und Derwent Water. Doch der kleine Buttermere hat das gewisse Extra: Er schmiegt sich besonders malerisch in sein Tal und hat genau die richtige Größe, um ihn komplett zu umwandern. Ringsum erheben sich mächtige Berge, die eine imposante Kulisse bieten.

Die klassische Rundwanderung beginnt an der Bushaltestelle im Zentrum des winzigen Örtchens Buttermere. Doch viel schöner ist es, an der Passstraßen-Kreuzung von Honister Pass und Newlands Pass zu starten. Es wäre zu schade um die kleine **Dorfkirche St James**. Sie thront malerisch auf einem Felsvorsprung über dem Dorf und ermöglicht Aussichten auf das Bergland rund um den Buttermere. Die Kirche geht zurück auf einen ersten Bau im Jahr 1507, das heutige Gebäude stammt aus dem Jahr 1840. Ein besonderes Schmuckstück ist das schmiedeeiserne Hirtentor am Eingang zur Vorhalle. Der passionierte Wanderer und Reiseführerautor Alfred Wainwright liebte diese Gegend. In das Fensterbrett des Südfensters wurde ihm zu Ehren eine Steintafel eingelassen. Ihn würde der Anblick freuen, denn das Fenster gibt den Blick auf den Gipfel der Hay Stacks frei, seinen Lieblingsplatz im Lake District.

Das Bridge Hotel am munter plätschernden Mill Beck ist eine gute Adresse für die Einkehr am Ende der Wanderung und kommt auf die Merkliste, ebenso das zweite Hotel im Dorf. „The Fish“ steht auf der Fassade, so hieß das Buttermere Court Hotel früher. Das alte Gasthaus **Fish Inn** ist mit der jungen Schäferin Mary Robinson verbunden. Von Schriftstellern und Dichtern wurde sie als Beauty of Buttermere oder The Maid of Buttermere beschrieben, als einfaches Mädchen mit bescheidener Miene und beispielloser Anmut. Die Tochter des damaligen Gastwirts heiratete 1802 John Hatfield, der sich als Bruder des Earl of Hopetoun ausgab. Kurz nach der Hochzeit wurde er als Betrüger und Bigamist entlarvt. Er wurde in Carlisle vor Gericht gestellt und zum Tode verurteilt. Marys Schicksal rührte die Menschen, sie sammelten Spenden und sprachen ihr Trost zu. Sie heiratete 1807 den Landwirt Richard Harrison, mit dem sie eine glücklichere Ehe führte und vier Kinder hatte.

INFO

Der National Trust kümmert sich um den Schutz der Natur und Kultur rund um die drei Seen im Buttermere Valley: Buttermere, Crummock Water und Loweswater.

Der Weg führt nach Süden zum Buttermere Dubs, der an einer Holzbrücke den Buttermere verlässt und ihn mit dem benachbarten Crummock Water verbindet. Nun, direkt am Buttermere, stellt sich die Frage nach der Herkunft seines Namens, bei der sich die Sprachwissenschaftler und Historiker nicht einig sind. Der Namensbestandteil *mere* kommt aus dem Altenglischen und bedeutet „See". Bis heute verstehen die Briten unter Mere einen See, der im Verhältnis zu seiner Größe sehr flach ist und keine Sprungschicht hat. Das alte Wort *butere* stand für „Butter", der Name könnte also einfach als „Buttersee" oder poetischer als „**Der See bei den Milchweiden**" übersetzt werden. Historiker tendieren dazu, den See mit dem Besitztum des nordischen Jarl Buthar in Verbindung zu bringen. Er hatte sich, wie

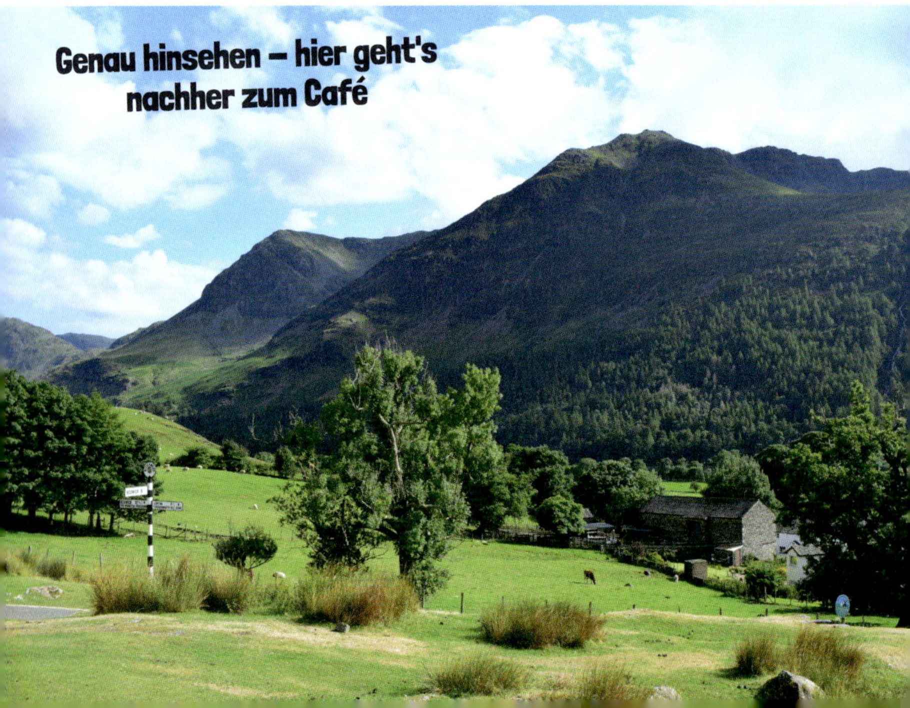

Genau hinsehen – hier geht's nachher zum Café

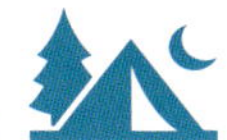

zahlreiche andere Wikinger, im Bergland von Cumbria niedergelassen. Als Wilhelm der Eroberer mit seinen normannischen Truppen gen Norden zog, gelang es den Cumbriern unter der Führung von Buthar, die Invasion abzuwehren. Die Normannen mussten in jahrzehntelangen Auseinandersetzungen herbe Verluste hinnehmen.

Zur bezaubernden Landschaft passt natürlich der See bei den Milchweiden besser. Diese Theorie unterstreicht auch der muntere Bach Sour Milk Gill. Am südwestlichen Ufer des Buttermere führt der Weg durch den Schatten spendenden **Burtness Wood**. Zwischen den Bäumen ist stets ein Blick auf den See und den dahinter aufragenden High Snockrigg (526 Meter) zu erspähen. In den geschützten Buchten recken Wasserlobelien an langen Stielen ihre zartblauen Blüten aus dem Wasser.

Das macht die Tour einzigartig!

- Idyllischer Bergsee
- Großartige Kulisse
- Malerische Dorfkirche

Am Horse Close führt der Weg über den **Comb Beck**, hier nur ein kleiner Bach, aber weiter oben bildet er beachtliche Wasserfälle, die nachher vom anderen Seeufer besser zu sehen sind. Er sammelt das Wasser, das sich in dem Tal zwischen High Stile (807 Meter) und High Crag (744 Meter) seinen Weg ins Buttermere Valley sucht. Warnscale Beck ist der nächste Bach auf dieser Tour, er fließt zwischen Hay Stacks (597 Meter) und Fleetwith Pike (648 Meter) von Südosten ins Tal und kann auf Peggy's Bridge überquert werden.

Die Auen zwischen dem Warnscale Beck und dem Gatesgarthdale Beck ermöglichen einen traumhaften Blick bis zum anderen Ende des Sees. Einfach nur paradiesisch! Unterhalb des Wäldchens Kirk Close führt der Weg durch eine parkähnliche Landschaft und auf einer Fußbrücke über den Hassnesshow Beck. Auf dem **Hassness**-Anwesen wird ganz unverhofft aus dem breiten Spazierweg ein schmaler Pfad, der in die Felsen gehauen wurde. Sogar einen kurzen Tunnel gibt es, dieser wurde im 19. Jahrhundert in den Fels getrieben. Der damalige Grundeigentümer George Benson, ein reicher Mühlenbetreiber

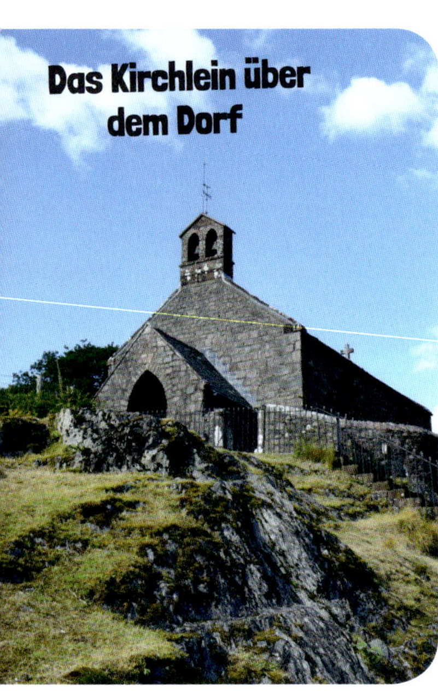

Das Kirchlein über dem Dorf

aus Manchester, wollte dem Ufer immer besonders nah sein, wenn er um den Buttermere spazierte.

Von diesem Ufer ist der Wasserfall auf der gegenüberliegenden Seeseite gut zu sehen. Einsame Kiefern setzen hübsche Akzente, und der flache Kiesstrand verführt dazu, Steine übers Wasser hüpfen zu lassen. Unter der Wasseroberfläche leben Bachforellen und Seesaiblinge. Das sind Gletscherreliktfische, die blieben, als sich nach der Eiszeit die Eisdecke zurückzog. Sie gedeihen nur im nördlichen Eismeer und in isolierten Binnenseen mit kaltem, klarem Wasser. Hier am Nordufer legen im Frühjahr die Strandläufer ihre Eier zwischen die Kieselsteine. Um die gefährdeten Bodenbrüter zu schützen, sperrt der National Trust dieses Gebiet von April bis Juni und verweist auf eine etwas längere Ausweichroute.

In dieser einzigartigen Landschaft ist auch das Einkehren ein besonderer Genuss. Im **Syke Farm Tea Room** wird ein ganz köstliches Eis angeboten. Die fruchtig-frischen Sorbets schmelzen nach einem warmen Wandertag angenehm auf der Zunge. Die herrlich cremigen Milcheissorten werden aus der Milch der Syke Farm hergestellt, das ist regionale, nein, sogar lokale Küche! Genau diese Milch ist es auch, die an kühlen Tagen die heiße Schokolade zu einem ganz besonderen Genuss macht. Beim Schlecken des Eises vergehen die letzten Zweifel an der Herkunft des Namens Buttermere. Das **muss** etwas mit der Milcherzeugung zu tun haben!

Wer es herzhaft mag, sollte die hausgemachte Kartoffel-Lauch-Suppe im Syke Farm Tea Room probieren oder im idyllisch am Fluss gelegenen **Bridge Hotel** einkehren, wo schmackhaftes Pubfood wie Steak-Pie und Cumberland-Sausages in großzügig bemessenen Portionen serviert wird. Einen freundlichen Empfang bieten beide, sogar für regennasse, windzerzauste Wanderer mit Hund.

GUT ZU WISSEN

Abenteuer 3/5
Natur 4/5
Schwierigkeit 2/5

Insel: Großbritannien
Von: Buttermere
Bis: Buttermere
Länge: 7,2 Kilometer
Höhenmeter: 35 (hinauf und hinunter)
Etappen: 1
Markierung: keine
Höchster Punkt: St James' Church, 137 Meter

Das brauche ich:

- Zwischenverpflegung für ein Picknick am Ufer
- Fernglas für Tierbeobachtungen
- Appetit auf hausgemachtes Eis

FAZIT

Eine entspannte Alternative zu den Bergtouren im Lake District, die ebenfalls uneingeschränkt empfehlenswert sind. Doch dafür wäre ein eigenes Buch nötig, prall gefüllt mit den besten Lakeland-Wanderungen.

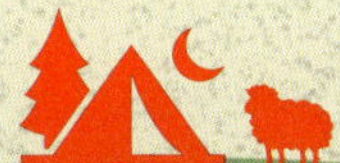

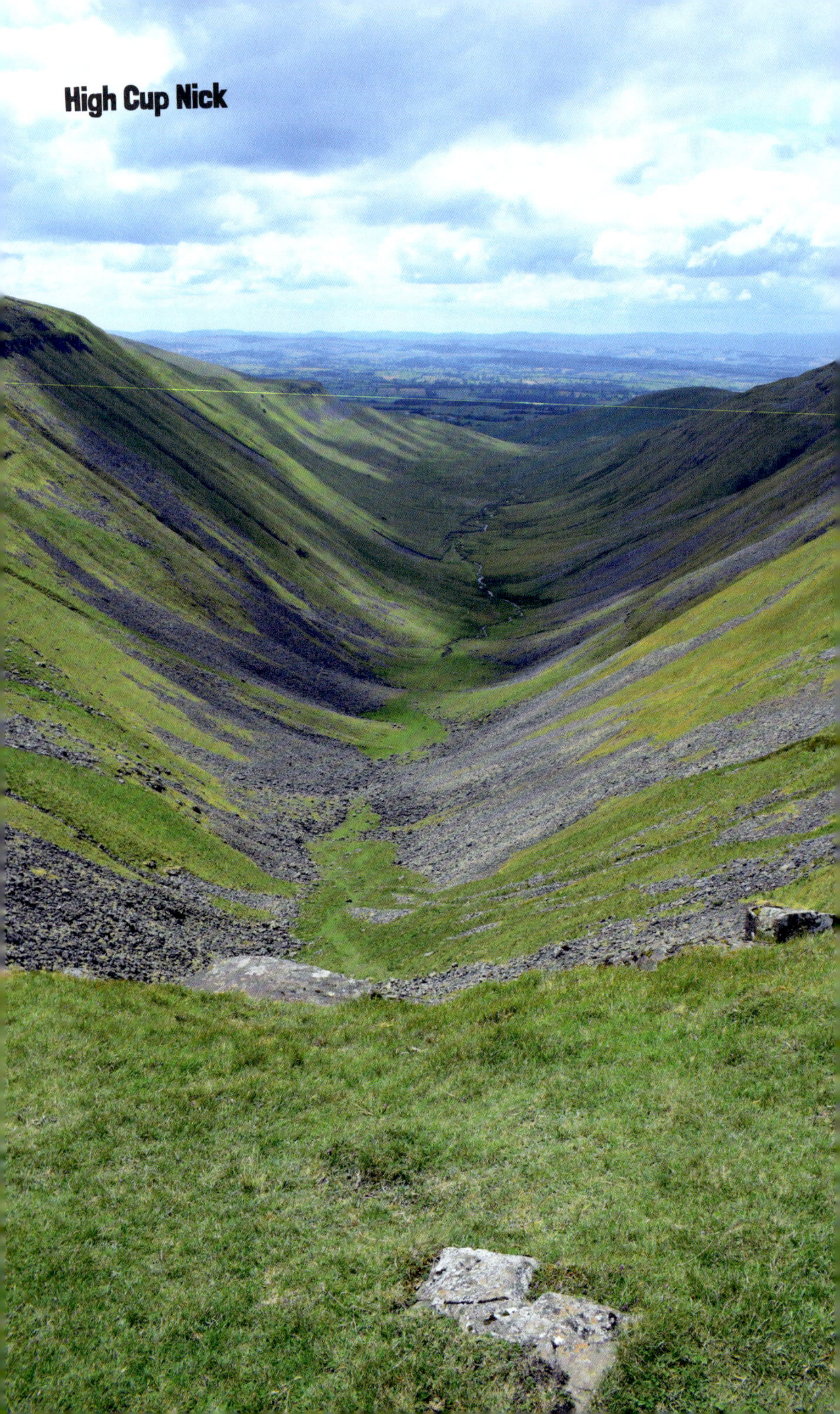

High Cup Nick

Pennine Way

Durch die wilde Mitte Englands

Eins vorweg: Die Warnungen sind nicht übertrieben. Auch wenn er nicht der längste National Trail ist, so ist er definitiv der härteste. Sparsam markiert, führt der Pennine Way über das Rückgrat Englands. So wird das 400 Kilometer lange Mittelgebirge genannt, das sich wie eine Wirbelsäule von den Midlands bis zur schottischen Grenze erstreckt. Für diese Tour durch die einsamsten Regionen Englands braucht es Mut, Erfahrung und Durchhaltevermögen.

Der Weg beginnt am **Old Nags Head**, einem traditionsreichen Pub in Edale. Manch ein Hiker trinkt sich hier am Vorabend der Wanderung den nötigen Mut an, denn die Vorfreude auf einen der großartigsten Wege kommt stets mit etwas Muffensausen daher. Werde ich diesen Weg meistern oder kläglich scheitern? Ist alles Nötige im Rucksack, dieser aber nicht zu schwer? Wie komme ich fast drei Wochen mit dauernassen Füßen klar, falls meine Schuhe doch nicht so wasserdicht sind, wie der Hersteller behauptet? Diese – und 100 andere – Fragen im Kopf zu haben gehört beim Pennine Way geradezu zum guten Ton.

Der Pennine Way ist der älteste National Trail. Er geht auf eine Idee des Wanderers Tom Stephenson im Jahr 1935 zurück, am 24. April 1965 wurde der Trail offiziell eröffnet. Der Trail zeigt schon gleich hinter Edale, was in ihm steckt. Er führt auf der Jacob's Ladder über eine Vielzahl von Steinstufen zum **Kinder Scout Plateau**, wo begeisterte „Oh"- und „Ah"-Rufe beim Ausblick ins grüne Edale Valley die Wanderpartner über die erste Atemnot hinwegtäuschen können. An windigen Tagen ist nun auch bei Sonnenschein die Regenjacke gefragt, denn der Weg führt zum Kinder Downfall, der 30 Meter in die Tiefe stürzt. Normalerweise! An windigen Tagen wird er nach oben geblasen, und das ganze Plateau versinkt im Sprühnebel. Das stille Torfmoor Featherbed Moss ist ein erster Test für die langen Streckenabschnitte im Moor, hier zeigt sich, ob die Schuhe wasserfest sind. Zum Glück wurden die schlimmsten Modderstellen mit Trittsteinen entschärft.

Einen hohen Wow-Faktor hat **Malham Cove**. Das ist eine etwa 300 Meter breite und 80 Meter hohe Kalksteinwand, die an ihrer Südseite steil abfällt und ein Halbrund bildet. Die grau-weißen Felswände locken Sportkletterer aus aller Welt an, die sich hier in natürlicher Umgebung an den schwierigsten denkbaren Klettertouren versuchen. Wer „Harry Potter und die Heiligtümer des Todes I" angeschaut hat, dem wird dieser Ort bekannt vorkommen. Auch auf der nächsten Etappe können sich Kinofreunde freuen, wenn sie **Hardraw Force** als den Wasserfall wiedererkennen, unter dem im Film „Robin Hood – König der Diebe" 1991 die berühmte Badeszene mit Kevin Costner spielte. Auch ohne prominenten Nacktduscher ist dieser Wasserfall sehenswert, denn mit seinen 30 Metern Fallhöhe gilt er als der höchste ungebrochene Wasserfall Englands.

Ganz im Norden des Yorkshire Dales National Park bezaubert der **Great Shunner Fell** an klaren Tagen mit einem 360°-Panorama. Nomen est omen, denn aus dem Altnordischen über-

INFO

Nur 3,5 Kilometer südlich des Startpunkts liegt der Mam Tor mit seiner Hügelfestung und grandiosen Aussichten. Er bietet sich am Vortag der ersten Etappe für eine Rundwanderung an.

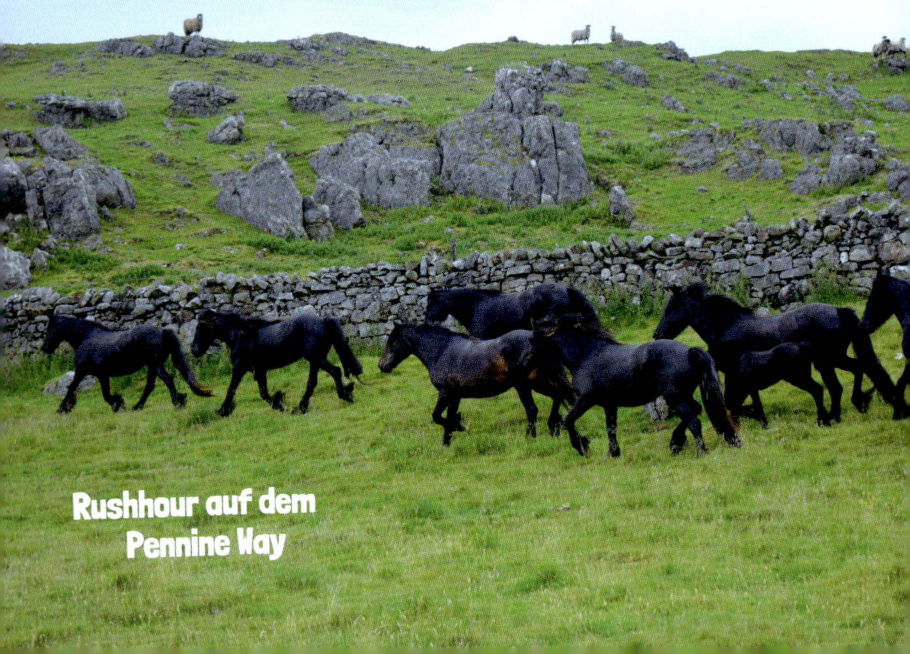

Rushhour auf dem Pennine Way

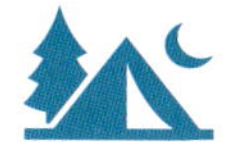

tragen bedeutet der Name „Berg mit großartiger Aussicht“. Einen halben Tagesmarsch entfernt liegt das höchste Pub Englands: Im **Tan Hill Inn** wird mitten im Moor auf 526 Meter Höhe das Bier gezapft. Im Spätsommer legt die Heideblüte einen lila Blütenteppich über die Hochmoor-Landschaft und macht das Idyll perfekt. Doch genau hier beginnt das **Sleightholme Moor**, in dem der Pennine Way weglos durch den Sumpf führt und jeder Schritt einen wachen Blick und einen zuverlässigen Gleichgewichtssinn erfordert.

Dürfte ich nur einen Tag auf dem Pennine Way wandern, würde ich mich für die Strecke von Middleton-in-Teesdale nach Dufton entscheiden. Das ist eine der längsten und anstrengendsten Etappen dieses Trails – und unbestreitbar auch eine der schönsten! Wer diesen Abschnitt hinter sich hat, wird den Pennine Way sein ganzes Leben nicht mehr vergessen. Es beginnt geradezu idyllisch im Tal des River Tees. Der Weg führt durch die bunte Blütenpracht der Auenwiesen zum flachen Wasserfall Low Force und seinem großen Bruder **High Force**. Mit seinen 21 Metern Falltiefe ist er nicht einmal der höchste britische Wasserfall, er wird aber oft als „größter Wasserfall“ bezeichnet, weil er das größte frei fallende Wasservolumen hat. Wie es auch sein mag, ein beeindruckender Anblick ist es in jedem Fall. Am Cow Green Reservoir rauscht der Tees über die eindrucksvolle Stromschnelle des Cauldron Snout ins Tal. Wer hier sein Zelt aufschlägt, darf sich nachts nicht wundern. Der Sage nach ertränkte sich hier eine junge Frau aus enttäuschter Liebe. In sternklaren Nächten soll die „Singing Lady“ aus dem Wasser steigen und im Mondschein ihre traurigen Lieder singen. Im Anschluss führt der Weg durchs Moorland zum **High Cup Nick**. Das imposante U-förmige Gletschertal bietet ein unvergleichliches Panorama. Obwohl es ein hoffnungsloses Unterfangen ist, diesen Anblick in einem Foto festhalten zu wollen, werden die steilen Talwände so oft fotografiert wie kaum ein anderer

Das macht die Tour einzigartig!

- **Endlose Moore**
- **Faszinierende Wasserfälle**
- **Herausfordernde Wege**

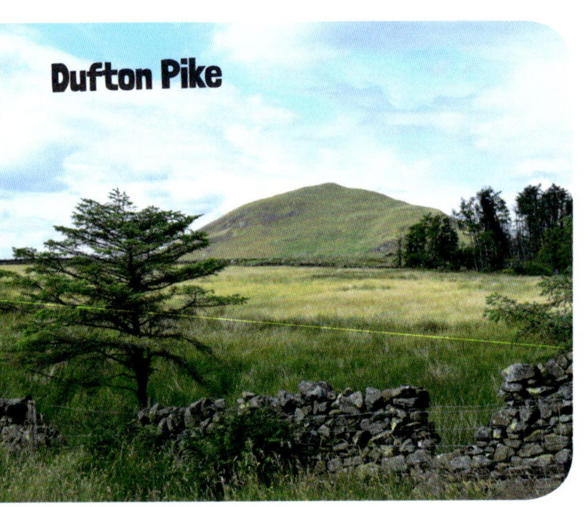
Dufton Pike

Punkt des Weges. Auf Pfaden und Schotterwegen geht es nun nach Dufton in die gemütliche Jugendherberge. Hier tauschen sich die Gäste beim gemeinsamen Abendessen erschöpft, aber glücklich über den zurückliegenden Wandertag aus.

Eine weitere Etappe führt über die Fells der North Pennines, mit 893 Metern ist der **Cross Fell** der höchste Punkt des Pennine Way. Es geht hinüber zum Northumberland-Nationalpark und dort einige Kilometer gemeinsam mit dem Hardian's Wall Path nach Osten. Während die Tagesausflügler über die dicht aufeinanderfolgenden Auf- und Abstiege stöhnen, empfinden Pennine-Hiker den gut markierten Weg mit der nahezu üppigen Infrastruktur fast schon als entspannend.

Doch der Pennine Way wäre nicht der Pennine Way, wenn dies so bliebe! Sobald der Hadrianswall am Rapishaw Gap verlassen wird, geht es wieder wilder zu. Schlammige Kuhweiden, die dunklen Wälder des Kielder Forest und die unfassbar lange letzte Etappe über den Rücken der Cheviot Hills fordern noch einmal alles. Aber dann ist es vollbracht: **Kirk Yetholm** kommt in Sicht und damit der Endpunkt der Tour. Hier laufen sogar hartgesottenen Wanderburschen die Tränen der Erleichterung über die Wangen. Die Tradition will es, dass sich jeder im Pub des Border Hotels ins Gästebuch einträgt. Als Belohnung gibt es eine Urkunde und ein halbes Pint Pennine Ale, das zu Ehren von Tom Stephenson getrunken wird. Der Brauch geht zurück auf den britischen Autor Alfred Wainwright, der den Pennine Way 1968 wanderte. Am Ziel war er so erschöpft, dass er voller Mitgefühl jedem Wanderer, der nach ihm den Trail beendete, ein Bier ausgeben wollte. Das zahlte er zuverlässig bis zu seinem Tod und bedachte die Pennine-Wanderer sogar in seinem Testament. Als das Erbe aufgebraucht war, führte die Brauerei den Brauch weiter. Na, dann mal Prost, Cheers und Slàinte mhath!

GUT ZU WISSEN

Abenteuer 🔥🔥🔥🔥🔥
Natur ⛺⛺⛺⛺⛺
Schwierigkeit ●●●●○

Insel: Großbritannien
Von: Edale
Bis: Kirk Yetholm
Länge: 431 Kilometer
Höhenmeter: 11.183 hinauf, 11.196 hinunter
Etappen: 19
Markierung: auf dem Hut stehende Eichel (National Trail)
Höchster Punkt: Cross Fell, 893 Meter

Das brauche ich:

- Karten, Kompass und gute Orientierung
- Kondition und Resilienz
- wind- und regenfeste Kleidung, Gamaschen und Ersatzschuhe

FAZIT

Ein Weg durch drei Nationalparks, der große Gefühle weckt: Wanderlust, Verzweiflung bei Irrwegen, Jubel bei 360°-Panoramen. An manchen Tagen ist die Erschöpfung zu groß, um essen oder sprechen zu können. Doch das stolze Glücksgefühl am Ziel ist einfach überwältigend.

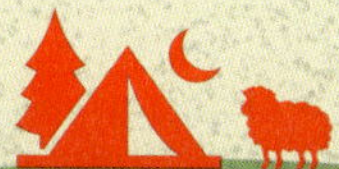

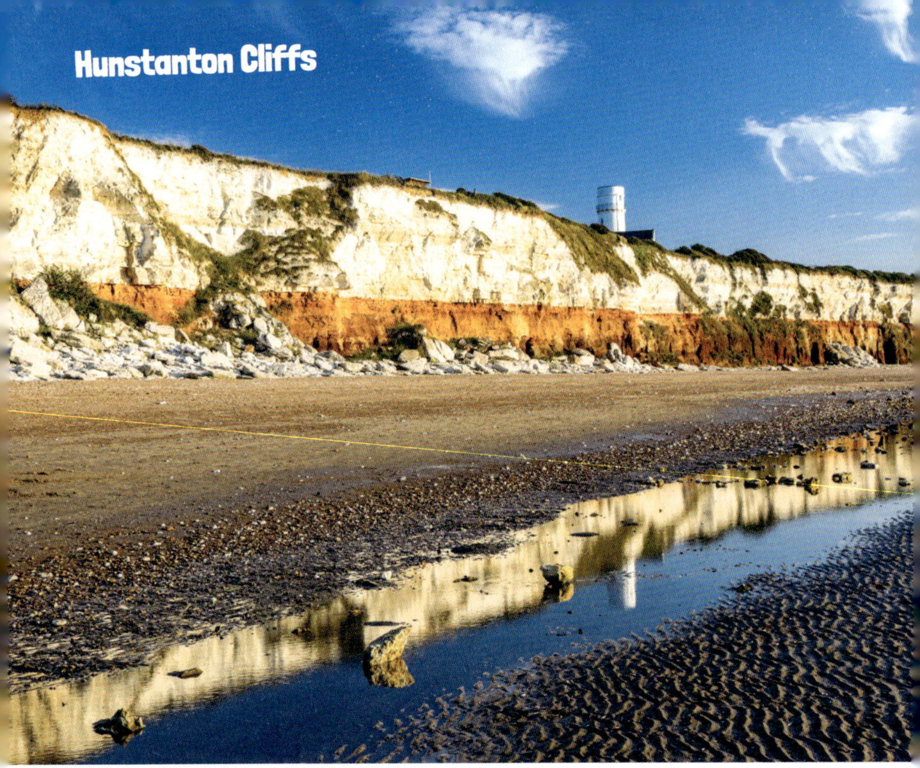

Hunstanton Cliffs

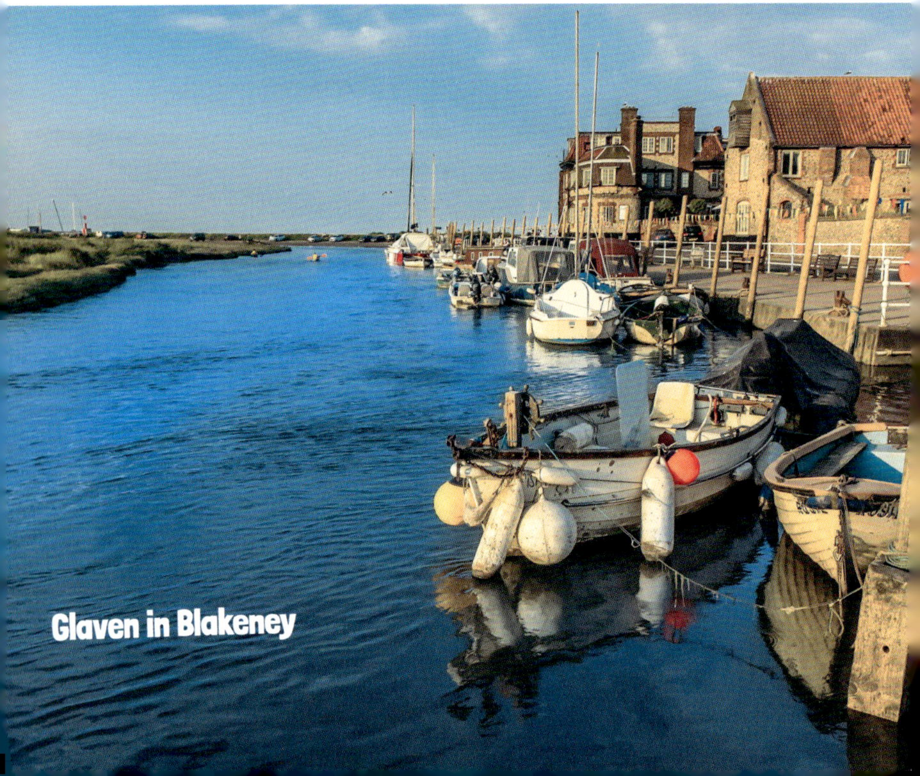

Glaven in Blakeney

Norfolk Coast Path

Ostenglands Marschlandschaft

Abendstimmung, die Sonne versinkt glutrot im Meer. Das ist nur an der Westküste von England möglich – und in Hunstanton, dem Startpunkt des Norfolk Coast Path. Sunny Hunny nennen die Einheimischen den einzigen Badeort von Norfolk mit Meeressonnenuntergang. Die riesige Bucht The Wash und die Erdkrümmung machen es möglich. Also: Schon am Vortag anreisen und beim letzten Wanderpläneschmieden in die untergehende Sonne schauen!

Ein zweiter Grund für eine Anreise am Vortag der eigentlichen Wanderung sind die **Hunstanton Cliffs**, auf denen der Norfolk Coast Path verläuft. Dort oben ist leider gar nicht zu sehen, wofür sie so bekannt sind, das geht nur unten vom Strand. Die Streifen ergeben sich aus verschiedenfarbigen Gesteinsschichten. Die dunkelbraunen Schichten bestehen aus Carrstone, so wird Sandstein genannt, der mit Eisenoxid (Rost) durchsetzt und zusammengeklebt ist. Die weißen und roten Schichten bestehen aus viel weicherem Kalkstein, in dem zahlreiche Fossilien zu finden sind. Die Felswände sind die Heimat von Eissturmvögeln.

Die Ruine von **St Edmund's Chapel** ergibt zusammen mit dem alten Leuchtturm ein beliebtes Fotomotiv. Der 14-jährige Edmund wurde im Jahr 855 König von East Anglia, er starb 869 nach dem Einfall der Dänen. Ob er in einer Schlacht ums Leben kam oder enthauptet wurde, weil er seinem Glauben nicht abschwor, lässt sich nicht mehr zuverlässig rekonstruieren. In jedem Fall gilt er als Märtyrer und wurde zum ersten Schutzpatron von England.

Aus dem viktorianischen Badeort Hunstanton heraus geht es zum St Edmund's Point, wo sich ein besonders schöner Blick über den Wash zur Küste von Lincolnshire ergibt. Hinter Old

Hunstanton beginnt eine bezaubernde Dünenlandschaft. Das Laufen durch den weichen Sand fällt an trockenen Tagen schwer, oft kann auf den Strand ausgewichen werden. Im **Holme Dunes National Nature Reserve** trifft die riesige geschützte Bucht The Wash auf die offene Nordsee. Die Sandbänke und Dünen sind dadurch ein guter Rastplatz für die Zugvögel. Auch Menschen haben sich in dieser Landschaft zwischen Land und Meer zu allen Zeiten wohlgefühlt. Das beste Beispiel ist Seahenge, ein 1998 bei Winterstürmen freigelegter Kreis aus 55 Eichenstämmen. Sie sind um einen großen Eichenstumpf angeordnet, dessen äußerer Ring nach dendrochronologischen Untersuchungen aus dem Jahr 2049 v. Chr. stammt. Hier trifft der Norfolk Coast Path auf den Peddars Way, der von Thetford heraufkommt. Beide gemeinsam bilden den leichtesten aller National Trails.

INFO

Der westliche Teil des Norfolk Coast Path bildet zusammen mit dem Peddars Way einen 156 Kilometer langen National Trail.

Durch Dünen und Marschland führt der Weg an Tümpeln und Prielen entlang, an besonders feuchten Stellen wurden netterweise Holzbohlenwege angelegt. Auch in den kleinsten Örtchen warten die Boote der Freizeitkapitäne auf ihren nächsten Ausflug. Inmitten der Salzwiesen und Marschen ragt die **Burnham Overy Towermill** wie ein Ausrufezeichen aus dem flachen Land empor.

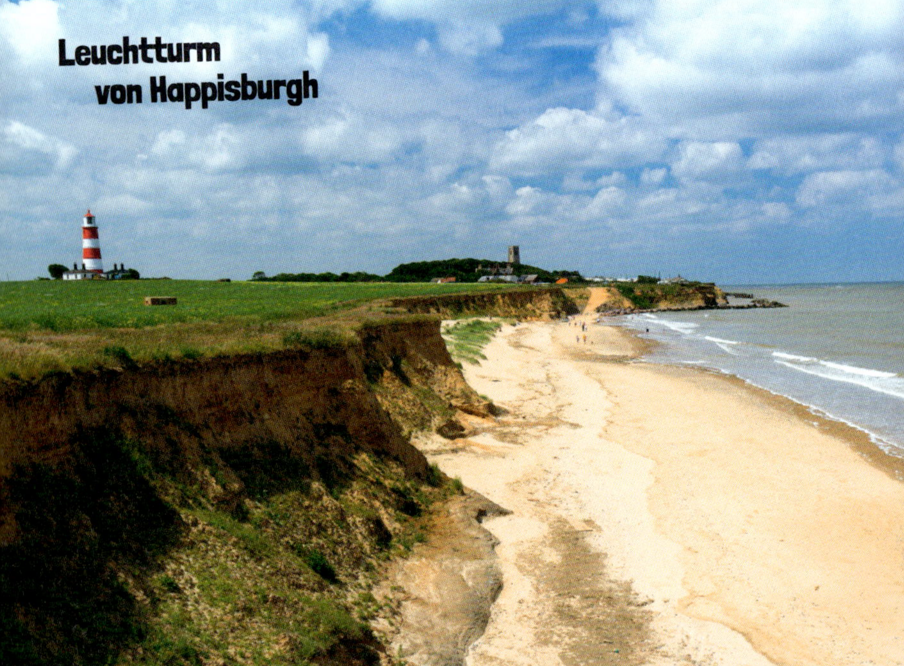
Leuchtturm von Happisburgh

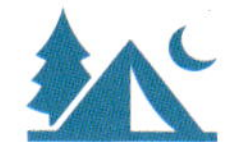

Scolt Head Island nördlich von Burnham liegt zwar nicht unmittelbar auf dem Norfolk Coast Path, ist aber einen Abstecher wert. Die vorgelagerte Barriereinsel mit ihren Sanddünen, Kieszone, Salzwiesen und Wattflächen ist ein wichtiges Rückzugsgebiet für viele Wildvögel. Besonders wohl fühlen sich Schwalben auf der Insel: Küsten- und Flussseeschwalben sowie Zwergseeschwalben. Erreichbar ist die Insel bei Niedrigwasser watend durch den Norton Creek oder mit einer Sommerfähre von Overy Straite. Unter den Freizeitsportlern, die Islandeering betreiben, ist Scolt Head Island ein sehr beliebtes Ziel. Sie waten oder schwimmen zur Missel Marsh, wandern am weichen Sandstrand der Nordküste entlang, überqueren den Over Cockle Strand und wandern auf dem Norfolk Coast Path zurück nach Burnham. Auf diesem Abschnitt des Küstenwegs wundert sich daher niemand über Wanderer mit Neopren und Badekappe.

Das macht die Tour einzigartig!

- **Die gestreiften Hunstanton-Kliffs**
- **Malerische Windmühlen**
- **Faszinierende Salzwiesen**

Am weitläufigen Holkham Beach macht lichter Kiefernwald das Wanderidyll perfekt. In dem beschaulichen Fischerdorf Wells-next-the-Sea dümpeln schon seit über 600 Jahren die Fischerboote im Hafen. Durch die Marschen führt der Weg über den Cabbage Creek, Kohl wurde also nicht nur im deutschen Dithmarschen, sondern auch in den englischen Marschen angebaut. Inmitten der einsamen Salzwiesen fällt ein niedriger Bunker ins Auge. Er wird von den Einheimischen Pillbox genannt und stammt aus dem Ersten Weltkrieg.

Das hübsche Küstendorf **Blakeney** ist ein beliebter Anlaufpunkt für Hobby-Ornithologen. Der nördlich vorgelagerte Blakeney Point ist Brutstätte für viele verschiedene Arten von Seevögeln. Auch Kegelrobbenkolonien sind hier zu finden. In den sumpfigen Blakeney Marshes leben Wühlmäuse, Otter und Ringelgänse, ebenso in den Cley Marshes, die hinter der Cley-Windmühle beginnen.

Bei Weybourne ändert sich die Landschaft. Die Marschen weichen trockenem Grasland und Stränden. Stundenlange

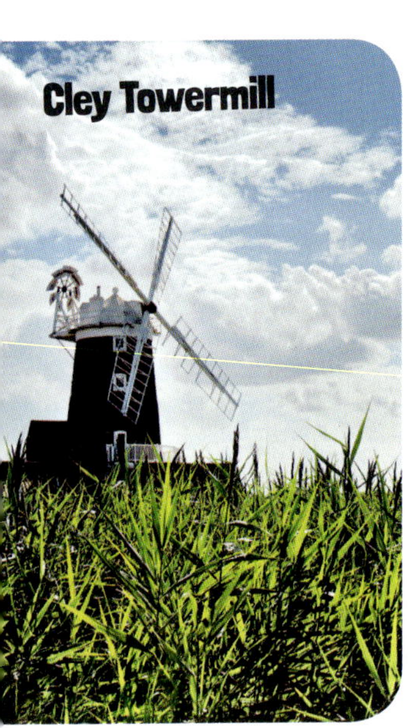
Cley Towermill

Barfußwanderungen am Strand sind problemlos möglich. Hinter Sheringham beginnt der einzige ernst zu nehmende Aufstieg der gesamten Tour: Hinter dem Putting Green führt der Küstenpfad bergauf zum **Beeston Hill**, auch liebevoll Beeston Bump (im Sinne von „Höcker") genannt, der mit seinen mickrigen 64 Metern den höchsten Punkt der gesamten Wanderung darstellt. Ganz in der Nähe, in den Klippen von West Rutton, wurde 1990 das versteinerte Skelett eines Steppenmammuts entdeckt. Diese ausgestorbene Tierart konnte bis zu 10 Tonnen schwer werden – damit fast doppelt so schwer wie ein Afrikanischer Elefant.

Der quirlige Badeort **Cromer** ist bekannt für sein denkmalgeschütztes Pier, die Kirche St Peter and St Paul hat den höchsten Turm der Grafschaft. Jane Austen schwärmte schon 1916 in ihrem Roman „Emma" von Cromer als „der beste aller Meeresbadeplätze". Hier endete der Norfolk Coast Path ursprünglich. Er wurde im Dezember 2014 bis Hopton-on-Sea an der Grenze zu Suffolk verlängert, seitdem kann die gesamte Küste von Norfolk auf dem King Charles III England Coast Path National Trail erwandert werden.

Auch hinter Cromer kann am Strand gewandert werden, nur der Tidenkalender muss im Auge behalten werden, um die Höchststände zu meiden, zu denen das Wasser die Felsen erreicht. Die Badeorte mit den gepflegten Stränden liegen an der Küstenlinie wie auf einer Perlenkette aufgereiht. Der hübsche rot-weiße **Leuchtturm von Happisburgh** wurde bereits 1790 gebaut, er ist damit weit und breit der älteste seiner Art.

Dahinter schlängelt sich der Küstenweg durch Dünenlandschaft, Grasland, kleine Wäldchen und Schwarzdorndickicht, mal auf der Höhe, dann wieder unten am Strand mit Blick auf die Sandsteinfelsen. In der geschäftigen Küstenstadt **Great Yarmouth** bezaubert die Wasserparkanlage The Venetian Waterways jeden Betrachter. Der Weg zwischen gewundenen Kanälen, kleinen Inseln und bunten Blumenwiesen sorgt für gute Erinnerungen an den letzten Wandertag auf dem Norfolk Coast Path.

GUT ZU WISSEN

Abenteuer 3 von 5
Natur 4 von 5
Schwierigkeit 1 von 5

Insel: Großbritannien
Von: Hunstanton
Bis: Hopton-on-Sea
Länge: 136 Kilometer
Höhenmeter: 371 hinauf, 388 hinunter
Etappen: 7
Markierung: auf dem Hut stehende Eichel (National Trail)
Höchster Punkt: Beeston Hill, 64 Meter

Das brauche ich:

- Lust auf Strandspaziergänge
- leichte Schuhe
- Buch oder App zum Bestimmen der vielen Vogelarten

FAZIT

Der Norfolk Coast Path ist ein liebenswerter und sehr leicht zu laufender Fernwanderweg. Die abwechslungsreiche Landschaft und die gute Infrastruktur machen ihn zum idealen Weg für Einsteiger.

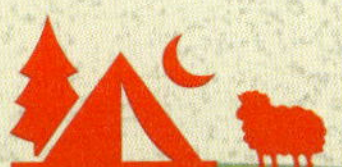

Mystische Cliffs of Moher

Burren Way – Slí Bhoirne

Kreidekliffs und Karstlandschaft

Mondlandschaft, Steinwüste, Ödnis – so wird der Burren oft bezeichnet. Edmund Ludlow, ein Gefolgsmann Cromwells, schrieb 1651: „… it is a country where there is not water enough to drown a man, wood enough to hang one, nor earth enough to bury him." Das stimmt im Kern und hat dennoch wenig mit der Realität zu tun. Wer nur die graue, baumlose Felslandschaft beschreibt, übersieht die unfassbare Vielfalt an Pflanzen und Tieren, die in den geschützten Nischen der Karstfelsen prächtig gedeihen.

Die Tour beginnt mit einem gemütlichen Spaziergang am Strand von **Lahinch** (An Leacht). Er ist bekannt für seine Wellen, in denen sich die Wellenreiter, Stand-up-Paddler und Kajakfahrer tummeln. Hinter Liscannor werden die Begegnungen mit anderen Menschen zahlreicher, denn der Weg nähert sich dem **Hag's Head** an, dem Hexenkopf. Wer dem Trampelpfad unterhalb des Moher Towers bis zum Ende der Halbinsel folgt, entdeckt einen großen Felsen, der mit etwas Fantasie an einen Kopf erinnert. Der Legende nach ist es der versteinerte Kopf der Seehexe Mal. Sie begegnete dem Halbgott Cú Chullainbei bei einem seiner Jagdausflüge und verliebte sich in ihn, doch er ging nicht auf ihre Annäherungsversuche ein. Sie verfolgte ihn durch ganz Irland und starb schließlich bei dem Versuch, seiner habhaft zu werden.

Hag's Head ist der südlichste Punkt der weltberühmten **Cliffs of Moher.** Dieser Abschnitt ist an den meisten Tagen im Jahr ein Höhepunkt der Wanderung, bei der manch einer seine Kamera gar nicht mehr sinken lassen kann. Bei starkem Wind kann es aber schnell zu einem lebensgefährlichen Unterfangen werden. Je näher das Besucherzentrum rückt, desto unangenehmer werden die Menschenmassen. Jeder versucht, einen besonders gelungenen Schnappschuss von den Kliffs zu machen. Wenn dann noch Internetportale dazu raten, man solle sich „auf eine der Platten legen und die Möwen unter sich fliegen sehen", wird der Gedenkstein für die an den Kliffs verunglückten Menschen geradezu selbsterklärend.

INFO

Der Burren Way ist eine Streckenwanderung mit markierten Abstechern nach Lisdoonvarna, Fanore, Ballyvaughan und Corrofin. Das erleichtert die Wahl der Unterkünfte.

Hinter den Halbinseln Goat Island und Branaunmore wird es ruhiger auf dem Küstenpfad. **Doolin** bietet sich für mehr als eine Übernachtung an: Der kleine Ort gilt als Hauptstadt der traditionellen Irish Music. An fast jedem Abend gibt es in mindestens einem der Pubs Livemusik. Hier starten die Fähren zu den Aran Islands. Außerdem ist Doolin das Tor zum Burren. Nun geht es endlich auf stillen Sträßchen hinauf zum Burren-Plateau. Manch ein Wanderer weicht hinter dem Weiler Ballyrean vom markierten Weg ab und besucht die **Doolin Cave**. In dieser Karsthöhle kann einer der längsten frei hängenden Tropfsteine bestaunt werden. Der Stalaktit hat eine Länge von 7,3 Metern und wiegt schätzungsweise 10 Tonnen.

Auch ein markierter Abstecher nach **Lisdoonvarna** kann sich lohnen. Der kleine Marktflecken mit gerade einmal 800 Einwohnern ist der Hauptort des Burren. Hier befindet sich das einzige Heilbad in ganz Irland. Die vier Brunnen lockten im 19. Jahrhundert zahlreiche Kurgäste an, die mithilfe der

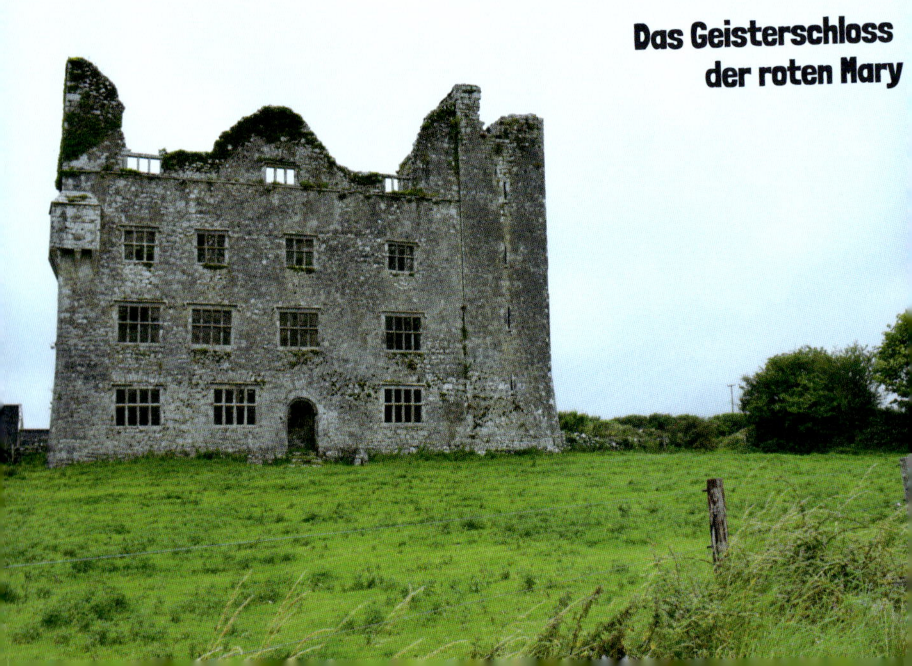

Das Geisterschloss der roten Mary

Thermalwässer genesen wollten. In dieser Zeit entwickelte sich das jährliche Erntedankfest zu einer Partnerbörse, bei der Einheimische und Gäste ihre große Liebe fanden. Die Tradition des Lisdoonvarna Matchmaking Festivals wird weiterhin fortgeführt und lockt – allen Internetpartnerbörsen zum Trotz – bis heute in jedem Herbst Tausende von Singles aus aller Welt auf den Burren.

Der 304 Meter hohe **Slieve Elva** wird zwar nicht bis zum Gipfel bestiegen, er bietet dennoch fantastische Ausblicke über die Küste, zu den Aran Islands und ins Landesinnere. Nach dem Abstieg ins Caher Valley trifft der Burren Way auf den einzigen oberirdischen Fluss weit und breit. Überall sonst im Burren versickert das Regenwasser im Karststein und bildet unterirdische Flüsse.

Der nächste markierte Abstecher führt über Newtown Castle nach Ballyvaughan an der Galway Bay. Auch die nicht weit entfernte **Aillwee Cave** ist eine echte Verlockung, um den Weg zu verlassen. Ein unterirdischer Wasserfall zeigt anschaulich, wohin das Oberflächenwasser versickert und welche Kräfte die Höhle über Millionen von Jahren entstehen ließen. Bewohnt war diese Höhle auch, wie frühe menschliche Spuren und ein über 10.000 Jahre altes Braunbär-Skelett belegen.

Zurück auf dem Hauptweg geht es durch eine Kalksteinlandschaft und ein Moorgebiet. Die Karte zeigt allerorts Relikte aus längst vergangenen Zeiten. Vielleicht reicht die Zeit ja für einen kleinen Umweg zum 6000 Jahre alten Poulnaborne Dolmen. Das **Ringfort Caherconnel** liegt unmittelbar am Weg und ist rund 1500 Jahre alt.

Bei **Carran** können Schlechtwetter- und Winterwanderer ein besonderes Karst-Phänomen bestaunen: Hier bildet sich bei steigendem Grundwasserspiegel oder nach starken Regenfällen der größte Turlough Nordwesteuropas. Dieses Wort bedeutet „Wintersee“, das ist ein temporärer Karstsee, der üblicherweise nur

Das macht die Tour einzigartig!

- **Cliffs of Moher**
- **Mystische Karstlandschaft**
- **Ringburgen und Dolmen**

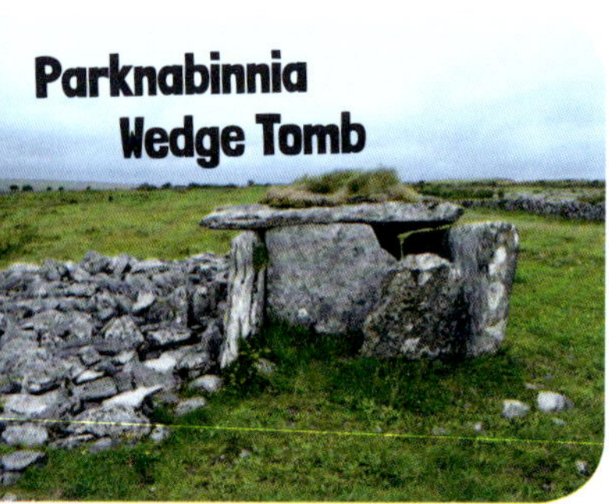

Parknabinnia Wedge Tomb

im Winter mit Wasser gefüllt ist. Männer sollten Vorsicht walten lassen, wenn sie im Nebel einer rothaarigen Reiterin begegnen. Es könnte sich um den Geist von Red Mary handeln, der berühmtesten Bewohnerin des nahe gelegenen **Leamaneh Castle**. Die furchtlose Frau begleitete ihren Gemahl Connor O'Brien auf seinen Raubzügen gegen die englischen Siedler. Nach seinem Tod heiratete sie einen der Soldaten Cromwells. Als er respektlos über ihren geliebten Connor sprach, warf sie ihn kurzerhand aus dem Fenster. Wer der Hausherrin nicht zu Willen war, wurde aus dem Fenster gehängt, die Frauen an den Haaren, die Männer an ihren Hälsen. Red Mary soll mehrere Dutzend Menschen getötet haben, darunter 25 Ehemänner. Sie starb, an einen Baum gebunden, einen qualvollen Tod durch Verhungern. Ihr rastloser Geist spukt immer noch durch Leamaneh Castle und über die Felsen des Burren.

Wer sich nun für die Strecke über Corrofin entscheidet, wird mit eisenzeitlichen Ringforts und dem malerischen See Inchiquin Loug belohnt und könnte in Carhoo auf dem Mid Clare weiter durch das County wandern. Doch sollte dies nur ein Abstecher für eine Übernachtung sein, denn der Burren Way hat noch viel mehr zu bieten. Auf den letzten 35 Kilometern wird der **Burren-Nationalpark** durchquert, wo die Landschaft besonders rau ist – und zugleich besonders malerisch mit ihren kleinen Loughs und Hügeln. Der Fels ist in zahllose kleine Vierecke zerklüftet, in den Ritzen und Nischen gedeihen die seltensten Pflanzen. Jede Felsspalte hat ihr eigenes Mikroklima, und so kommt es, dass sich hier alpine Blumen wie Enzian und Gebirgswurz genauso wohlfühlen wie mediterrane Pflanzen, zum Beispiel seltene Orchideen. Ganze 1100 der insgesamt 1400 in Irland vorkommenden Pflanzenarten sind im Burren vertreten, 28 der 30 irischen Schmetterlingsarten leben hier. Auch 90 Vogelarten, Marder, Nerze, Hermeline, Otter, Dachse, Eichhörnchen, Hasen, Rötelmäuse, Wanderratten, Feldmäuse und seltene Fledermausarten nutzen die Höhlen und Risse des Burren als Brutgebiete und Zuflucht. Also alles andere als eine Mondlandschaft!

GUT ZU WISSEN

Abenteuer 4/5
Natur 4/5
Schwierigkeit 3/5

Insel: Irland
Von: Lahinch
Bis: Tubber
Länge: Hauptweg 123 Kilometer, Abstecher nach Corrofin und Carhoo 16,4 Kilometer
Höhenmeter: 1929 hinauf, 1886 hinunter
Etappen: 5
Markierung: gelber Wanderer mit Stock und Rucksack
Höchster Punkt: Sattel nördlich des Slieve Elva, 298 Meter

Das brauche ich:

- Schwindelfreiheit für die Cliffs of Moher
- Trittsicherheit
- Zeit für spannende Abstecher

FAZIT

Vom Surferparadies Lahinch über den Touristenmagnet Cliffs of Moher bis nach Doolin ist es eine großartige Küstenwanderung. Seinen wahren Charakter entfaltet der Burren Way erst danach, wenn es hinauf in die abgeschiedene Wildnis der – scheinbar – kargen Kalksteinlandschaft geht.

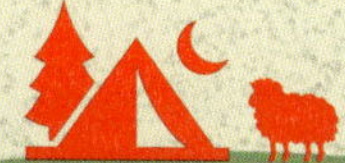

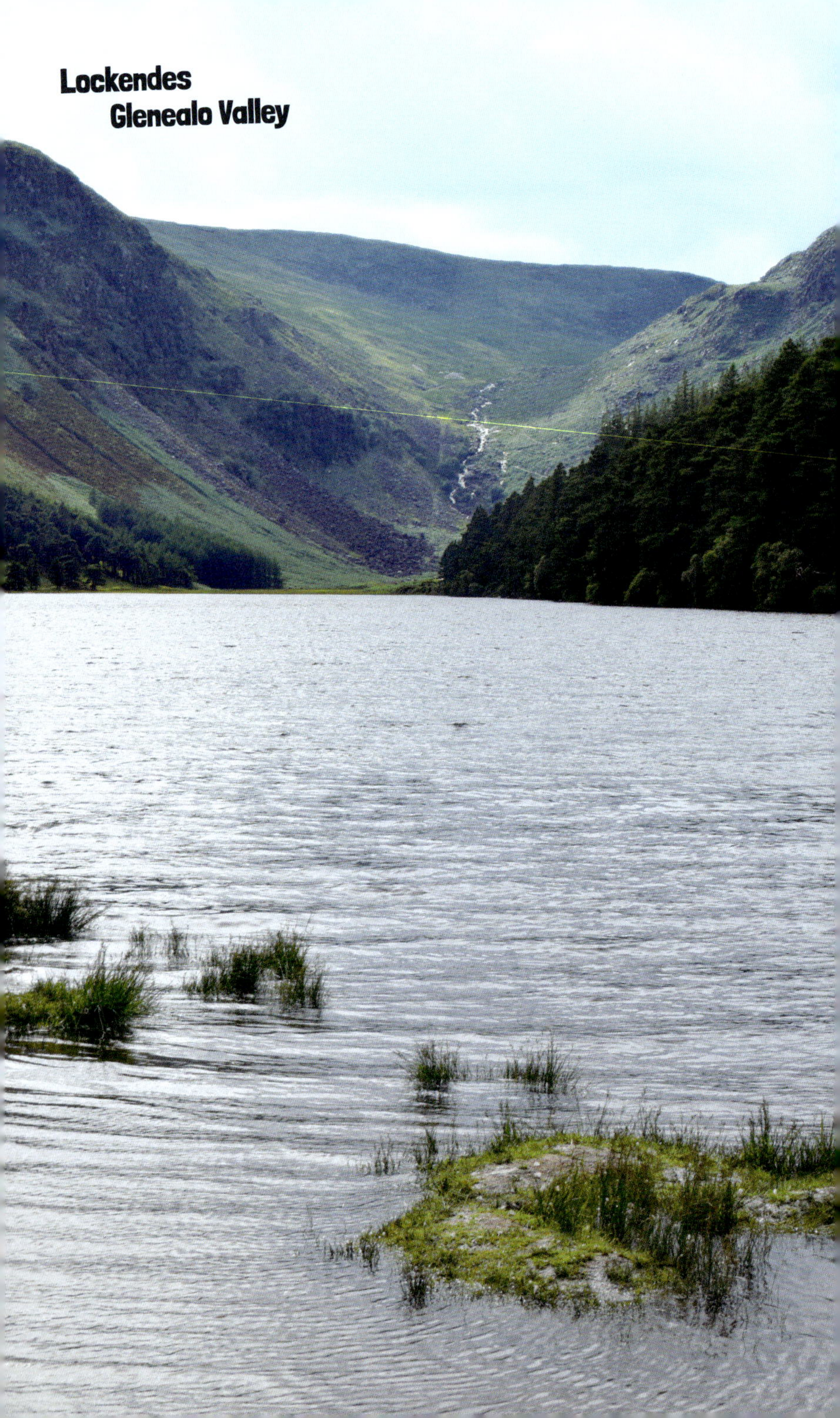

Lockendes
Glenealo Valley

Wicklow Way

Durch die Wicklow Mountains in die Hauptstadt

Irland soll eine grüne Insel sein? An der Küste sind es graue Felsen, im Landesinneren überwiegen oft die gedeckten Farben von Moor, Heide und Ackerland. Doch der Wicklow Way reißt alles raus. Er führt zu allen Nuancen von Grün, durch dichte Waldgebiete und offene Weideflächen, vorbei an typischen Straßenhecken und zarten Farnen. Ja, hier ist sie, die grüne Insel!

Offiziell ist der Wicklow Way in Nord-Süd-Richtung konzipiert. Das hat den Vorteil, aus der Stadt „ins Grüne" zu wandern. Doch die Argumente für die Gegenrichtung überwiegen: Im südlichen Teil sind die Hügel noch flacher; wer dort startet, kann sich von Tag zu Tag steigern. Der Nordteil ist landschaftlich schöner, ermöglicht daher gegen Ende der Tour einen guten Spannungsbogen. Wind und Wetter kommen aus südwestlichen Richtungen, die meisten Wanderer haben Regen und Wind lieber im Rücken als im Gesicht. Und am Ende der Wanderung steht Dublin, die Hauptstadt Irlands. Hier kann die Wanderleistung ausgiebig gefeiert, ein Kulturprogramm angehängt – oder unkompliziert der Heimweg angetreten werden. Also geht es hier nun **von Clonegall nach Dublin**.

Zugegeben: Die ersten Kilometer des Wicklow Way gehören nicht zu den schönsten Wandererlebnissen auf den Britischen Inseln. Von dem kleinen Örtchen Clonegall zeigen die Wegweiser eine Nebenstraße hinauf, die parallel zum River Derry zwischen Viehweiden und über einen unscheinbaren Bach über die Grenze zur **Grafschaft Wicklow** führt. Doch irgendwo muss ein Fernwanderweg ja beginnen, Clonegall punktet dabei mit Unterkünften und einer Busverbindung von und nach Dublin. Über den Urelands Hill und um den Moylisha Hill führt der Weg, um die Beine allmählich an Steigungen und Gefällestücke zu gewöhnen.

Direkt am Weg gibt es kaum eine Unterkunft, deshalb gehört **Shillelagh** irgendwie auch zum Wicklow Way, obwohl es 3 Kilometer östlich liegt. Der friedliche kleine Ort mit den hübschen Bruchsteinhäusern lässt gar nicht vermuten, dass sein Name auch eine gefährliche Waffe bezeichnet. Aus knotigem Schwarzdornholz werden seit Jahrhunderten hüfthohe Shillelagh-Stöcke geschnitzt, bei denen der Wurzelknoten als Knauf gestaltet wurde. Ursprünglich wurden diese Knüppel vermutlich von Bauern und Fischern als Allround-Werkzeug verwendet, mitunter auch als Glücksbringer an Bäumen oder Hauseingängen aufgehängt. Zu weltweiter Berühmtheit kamen sie durch die irischen Einwanderer, die sich im 19. Jahrhundert in Nordamerika tödliche Stockkämpfe lieferten. Mit dem Schaft wurde der Gegner gewürgt oder ihm mit dem Knauf der Schädel eingeschlagen. Heute werden Shillelagh-Sticks als Andenken und Spazierstöcke gefertigt.

INFO

Der Europäische Fernwanderweg E8 beginnt auf Dursey Island, verläuft hier auf dem Wicklow Way und endet an der polnisch-ukrainischen Grenze. Geplant ist er bis zum Bosporus.

Auf den Schrecken trinken viele Wanderer am nächsten Tag ein Pint im Tallon Pub. Die alte Pferdekutschenstation ist vermutlich schon über 300 Jahre alt. Ihren aktuellen Namen „**The Dying Cow**“ trägt sie seit den 1920er-Jahren. Damals gab es Sperrstunden, und Pubs mussten an bestimmten Feiertagen

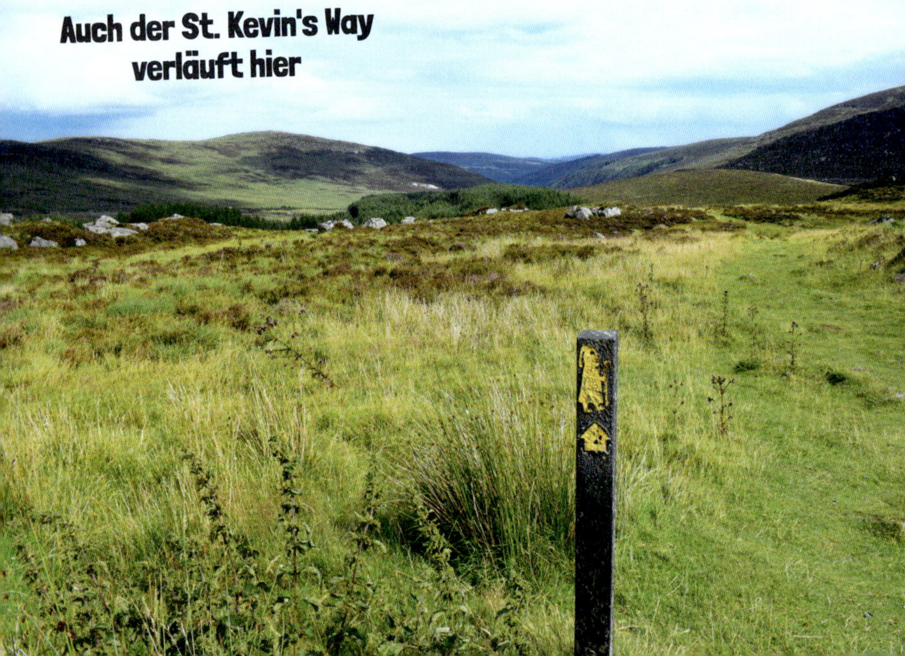

Auch der St. Kevin's Way verläuft hier

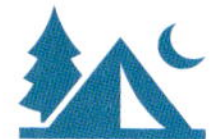

geschlossen bleiben. Das nahm die alte Wirtin Elisabeth Tallon aber nicht so genau. Der Überlieferung nach wurde sie mit einigen Dorfbewohnern an einem Sonntagabend (oder sogar am Karfreitag, das weiß niemand mehr so genau) vom Dorfpolizisten in der Wirtsstube mit gefüllten Gläsern erwischt. Schlagfertig erklärte sie ihm, dass sie gar keine Getränke ausschenke, sondern Erfrischungen für die Nachbarn bereitstelle, die ihr bei einer sterbenden Kuh geholfen hätten.

Auf *boreens*, so werden hier in der Gegend die unbefestigten Feldwege genannt, geht es zum Mangan's Wood, wo sich schöne Blicke ins Derry-Tal und nach Tinahely ergeben. Dies ist ganz typisch für den Wicklow Way. Zwischen den Weiden und Anbauflächen stehen alte Trockensteinmauern, mitunter versperren übermannshohe Hecken an beiden Straßenseiten die Sicht, aus denen der Gesang von Singdrosseln und Zaunkönigen zu hören ist. Bald darauf ergeben sich wieder weite Blicke ins Land mit seinen wilden Wiesen, dunklen Wäldern, saftigen Auen. Alle denkbaren Grüntöne lassen sich entdecken.

Das macht die Tour einzigartig!

- **1000 Grüntöne**
- **Unergründlicher Upper Lake**
- **Dublin-Panorama**

Ein echtes Schmuckstück ist die **Mucklagh Hut**. In diesem Unterstand mit Feuerstelle können etwa vier Personen übernachten, davor lässt es sich prächtig picknicken. Im Gästebuch lässt sich nachlesen, dass Wanderer aus der ganzen Welt schon dieses herrliche Panorama genossen haben oder hier bei Sturm und Hagel Schutz fanden. Über die offenen Höhen geht zum Slieve Maan, etwas unterhalb seines Gipfels liegt der höchste Punkt der Wanderung. Wo der Grund nicht trägt, wurden Holzbohlenpfade angelegt. Die Strecke führt bergab mit Blicken zum Glenmalure Valley, wo sich die Landschaft in dramatischer Weise öffnet.

Wer im Schutz der Mullacor Hut übernachtet, hat am nächsten Tag einen Weg mit überschaubarer Länge. Das kann nützlich sein, denn nun kommt eines der Highlights der Tour, der Wicklow Mountains National Park. Nach ersten Blicken in das

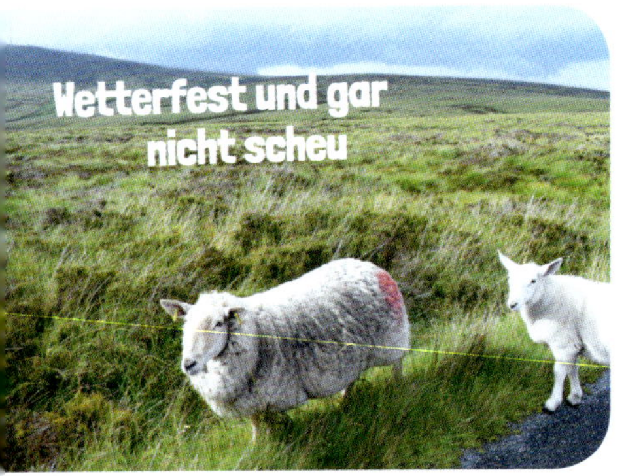

Tal des Upper Lake führt der Weg neben dem rauschenden Poulanass Waterfall hinab zum Ufer des Upper Lake. Hier tummeln sich an sonnigen Tagen zahlreiche Tagesausflügler, der stille See mit seinen schilfbewachsenen Ufern und weißen Seerosen verspricht das pure Idyll. Hauptanziehungspunkt ist aber sicherlich die **Klosteranlage Glendalough**. Sie wird von einem auffälligen schlanken Rundturm überragt, der ganze 33 Meter misst und 1066 gebaut wurde, um die Schriften, Reliquien und Klosterschätze vor den Angriffen der Wikinger in Sicherheit zu bringen. Die St Kevin's Church wird mitunter zu St Kevin's Kitchen verballhornt, weil der runde Glockenturm an einen Kamin erinnert. Das Klosterdorf bietet sich auch für weitere Wanderungen an: Auf dem St Kevin's Way geht es hinauf zum Wicklow Gap und auf dem Miners' Road Walk zu den alten Minen am anderen Ende des Upper Lake.

Hoffentlich ist auf der nächsten Etappe klares Wetter, beim Aufstieg von Oldbridge zum Ballinafunshoge und auf dem anschließenden Höhenweg hinüber zum White Hill und zum Djouce Mountain ergeben sich traumhafte 360°-Panoramen und Talblicke zum Lough Dan und **Lough Tay**. Andererseits ist es nach längeren Regenfällen ein ganz besonderes Erlebnis, am Ride Rock stehend auf den **Powerscourt Waterfall** zu blicken. Eben erst hat der Wicklow Way den harmlosen Bach Dargle überquert, nun stürzt er sich 121 Meter in die Tiefe und gilt damit als der höchste Wasserfall Irlands.

Nun geht es durch die Moorlandschaft hinab nach Dublin. Verzögern lässt sich der Abschiedsschmerz mit Abstechern zum Raven's Rock und zum Prince William's Seat. Beide bieten fabelhafte Fernsichten, Letzterer sogar über **Dublin** hinweg bis zur Irischen See. Auch der Blick vom Two Rock Mountain lohnt sich. Das Ziel der Wanderung liegt im Marlay Park und ist gut an das Busnetz angebunden. Viel Vergnügen beim Erkunden der irischen Hauptstadt!

GUT ZU WISSEN

Abenteuer 3/5
Natur 3/5
Schwierigkeit 2/5

Insel: Irland
Von: Clonegall
Bis: Dublin
Länge: 127,6 Kilometer
Höhenmeter: 3759 hinauf, 3713 hinunter
Etappen: 8
Markierung: gelber Wanderer mit Stock und Rucksack
Höchster Punkt: White Hill, 630 Meter

Das brauche ich:

- eine gute Unterkunft-Planung
- robustes Schuhwerk
- Regensachen

FAZIT

Eine prächtige Tour für den Einstieg in die Long Distance Trails der Britischen Inseln. Von Tag zu Tag steigern sich die Anforderungen und werden mit täglich schöneren Landschaften belohnt.

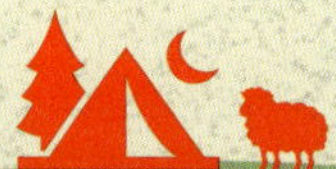

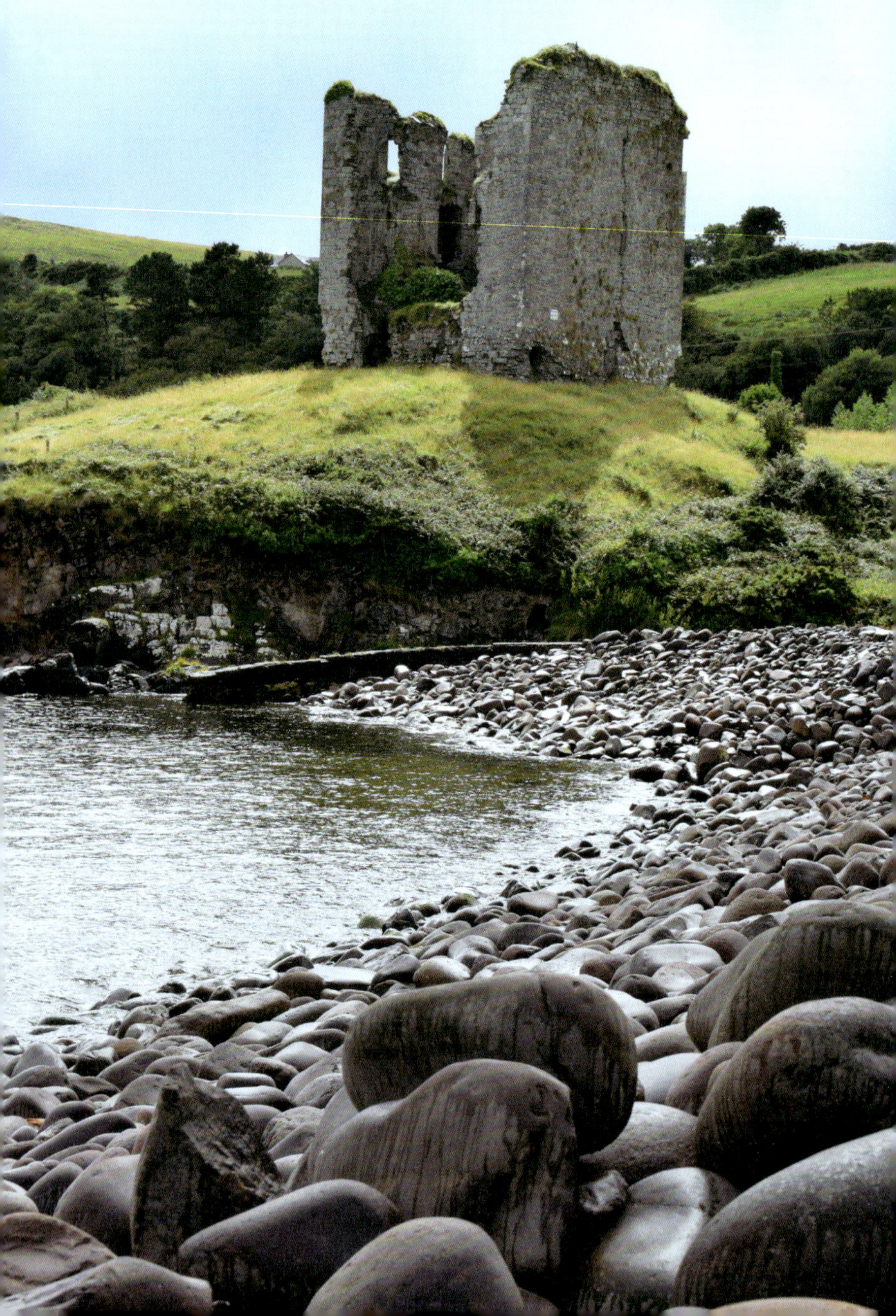

Typisch irisches Fotomotiv – Burgruine am Meer

Dingle Way

Unbekannte Halbinsel im Atlantik

Beim Dingle Way darf mit ständig wechselnden Landschaften gerechnet werden. Aus dem liebenswerten Tralee führt der Weg hinaus zur Dingle-Halbinsel. Dort findet sich alles, was ein Wanderer sich von Irland nur wünschen kann: grüne Hügel und schroffe Bergwelt. Fischerdörfer mit Pubs, aus denen irische Livemusik erklingt. Steile Kliffs und verträumte Buchten. Verwunschene Waldpfade, bei denen jederzeit ein Fabelwesen im Moos auftauchen könnte.

Die Tour beginnt und endet in dem charmanten Städtchen **Tralee**. Bis Dingle ist sie deckungsgleich mit dem Kerry Camino. Dies freut all diejenigen Wanderer, die gerne Stempel sammeln. Sie können sich nach drei Tagen als Belohnung eine Urkunde im Touristenbüro in Dingle ausstellen lassen.

Auf dem Uferweg neben dem Tralee Ship Canal beginnt die Wanderung topfeben, doch am Horizont sind schon die Berge zu sehen, die auf einer der letzten Etappen erklommen werden. Hinter der Windmühle, die malerisch an die Mündung des Lee gebaut wurde, wird die eigentliche **Dingle-Halbinsel** betreten. Sie spielt in der Mythologie Irlands eine große Rolle, denn in der Legendensammlung „Lebor Gabáná Érenn“ steht geschrieben, dass schon 2242 Jahre nach der Erschaffung der Welt Menschen auf der Halbinsel landeten. Anführerin dieser ersten Einwanderer war Cessair, eine Enkelin Noahs. Zusammen mit ihrem Vater Bith, ihrem Mann Fintan, einem Schiffssteuermann und 50 Frauen soll sie hier 40 Tage vor der Sintflut an Land gegangen, dann aber bei der Flut ums Leben gekommen sein. Warum Noah seinen Sohn Bith und dessen Familie nicht mit auf die Arche nahm, weiß die Überlieferung nicht zu berichten.

Für moderne Dingle-Way-Wanderer geht es auf kleinen Nebenstraßen zu einem Pferdehof und dort am Fuß der **Slieve Mish**

Mountains nach Westen. Hier verläuft gleichzeitig der Kerry Camino, neben dem üblichen gelben Wanderer sind deshalb auch gelbe Pfeile auf den Holzpfählen zu finden, die an dem kargen steinigen Hang bei der Orientierung helfen. Schon auf diesen ersten Kilometern zeigt sich, ob die Wanderschuhe genug Halt für das Wandern auf unebenem Untergrund bieten und sie auch in regenfeuchten Auenwiesen wasserdicht bleiben.

INFO

Der Westen der Halbinsel gehört zu den Gealtacht genannten Gebieten in Irland, in denen Irisch-Gälisch offiziell die vorherrschende Sprache ist.

Bäche und Flüsse werden auf Trittsteinen überquert, die nur nach sehr langen oder heftigen Regenfällen überspült sind und Umwege erfordern. Ansonsten ist dies beim **Finglas River** je nach Naturell eine lustige Abwechslung oder eine echte Mutprobe. Hinter dieser Furt mag der Wegweiser mit den drei Pfeilen kurz für Irritationen sorgen. Das hat aber alles seine Richtigkeit: Hier führt der Weg nach links im Uhrzeigersinn um die Dingle-Halbinsel herum und zurück zu diesem Wegweiser, an dem dann der Rückweg über den Finglas River nach Tralee angetreten wird.

Im Tal des Emlagh River geht es zur Südküste der Dingle Peninsula. Beim Blick auf die Karte verlockt die Inch-Halbinsel zu einem Fußbad oder einer Schwimmpause, denn der **Inch-Strand** zieht sich über die gesamte Westseite. An warmen Sommertagen ist dort allerdings mit einem Kulturschock zu

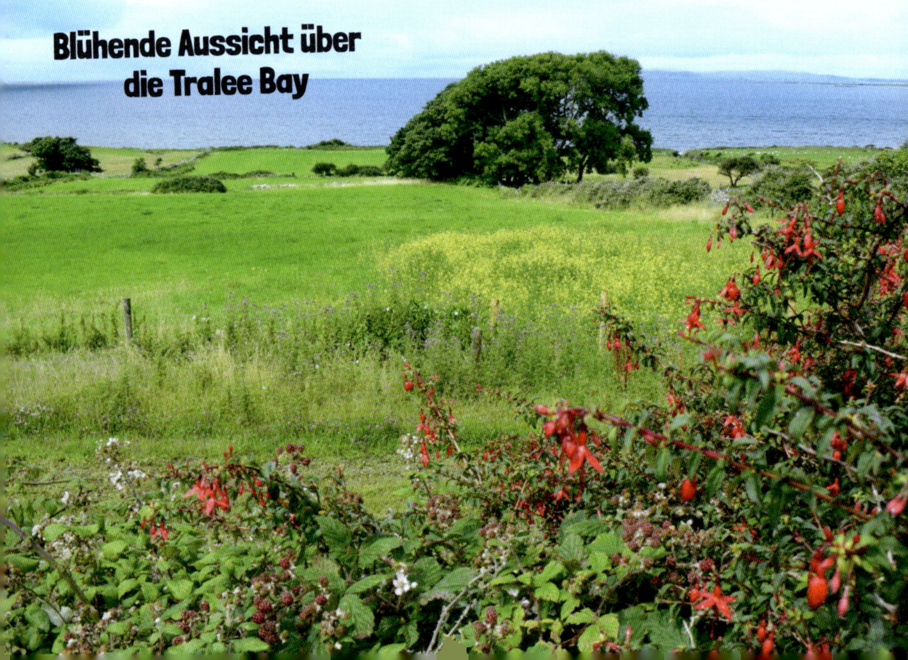

Blühende Aussicht über die Tralee Bay

rechnen. Nach den vielen Stunden einsamen Wanderns wirkt es sehr befremdlich, dass hier die Surfer und Schwimmer ihre Autos direkt an der Wasserlinie parken. Nun denn, dieser Trubel beschränkt sich auf den kleinen Strandabschnitt, der nicht zum Vogelschutzgebiet zählt, und erfrischend ist das Wasser trotzdem.

In **Annascaul** trägt ein Restaurant den ungewöhnlichen Namen „South Pole Inn". Leichter verständlich ist es, wenn dazugesagt wird, dass es von Tom Crean eröffnet wurde. Der irische Polarforscher hatte zwischen 1901 und 1916 an drei Expeditionen durch die Antarktis teilgenommen. **Minard Castle** bietet sich für eine längere Rast an. Die malerische Burgruine auf den Felsen darf zwar nicht betreten werden, aber die großen Steine am Minard Beach geben gute Sitzgelegenheiten für ein Picknick ab.

Das macht die Tour einzigartig!

- **Leuchtende Fuchsienhecken**
- **Traumstrände**
- **Die Aussicht zu den Great Blasket Islands**

Dingle liegt im Gaeltacht-Gebiet und dürfte deshalb nach den Gesetzen aus dem Jahr 2003 nur den irisch-gälischen Ortsnamen Daingean Uí Chúis tragen. Doch die Einwohner mögen auch den englischen Namen Dingle und forderten ihn beharrlich als zweiten offiziellen Namen ein, bis im Jahr 2011 ihrem Ansinnen stattgegeben wurde. Der nette Fischerort mit den farbenfrohen Häusern ist Ziel vieler Reisender: Die einen wollen in der Dingle Bay Delfine beobachten, die anderen besuchen die Whisky-Brennerei, bereiten sich auf eine Fahrt über den Connor Pass vor oder kehren in Dick Mack's ein, einem berühmten Pub, das gleichzeitig Schusterwerkstatt ist. Manch einem Romanleser wird Dingle sehr bekannt vorkommen: Andreas Eschbach lässt den Protagonisten seines Thrillers „Der Letzte seiner Art" in Dingle wohnen und beschreibt den Ort sehr detailliert.

Die Küste wird wilder und führt um den An Chathair Aird (168 Meter) herum nach Ventry. Dahinter verläuft der Weg am Strand und in den Dünen an der Ventry-Bucht entlang, die Priele werden auf schmalen Brücken überquert. Während der

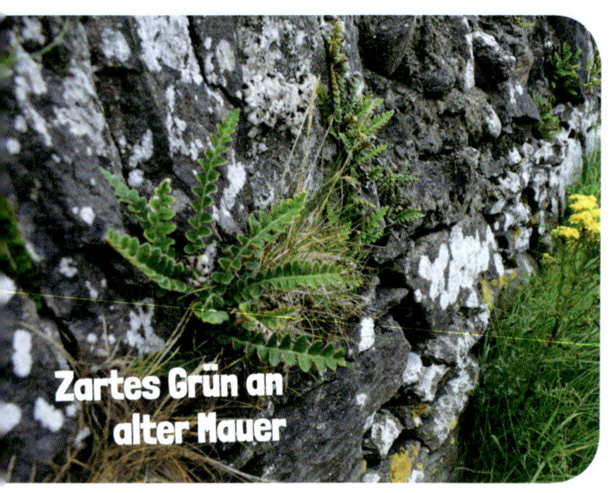

Zartes Grün an alter Mauer

Dingle Way am Fuß des Mount Eagle (516 Meter) weiterführt, ergeben sich ständig neue Blicke über die Felsküste, später auch hinüber zu den **Great Blasket Islands**. Dunmore Head ist der westlichste Punkt des irischen Festlands. Die breiten Strände in den geschützten Buchten der Westküste sind fast menschenleer, in den abgelegenen Dörfern scheint die Zeit stillzustehen. Hier zwischen Dunquin und Feohanagh lässt sich die nötige Kraft tanken, die am nächsten Tag gebraucht wird.

Denn nun geht es hoch hinaus. Hinter dem Mount-Brandon-Wanderparkplatz steigt der Weg innerhalb von 5 Kilometern um 600 Höhenmeter an. Dabei muss nicht einmal der Gipfel bestiegen werden, sondern nur ein 656 Meter hoher Sattel zwischen den Nebengipfeln Más an Tiompáin und Piaras Mór. **Mount Brandon** ist mit 952 Metern der dritthöchste Berg Irlands. Er wurde nach dem irischen Heiligen Brandon benannt, dem Schutzpatron der Seefahrer.

Hinter Cloghane beginnt der längste Sandstrand Irlands, der Trá Fhormaoileach oder **Fermoyle Strand**. Fast 9 Kilometer gibt es nichts weiter zu tun, als immer am Strand entlangzulaufen, bis Fahamore erreicht ist. Ein Träumchen, besonders an warmen Sommertagen, wenn diese Strecke barfuß am Meeressaum gelaufen werden kann. Auch in der Scaggane Bay und auf dem Weg nach Castlegregory ist es eine wunderbare Strandwanderung. Wer dort aber denkt, die restlichen 30 Kilometer zurück nach Tralee in einer Tagesetappe laufen zu können, muss entweder sehr gut trainiert oder sehr leidensfähig sein. Denn so flach bleibt es nur bis Kilgobbin, danach geht es zu der Kreuzung mit den drei Pfeilen in Camp und von dort mit einigen Höhenunterschieden auf dem Hangweg zum Ausgangsort. Schöner ist es daher, diese Strecke noch einmal zu teilen und eine Zwischenlandung in Camp einzuplanen.

GUT ZU WISSEN

Abenteuer 4/5
Natur 4/5
Schwierigkeit 3/5

Insel: Irland
Von: Tralee
Bis: Tralee
Länge: 179 Kilometer
Höhenmeter: 2784 (hinauf und hinunter)
Etappen: 9
Markierung: gelber Wanderer mit Stock und Rucksack
Höchster Punkt: Cloch Oghaim, 656 Meter

Das brauche ich:

- regen- und windfeste Kleidung
- gute Kondition
- Badesachen

FAZIT

Eine unvergessliche Wanderung um die recht unbekannte Dingle-Halbinsel, die voller kultureller Schätze und Naturwunder ist. Der perfekte Mix aus atemberaubender Kliffwanderung, atemloser Bergtour und entspanntem Strandspaziergang.

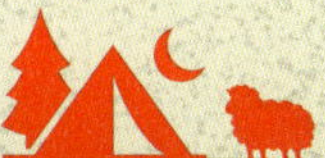

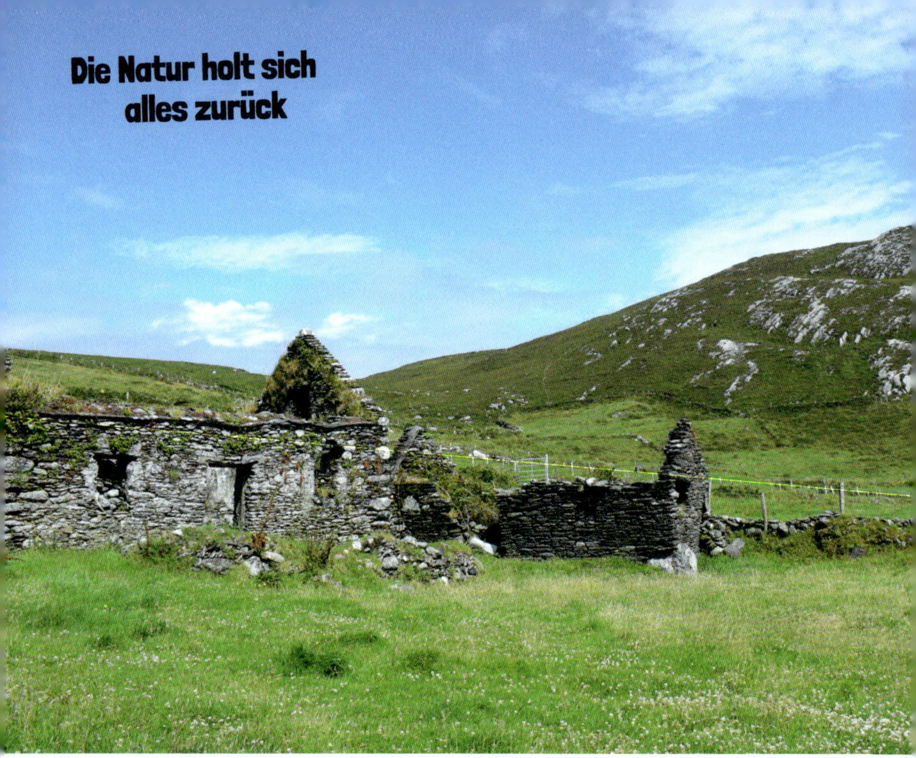

Die Natur holt sich alles zurück

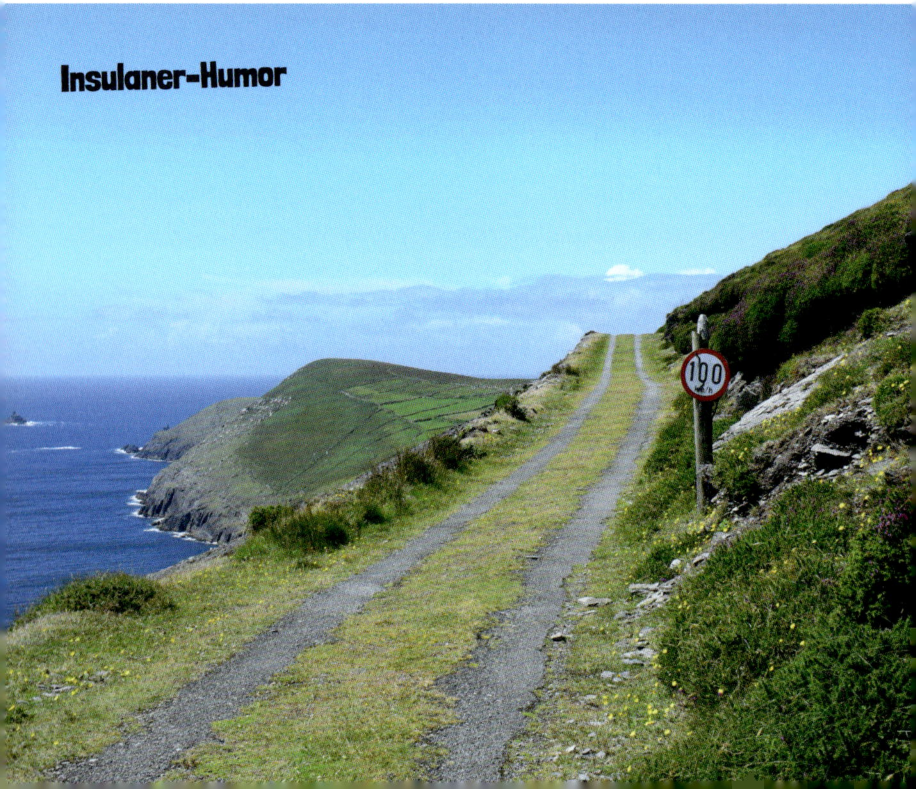

Insulaner-Humor

Dursey Island Loop

Einsame Insel mit Seilbahnanschluss

Einige Superlative sind zu bemühen, wenn es um eine Wanderung auf Dursey Island geht. Die einzige Seilbahn Irlands verbindet die Beara-Halbinsel mit der westlichsten dauerhaft bewohnten Insel Irlands. Weltweit einzigartig ist der Umstand, dass in dieser Seilbahn Viehtransporte ausdrücklich Vorrang genießen. Kein Witz: Sogar schwere Bullen schweben darin über den Dursey Sound in die Sommerfrische zu ihren saftigen Weiden.

Die Insel Dursey ist klein, und es ist problemlos möglich, sie in ihrer gesamten Länge und Breite an einem Tag zu erkunden. Es gibt keine Geschäfte oder Einkehrmöglichkeiten, Dursey ist ein guter Zufluchtsort aus der Zivilisation. Eine ungewöhnlichere Anreise zu einer Wanderung ist in Irland kaum denkbar. Um zum Startpunkt des Dursey Loop Trails zu gelangen, muss erst am äußersten Ende der **Beara-Halbinsel** ein Seilbahnticket gekauft werden. Bei wechselhaftem Wetter kann es dabei passieren, dass der Seilbahn-Chef die Ankömmlinge augenrollend mit einem „Go home, weather's awful!" begrüßt. Selbstverständlich verkauft er die passenden Tickets, zeigt auf die Abfahrtsplattform und schließt mit einem „Wait for my collegue, he is more polite!" seinen Schalter – nur um wenige Sekunden später selbst aus der Tür zu kommen und den Fahrgästen mit zuckersüß gelächeltem „Good morning! What a beautiful day for a walk!" und einem netten Plausch in die Kabine zu helfen …

Die **kastenförmige Seilbahn** wurde 1969 gebaut, denn eine Fähre wäre wegen der außergewöhnlich starken Strömungen und der hohen Gezeitenunterschiede nicht zuverlässig genug. Die einzige Kabine hat eine offizielle Nutzlast von 544 Kilogramm, was von den Behörden in eine Kapazität von sechs Menschen, sechs Schafen oder einer Kuh umgerechnet wurde. Für die 360 Meter lange Strecke benötigt die Bahn etwa 10 Minuten – viel Zeit also, um mit den Sitznachbarn ins Gespräch zu kommen. Rechenkünstler erschrecken schon bei der Hinfahrt, denn sie können leicht ausrechnen, dass pro Stunde und Richtung nur 18 Fahrgäste transportiert werden können, und beobachten schon während der gesamten Wanderung, wie viele andere Besucher auf der Insel sind. So haben sie schon vor dem Erreichen des Ziels eine ungefähre Ahnung, wie lange sie am Nachmittag auf die Rückfahrt warten müssen. Aber keine Sorge: Wenn auf der Insel noch Wartende zu sehen sind, läuft der Betrieb abends über die angeschlagenen Fahrzeiten hinaus. Auch an ängstlichere Fahrgäste wurde gedacht: In der Kabine finden sie ein Fläschchen Weihwasser und einen Auszug aus Psalm 91. Die Tourismusbehörde Fáilte Ireland plant eine neue Seilbahn, die stündlich bis zu 300 Touristen zu einem Besucherzentrum mit Außenterrasse, Café und Souvenirshop befördern könnte, was aber sehr umstritten ist. Wie viel Tourismus vertragen die Natur und Umwelt auf der kleinen Insel? Ist es nicht gerade die Langsamkeit der Anreise, die begrenzte Zahl der Besucher und das damit verbundene Gefühl der Abgeschiedenheit, das einen Besuch dieser Insel ausmacht? Was macht die neue Seilbahnfahrt

INFO

Seilbahnplätze können nicht reserviert werden, die Bezahlung der Tickets ist ausschließlich in bar möglich.

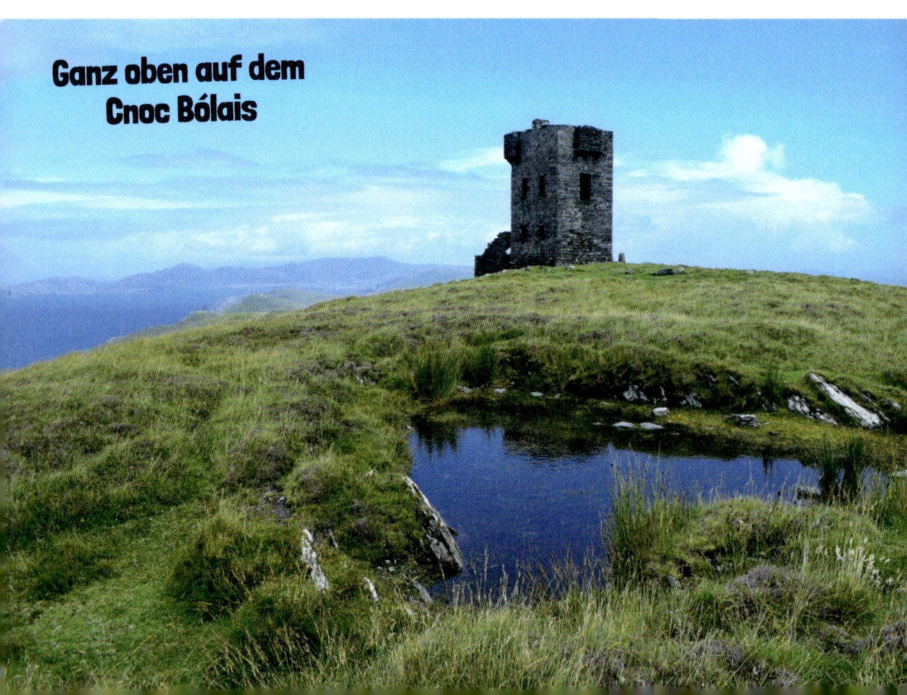

Ganz oben auf dem Cnoc Bólais

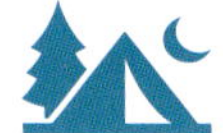

zum Erlebnis, wenn es nicht mehr die einzige Seilbahn in ganz Irland ist und man nicht mehr in dieser wackeligen weiß-blauen Blechbüchse sitzt?

Wie es auch zukünftig kommen mag, aktuell zockelt nur diese einzige Seilbahn gemütlich über die Meerenge. Am inselseitigen Ende haben Inselbewohner und Farmer Autos abgestellt, die bestimmt noch nie eine Werkstatt von innen gesehen haben und nur noch vom Rost zusammengehalten werden. Nur im äußersten Notfall kommt ein Mechaniker mit der Seilbahn auf die Insel, zum Beispiel wenn das Fahrzeuginnere wegen eines defekten Fensterhebers nass geregnet wurde. Die Autos verkehren auf der einzigen **Inselstraße**, einem holprigen Wirtschaftsweg, der die drei Weiler mit der Seilbahnstation verbindet. Darauf verläuft der erste Teil der Wanderung.

Das macht die Tour einzigartig!

- Seilbahnfahrt über den Dursey Sund
- Geisterdörfer
- 360°-Panorama am Signal Tower

Die grasbewachsene Schotterpiste verläuft oberhalb der Klosterruine mit dem Inselfriedhof durch die **ehemaligen Dörfer Ballynacallagh, Kilmichael und Tilickafinna**. Echte Geisterdörfer sind es nicht, denn in jedem davon ist mindestens ein Gebäude noch dauerhaft bewohnt, weitere dienen als Wochenendhäuser oder Ferienwohnungen. Einige Bauern vom irischen Festland haben Weideflächen auf der Insel, die an die Inselstraße angrenzen. Oberhalb von Ballynacallagh stand eine Burg des O'Sullivan-Clans. Sie wurde 1602 von den Engländern zerstört. 1 Kilometer weiter, in Kilmichael, befinden sich die Ruinen einer Kirche, die von den Mönchen der berühmten Klosterinsel Skellig Michael vor der Kerry-Halbinsel gegründet worden sein soll.

Hinter Tilickafinna wird es still. Keine Kuh muht, kein Schaf blökt. Spätestens hier können Austernfischer, Blauschwänze und Eissturmvögel beobachtet werden. Ob das bei einem Massenansturm von mehreren Hundert Gästen pro Stunde auch noch so sein wird, darf bezweifelt werden. Naturschützer rechnen mit dem Verlust von Brut- und Ruheplätzen einiger Vogelarten und dem Verschwinden seltener Pflanzen.

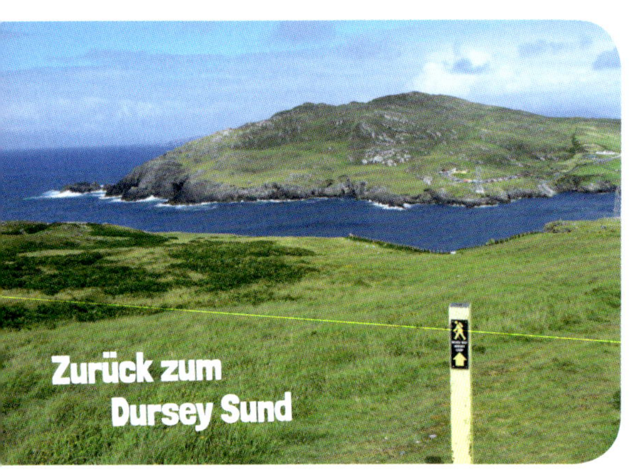

Am **Dursey Head** kommt das Gefühl auf, am Ende der Welt angekommen zu sein. Zur Rechten ist die kleine Felsinsel The Bull zu sehen, davor The Cow und geradeaus The Calf und The Heifer. Bei der Aussicht auf diese Kuhfamilie, *heifer* bedeutet übrigens „Färse", sitzen die meisten Tageswanderer gemütlich im Gras und schmausen ihr Picknick. Doch immer wieder kommt jemand mit prall gefülltem Rucksack hier an und macht auffällig viele Erinnerungsfotos. Das sind ganz besonders ambitionierte Wanderer, die sich den Europäischen Fernwanderweg E8 vorgenommen haben, der genau hier beginnt, aktuell an der polnisch-ukrainischen Grenze endet und bis nach Istanbul geplant ist. Wanderer auf dem Beara Way machen hier ebenfalls einen Fotostopp, denn es ist auch für sie der westlichste Punkt ihrer Tour.

Nun geht es auf Graspfaden hinauf zum Dursey Island Signal Tower, einer Hinterlassenschaft aus dem Napoleonischen Krieg. Er steht auf dem immerhin 252 Meter hohen **Cnoc Bólais**, die Aussicht von dort oben ist atemberaubend schön, und zwar in alle Himmelsrichtungen. In der baumlosen Inselbergwelt oberhalb der Weiler verläuft der Weg durch Gras- und Moorlandschaft auf und ab. Bei Nebel oder nach längeren Regenperioden will jeder Schritt gut überlegt sein. Bei Sonne ist es ein Bergspaziergang mit grandiosen Aussichten. Der Abstieg erfolgt unterhalb des Hügels Knockaree mit Blick auf die Seilbahnstrecke. Ganz nah an den steilen Kliffs von Foilnamuk lässt sich die starke Strömung im Dursey Sound gut erkennen.

An sonnigen Sommertagen sollten Wasser und Proviantreserven für das Ende der Wanderung aufgespart werden, wenn alle Inselbesucher wieder zurück zum Festland wollen. Die Warterei ist schnell vergessen, denn wann und wo sonst besteht die Möglichkeit, mit einer Seilbahn über den Atlantik zu schweben?

GUT ZU WISSEN

Abenteuer 4/5
Natur 4/5
Schwierigkeit 2/5

Insel: Dursey Island
Von: Ballaghboy
Bis: Ballaghboy
Länge: 14,5 Kilometer
Höhenmeter: 478 (hinauf und hinunter)
Etappen: 1
Markierung: gelber Wanderer mit Stock und Rucksack
Höchster Punkt: Dursey Signal Tower auf dem Cnoc Bólais, 248 Meter

Das brauche ich:

- Wasser und Proviant
- wasserfestes Schuhwerk
- Geduld beim Schlangestehen an der Seilbahn

FAZIT

Bei dieser Tour zeigt sich eindrucksvoll, unter welch harten Bedingungen die Menschen zu leben bereit sind und auch entlegene Winkel noch landwirtschaftlich nutzbar machen. Voller Hochachtung gewähren die Tagestouristen den Insulanern und deren Vieh beim Einsteigen den Vorrang.

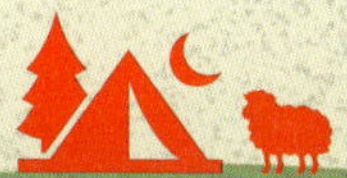

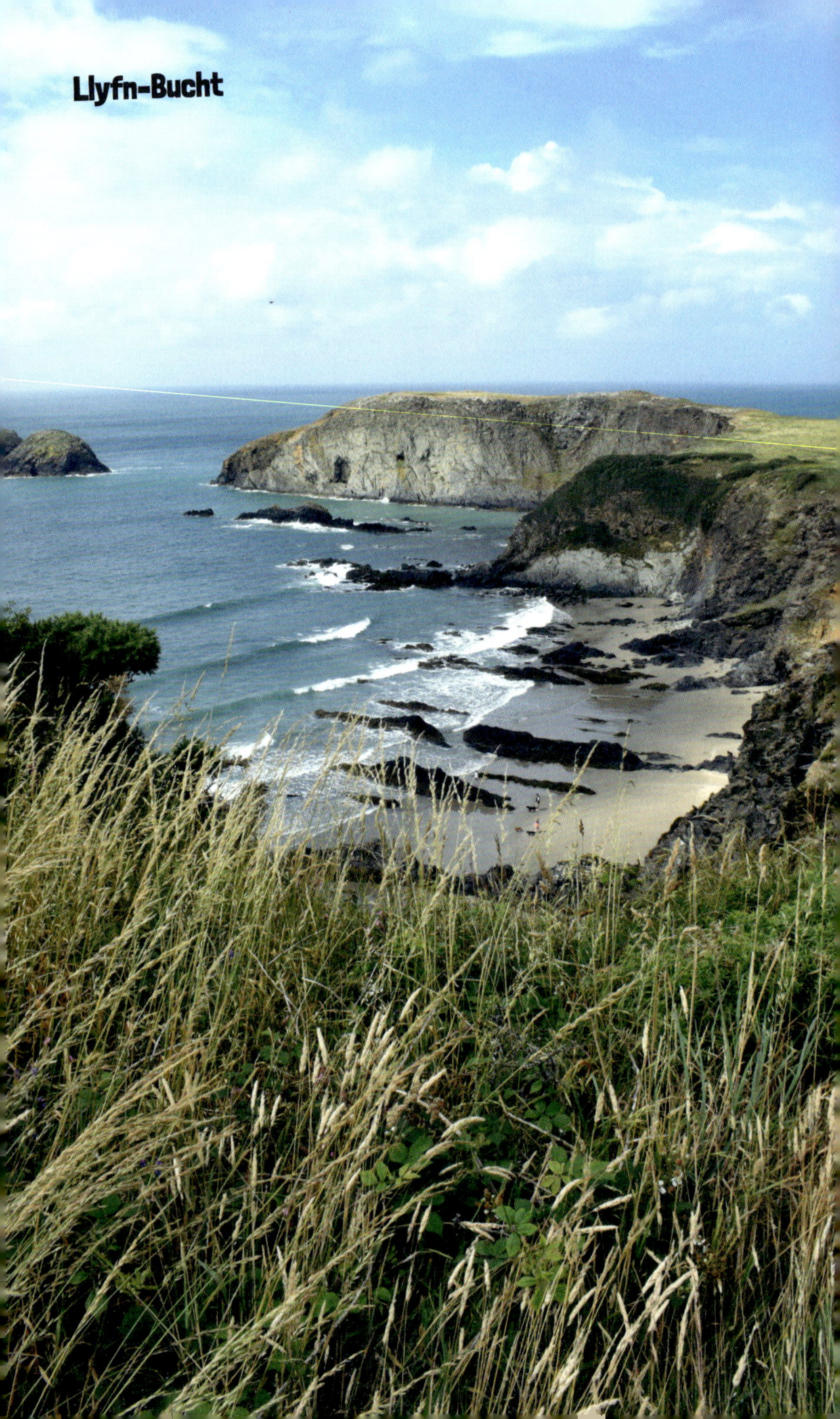
Llyfn-Bucht

Wales Coast Path

An der Küste rund um Wales

Die längste Tour in diesem Buch folgt der zerklüfteten walisischen Küstenlinie um all ihre Buchten und Halbinseln. Der Wales Coast Path ist beachtliche 1400 Kilometer lang – und das, obwohl zwischen dem nördlichsten und südlichsten Punkt von Wales gerade einmal 270 Kilometer liegen. Unterwegs wird es nie langweilig, dafür sorgen uralte Burgen, quirlige Marktstädtchen, schmale Klippenpfade, einsame Vogelinseln, scheue Wildpferde und unfassbar viele Ausblicke auf die irische See.

Waliser wandern gerne, besonders an ihrer wunderschönen Küste. Wer dort eine Tageswanderung unternimmt, kehrt für eine Mehrtagestour zurück. Doch selbst nach einem zweiwöchigen Wanderurlaub auf Anglesey oder in Pembrokeshire erreichen viele Wanderer das Ziel mit einem lachenden und einem weinenden Auge. Hurra, es ist geschafft – schade, dass es schon vorbei ist!

Wie gut, dass 2012 alle Küstenpfade zum Wales Coast Path zusammengefasst wurden und eine einheitliche Markierung den Weg durch die schönsten Nationalparks und Areas of Outstanding Beauty weist.

Am südwestlichen Stadtrand von Chester verläuft die Grenze zwischen England und Wales. Genau hier beginnt der Wales Coast Path und folgt dem River Dee nach Nordwesten. Die meisten Wanderer starten deshalb am Bahnhof von Chester und wandern neben dem Shropshire Union Canal bis zum **River Dee**. Nun kann es aber nicht sein, dass der walisischste aller Wege in England beginnt. Deshalb wird das Städtchen Queensferry stets als Startort angegeben, obwohl es 7 Kilometer hinter der Grenze liegt. Aber was sind schon 7 Kilometer angesichts der Gesamtlänge dieses Weges?

Die ersten Wandertage sind ideal zum Warmlaufen, denn der Weg führt mit wenig Auf und Ab aus dem Dee-Delta heraus zum Point of Ayr bei Talacre, das ist der nördlichste Punkt auf dem walisischen Festland. Hinter dem Zielpunkt des Grenzwanderwegs **Offa's Dyke Path** in Prestatyn verläuft der Küstenweg für einige Tage auf den Promenaden und Stränden der historischen Badeorte.

INFO

Einige Teilstrecken sind tidenabhängig, für hohe Wasserstände sind Alternativstrecken markiert, die meist einen Umweg bedeuten. Tipp: mit Tidenkalender planen.

Der Rucksack sitzt nun perfekt, die Schuhe sind eingelaufen und die Muskeln geschmeidig, genau richtig für die ersten Höhenmeter: Bei Llandudno führt der Weg auf 135 Meter um die Halbinsel **Great Ormes Head** herum. Aber davor steht eine Fahrt mit der Great Orme Tramway auf dem Programm, denn die Ausblicke von der Bergstation sind grandios. Etwas unterhalb des Gipfels liegt der Eingang zu den Great Orme Mines, der weltweit größten prähistorischen Mine. Hier wurde bereits in der Bronzezeit Kupfererz abgebaut.

Von Conwy mit seinem gut erhaltenen mittelalterlichen Schloss geht es nach Bangor. Dahinter wird Menai Strait überquert, diese Meerenge trennt die **Isle of Anglesey** vom walisischen Festland. Erstes Highlight ist Beaumaris Castle, gefolgt von einsamen Buchten, dem nördlichsten Punkt der Wanderung auf dem Hügel Dinas Gynfor und einer Dammwanderung an der Cemlyn Lagoon. Hinter dem quirligen Fährhafen Holy-

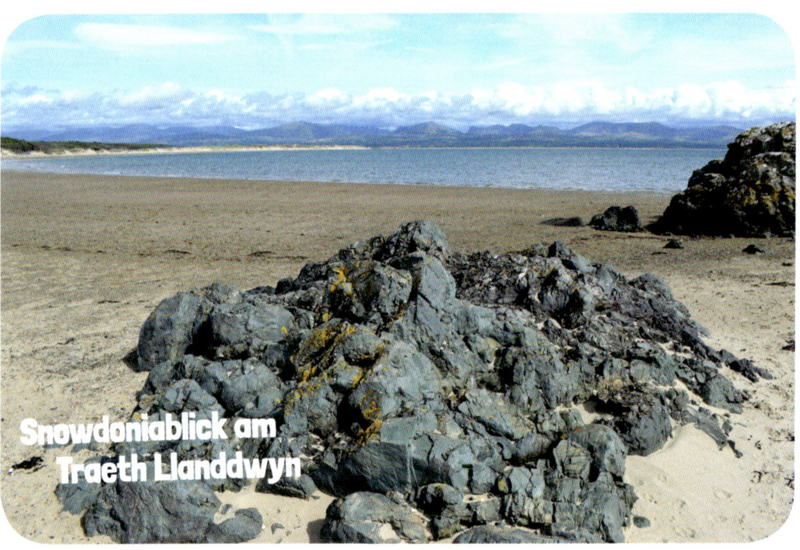
Snowdoniablick am Traeth Llanddwyn

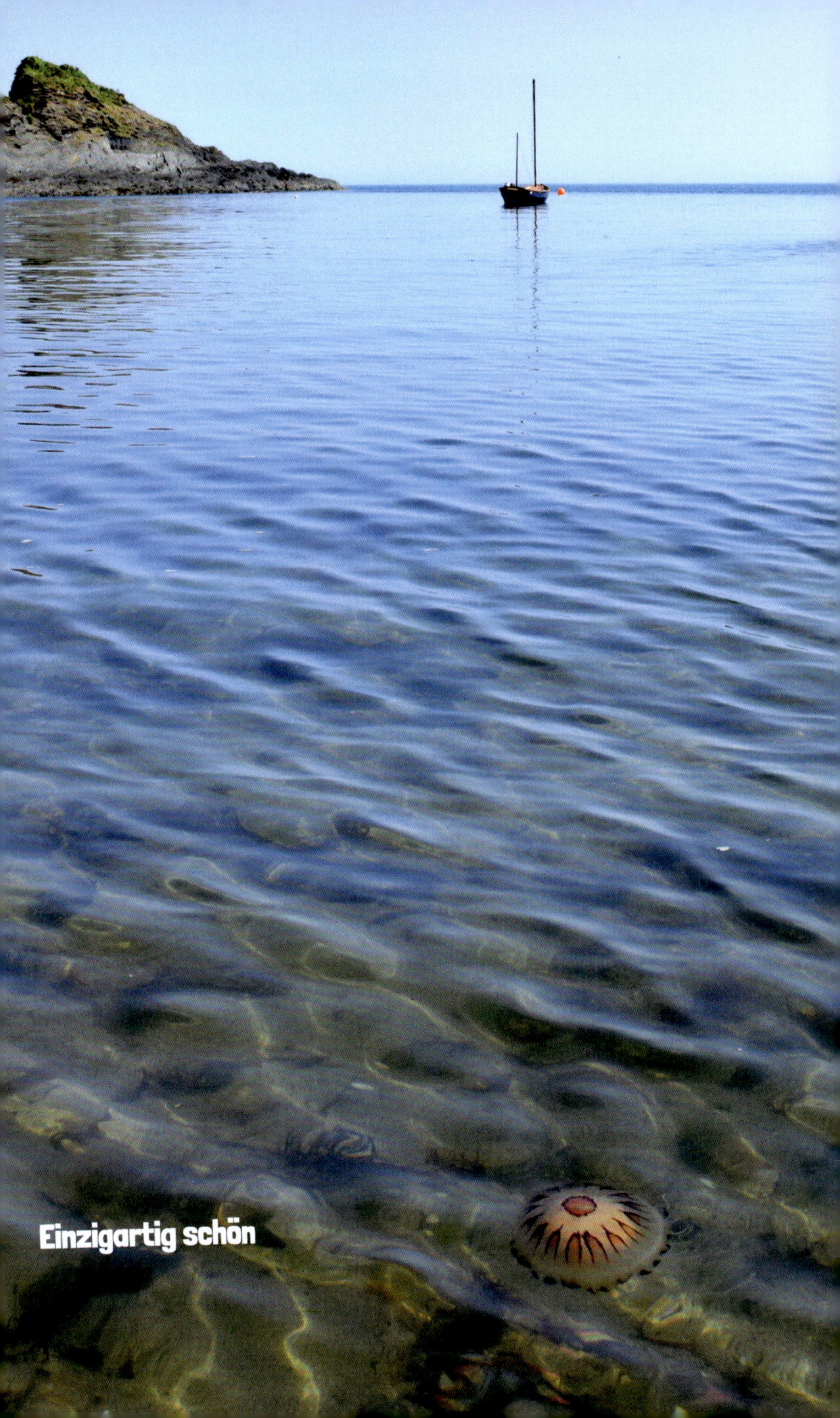

Einzigartig schön

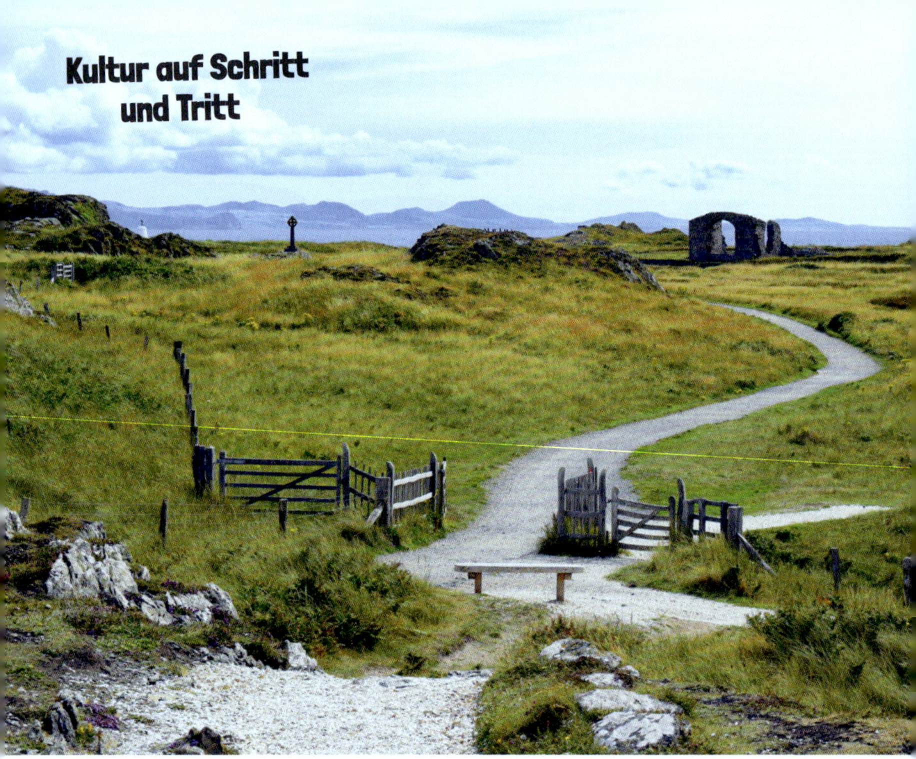

Kultur auf Schritt und Tritt

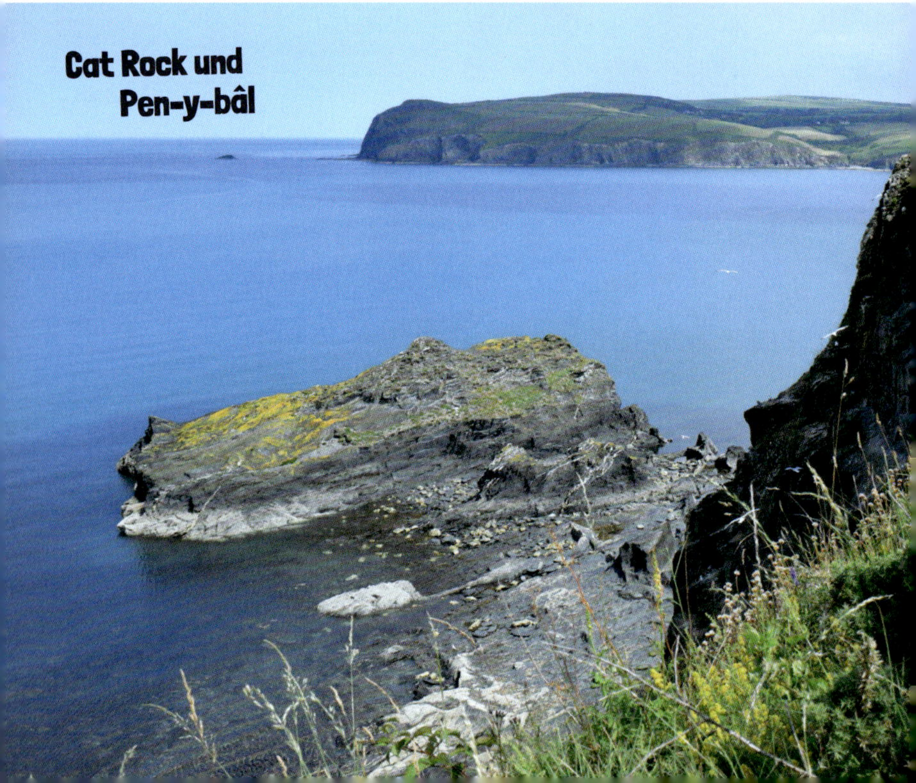

Cat Rock und Pen-y-bâl

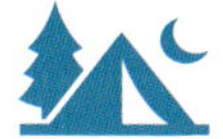

head ergeben sich vom Holyhead Mountain großartige Aussichten auf das **South Stack Lighthouse**.

Der Kiefernwald **Newborough Forest** ist Rückzugsgebiet für die heimischen roten Eurasischen Eichhörnchen. Kurz vor der Britannia Bridge macht manch ein Besucher einen Abstecher zum Bahnhof. Sein Stationsschild ist ein witziges Fotomotiv. Denn obwohl bekannt ist, dass es reines Marketing eines örtlichen Geschäftsmanns war, ist **Llanfairpwllgwyngyllgogerychwyrndrobwll-llantysiliogogogoch** der längste Ortsname der Welt. In Häppchen aufgeteilt lässt es sich sogar aussprechen (w klingt wie u): Marienkirche (Llanfair) in einer Mulde (pwll) weißer Haseln (gwyn gyll) in der Nähe (go ger) eines schnellen Wirbels (y chwyrn drobwll) und der Thysiliokirche (llan tysilio) bei der roten Höhle (ogo goch). Die Einwohner nennen den Ort kurz Llanfair, Engländer sagen Gogogoch.

Das macht die Tour einzigartig!

Sonnenuntergänge in der Irischen See

Die schiere Länge des Weges

Zahlreiche Vogelarten

Nach der erneuten Überquerung der Menai Strait führt der Küstenweg nach Caernarfon. In **Caernarfon Castle** fand 1969 die Investitur des heutigen King Charles III. zum Prince of Wales statt. Bei der anschließenden Wanderung auf der **Ll n Peninsula** wird am Yr Eifl mit 349 Metern der höchste Punkt der gesamten Strecke überschritten. Hinter dem Hafenstädchen Porthmadog beginnt der Nationalpark Snowdonia. An dessen malerischer Westküste wie auch hinter Machynlleth an der Küste von Ceredigion kann man die schönsten Sonnenuntergänge genießen. Zwischen dem Universitätsstädtchen Aberystwyth und den anderen Küstenorten können mit etwas Glück Robben und Delfine beobachtet werden.

Hinter Cardigan beginnt der **Pembrokeshire-Coast-Nationalpark** und damit das Sahnestück des Wales Coast Path. Steile Klippen, malerische Buchten, einsame Pfade und über 10.000 Höhenmeter fügen sich zum wildesten Abschnitt der Strecke. Hinter dem Fährhafen von Goodwick/Fishguard bietet der Leuchtturm von **Strumble Head** ein schönes Fotomotiv. Dahinter entdeckt man in fast jeder Bucht einige Wassersportler, die sich

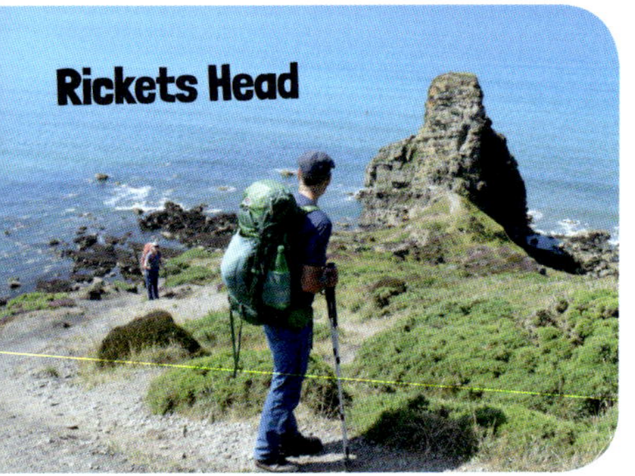
Rickets Head

mit Seekajaks, SUP und beim Coasteering vergnügen, besonders rund um St Davids, die kleinste Stadt Großbritanniens. Das scheint die Tierwelt nicht zu stören, und man hat die besten Chancen, einige Delfine, Tümmler oder Robben zu sichten. Auch Wildpferde fühlen sich hier wohl. Die Westküste von Pembrokeshire zwischen Ramsey Island, Skomer und Skokholm verzaubert mit Sonnenuntergängen, seltenen Vögeln und Schmetterlingswiesen. Bei vorausschauender Planung darf an übungsfreien Tagen auch durch das Militärgelände von Castlemartin gewandert werden, um das Felstor **The Green Bridge of Wales**, die in den Fels gehauene St Govans Chapel und die Lily Ponds von Bosherston anzusehen.

Hinter Tenby werden die Strände breiter, und es geht wieder lebhafter zu. Die alten Seebäder, der Millennium Coastal Park und die **Gower Peninsula** sind ein Paradies für Sonnenanbeter, Kitesurfer und Strandsegler. Auf Gower ist die Gezeiteninsel Worm's Head einen Abstecher wert.

Nun ist das Ziel der Wanderung nur noch etwas mehr als eine Wanderwoche entfernt. Dieser letzte Abschnitt hinter Swansea wird **Valeways Millenium Heritage Trail** genannt, denn in den Hafenstädten endeten die Valeways, die Wege aus den Valleys, in denen Kohle und andere Bodenschätze verschifft wurden. Auch hier bleibt der Weg möglichst nah an der Küste und dreht auf Barry Island noch eine kleine Runde. Die Hauptstadt **Cardiff** ist mindestens einen Pausentag wert, an dem Cardiff Castle, Senedd (Sitz der walisischen Nationalversammlung) und andere Sehenswürdigkeiten besucht werden wollen.

Die Wanderung endet unterhalb von **Chepstow Castle**. Wer noch nicht genug von diesem wunderbar wanderbaren Land hat, geht über die Old Wye Bridge zum Offa's Dyke Path und wandert auf ihm durch das walisisch-englische Grenzland nordwärts. Nach weiteren 284 Kilometern kommt bei Prestatyn die Nordküste in Sicht, und der Kreis schließt sich zu einer einmaligen Erinnerung an eine vollständige Umrundung von Wales.

GUT ZU WISSEN

Abenteuer 4/5
Natur 4/5
Schwierigkeit 4/5

Insel: Großbritannien, Holyhead Island und Isle of Anglesey
Von: Queensferry
Bis: Chepstow
Länge: 1398 Kilometer
Höhenmeter: 19.243 hinauf, 19.204 hinunter
Etappen: 90
Markierung: blau-gelbes Logo, Schneckenhaus mit Drachenschwanz, „Wales Coast Path/Llwybr Arfordir Cymru" (rot-gelb für Hochwasseralternativen)
Höchster Punkt: Yr Eifl, 349 Meter

Das brauche ich:

- Ausdauer, Zeit und Mut für eine dreimonatige Küstenwanderung
- die acht Passports oder die App, um die Wanderung aufzuzeichnen
- Badesachen für die über 100 Strände

FAZIT

Wer träumt nicht von einer langen Auszeit mit Meerblick, rauschenden Wellen und Wind in den Haaren? Auf dem Wales Coast Path kann dieser Traum ein Vierteljahr lang zur Realität werden.

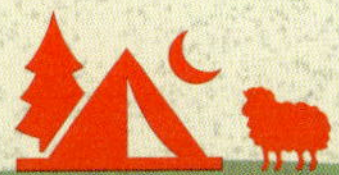

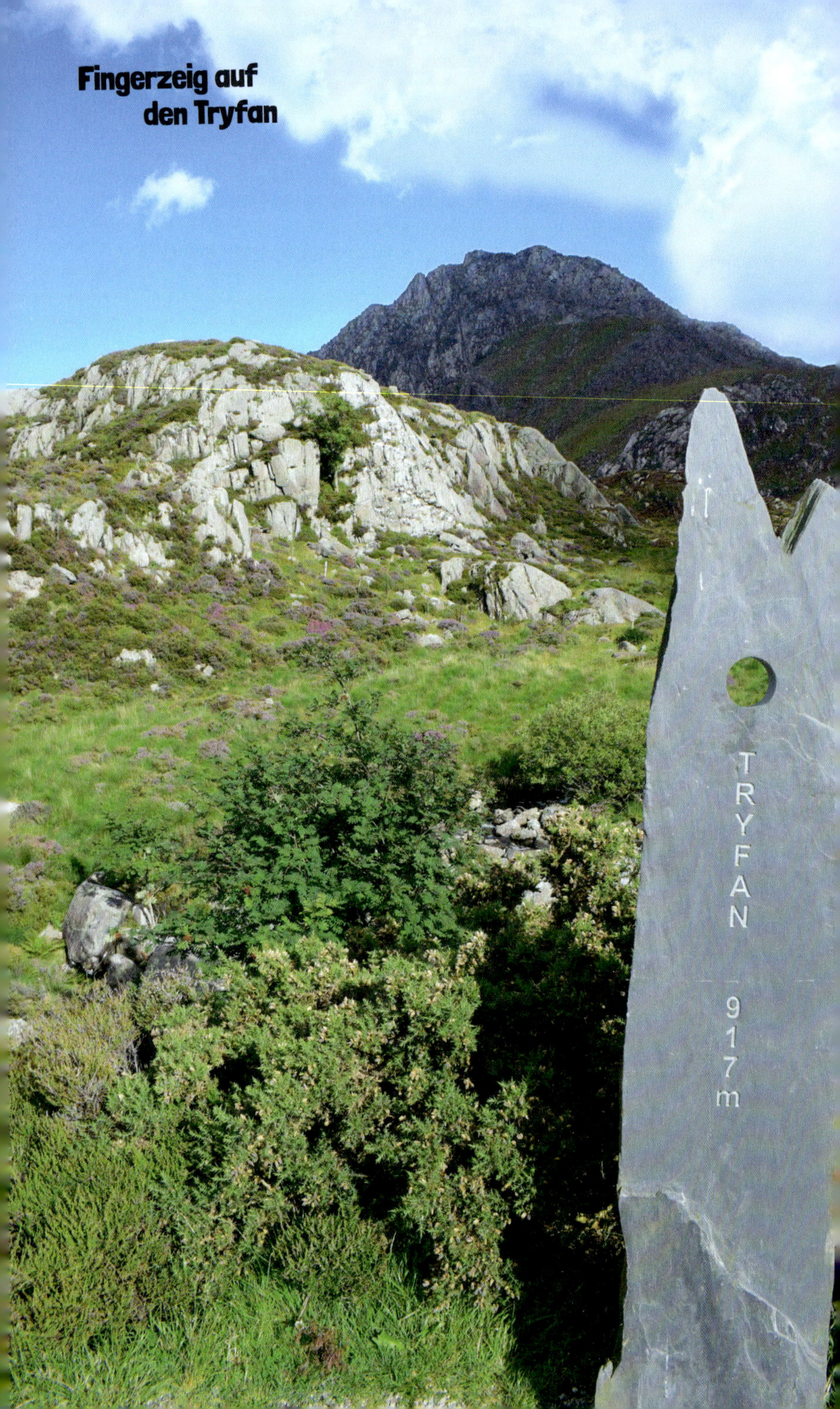

Fingerzeig auf den Tryfan

Cwm Idwal Walk

Umringt von den wildesten Bergen Snowdonias

Warum einen der höchsten Berge Snowdonias besteigen, wenn es eine Route gibt, bei der fünf von ihnen in all ihrer majestätischen Pracht zu sehen sind? Diese Frage beantwortet diese leichte Wanderung in das kleine Tal Cwm Idwal. Aber Vorsicht! Echte Bergfexe sehen den Anblick von Pen yr Ole Wen, Tryfan, Gylder Fach, Glyder Fawr und Y Garn meist als willkommene Planungsgrundlage für die nächsten Wandertage.

Diese Tour ist der ideale Einstig in das Wandern in **Eryri** („Adlerhorst"), so lautet der walisische Name für die Bergregion Snowdonia. Von Norden nach Süden wird der Parc Cenedlaethol Eryri, der Snowdonia-Nationalpark, von fünf Bergketten durchzogen. Ganz im Norden liegen die Carneddau. Zu ihnen zählt auch der Pen yr Ole Wen (978 Meter), der den Startpunkt der Wanderung überragt. Der Llyn Ogwen und die A5 bilden die Grenze zu den Glyderau, zwischen den vier bekanntesten liegt das Cwm Idwal: Tryfan (917 Meter), Glyder Fach (994 Meter), Glyder Fawr (999 Meter) und Y Garn (914 Meter).

In dem kleinen Shop neben dem **Besucherzentrum** werden kalte Getränke und kleine Snacks angeboten. Die ofenwarmen Blätterteig-Köstlichkeiten (Tipp: vegetarische Curryteigtaschen) können die Rucksackverpflegung perfekt aufpeppen. Stufen führen zum Startpunkt des Rundwegs. Eine schmale Schlucht lockt nach rechts. Der darin zum Cwm Idwal führende Weg ist seit einigen Jahren gesperrt. Stelen aus Snowdonia-Schiefer erläutern auf höchst anschauliche Weise die Namen der umliegenden Berge: Einfach durch das eingearbeitete Loch schauen, das dem Berg nun sogar einen hübschen Rahmen gibt. Nächster Stopp ist der Wasserfall des Afon Idwal, der vom Llyn Idwal kommt und am Llyn Ogwen in den Afon Ogwen mündet. Auf der Brücke ist hinter dem Wasserfall der Y Garn besonders gut zu sehen. Geradeaus erhebt sich der Tryfan.

Der harmlose Rundweg verläuft hier ein kleines Stück auf dem **Cambrian Way**, dem wildesten und herausforderndsten aller Fernwanderwege in Wales. Er führt von Llandudno über die höchsten Erhebungen des Landes bis ins Zentrum der Hauptstadt Cardiff. Schon an der nächsten Weggabelung führt er zum Bwlch Tryfan hinauf, um über die Kammlinie der Glyderau den Yr Wyddfa (Mount Snowdon) zu erreichen. Mit allen Schlenkern und Umwegen sind es 18.880 Höhenmeter auf 480 Kilometern, eine Traumtour für erfahrene, konditionsstarke Bergwanderer.

INFO

Bei der 600 Meter kürzeren Alternativroute ist keine Trittsicherheit erforderlich, sie umfasst 215 Höhenmeter.

Der Rundweg führt nach rechts hinauf ins **Cwm Idwal**, also ins Idwal-Tal. Die größte Gletschermoräne im Tal heißt Bedd y Cawr, Riesengrab, und soll nach der Legende das Grab des Riesen Idwal sein. Andere Überlieferungen rücken statt des alten Riesen lieber junge Prinzen in den Mittelpunkt. Eine davon erzählt vom schönen, gebildeten Prinzen Idwal, dem Sohn von Owain Gwynedd aus dem 12. Jahrhundert. Er war zu zart für die Kriegsführung und wurde zu seinem Onkel Nefydd geschickt, während sein Vater im Krieg war. Nefydd konnte nicht ertragen, dass sein eigener Sohn neben Idwal geistlos und plump wirkte. Er führte beide

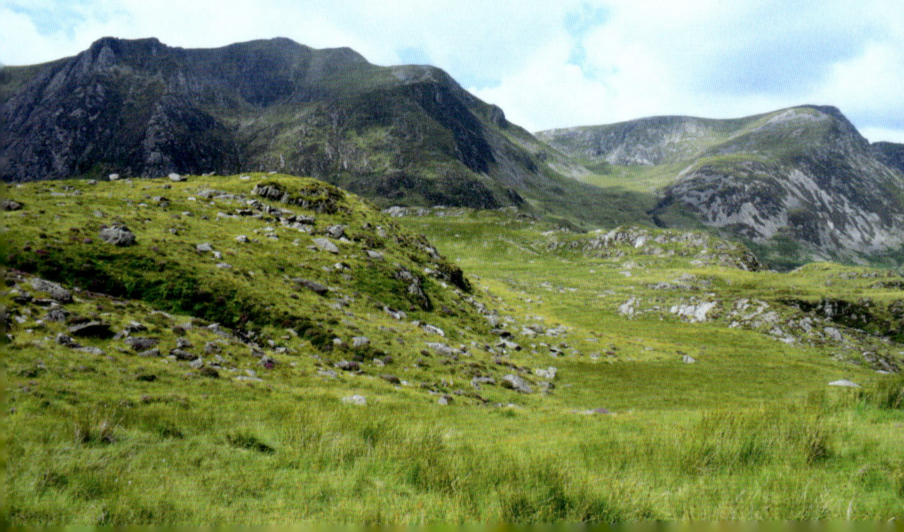

Wildromantische Bergwelt

Jungen zu dem Bergsee, stieß Idwal hinein und sah lachend zu, wie dieser ertrank. Vielleicht war es schon ein Prinz Idwal aus dem 8. Jahrhundert, ein Sohn des Königs Cadwaladr, der von einem raffgierigen Rivalen ermordet wurde. Oder der hübsche Bergsee wurde nach Prinz Idwal Foel ap Anarawd benannt. Er war ein Enkel des walisischen Königs Rhodri Mawr. Auch in dieser Legende wurde Prinz Idwal in dem See ertränkt. Das scheint den meisten Historikern jedoch nicht stimmig, denn es gibt Belege dafür, dass er im Jahr 942 im Kampf gegen die Sachsen starb. Wahrscheinlich wurde er nach seinem Tod am Seeufer eingeäschert, wie es den Bestattungsritualen des keltischen Adels im 10. Jahrhundert entsprach. Vielleicht wurde seine Asche sogar im See verstreut, sodass in der Legende zumindest ein Körnchen Wahrheit zu finden ist.

Das macht die Tour einzigartig!

- **Kristallklarer Gletschersee**
- **Malerische Bergkulisse**
- **Der Blick in Teufels Küche**

Wie dem auch sei: Im Jahr 1954 wurde das Cwm Idwal zum ersten National Nature Reserve in ganz Wales erklärt. Der Rundweg führt im Uhrzeigersinn um den See, der Weg ist deutlich zu erkennen, Steinplatten schützen den weichen Untergrund vor Wanderstiefeln – und andersherum. Riesige Findlinge, die vor Tausenden von Jahren von der Gletschermoräne tief ins Tal geschoben wurden, bieten sich als Fotomotive und Picknickplätze an. Die Ansammlung großer, gebrochener Felsen wird Darwin Idwal Boulders genannt. Hier wurde Geologiegeschichte geschrieben, als **Charles Darwin** 1831 und 1842 das Cwm Idwal besuchte und in den Felsbrocken Muscheln entdeckte, die es nur im Meer gibt. Er erkannte, dass sich diese Gesteine in einem alten Ozean gebildet haben mussten und später durch ungeheure Kräfte innerhalb der Erdkruste an die Oberfläche gehoben wurden.

Der Weg steigt zum südlichen Ende des Sees leicht an, und ein Pfad zweigt nach rechts ab. Er führt ohne Kraxeleien durch eine flache, mit Gras bewachsene Senke zum Westufer. Der eigentliche Rundweg führt geradeaus ein Stück den Nordhang des **Glyder Fawr** hinauf. Hier geht es zu den Idwal Slabs, die Edmund

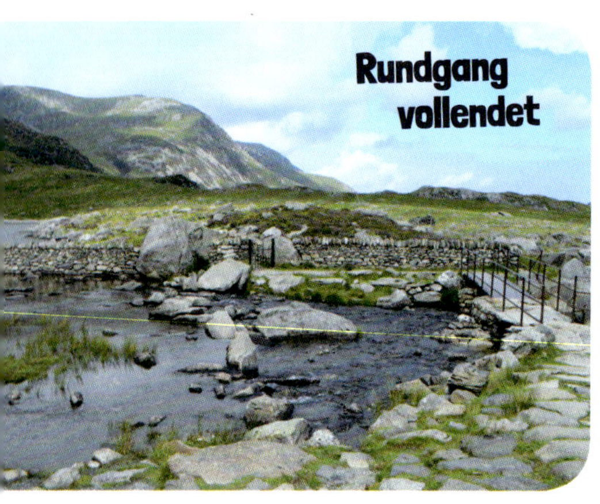
Rundgang vollendet

Hillary und Charles Evans als Trainingsgelände für die Erstbesteigung des Mount Everest nutzten. Wer hier oben zwischen den Felsen eine Weile still sitzt und die Aussicht auf den See genießt, kann vielleicht das gepfiffene und geknirschte „Hiiii" eines Steinschmätzers hören, der in einer Felsspalte oder einer Ansammlung von Steinen brütet. Auch Ringdrosseln, Alpenkrähen und Kolkraben sind anzutreffen – wenn sie nicht gerade in Deckung gehen vor den über dem Tal kreisenden Wanderfalken.

Der Weg beschreibt einen Rechtsbogen und überquert das kleine Bächlein Nant Efan, das weiter oben einen hübschen Wasserfall bildet. Dahinter kommt in den Klippen eine dunkle Felsspalte in Sicht, die einen genaueren Blick wert ist. Sie wird auf Walisisch ganz simpel **Twll Du** („schwarzes Loch") genannt, die Engländer machen es mit Devil's Kitchen etwas dramatischer. Ein Bächlein verbindet den höher gelegenen Bergsee Llyn y Cwm durch das Twll Du mit dem Llyn Idwal. Zahlreiche seltene Pflanzen wie Bergwurz und Snowdon-Lilie sind hier zu finden.

Der Weg führt zurück zum Llyn Idwal, auf dieser Seeseite wirkt es, als seien viel weniger Wanderer unterwegs. Wiesenpieper durchstreifen die Krautschicht des Hangs und die feuchten Wiesen am Ufer. Dieser Pfad heißt **Llwybr y Carw**, also Weg des Hirsches, und es soll tatsächlich Rotwild geben, das diesen Pfad nutzt, wenn alle Wanderer im Bett oder Biwak liegen.

Der Llyn Idwal läuft an seinem nördlichen Ende ganz flach aus und bildet sogar einen Strand. Aus Naturschutzgründen sollte von einem erfrischenden Bad abgesehen werden, aber manch ein Wanderer nutzt die Gelegenheit zu einem Sonnenbad. Hinter der Schieferbrücke über den **Afon Idwal** schließt sich der Kreis, und es geht zurück zum Besucherzentrum. Dabei ruht der Blick auf dem Pen yr Ole Wen.

GUT ZU WISSEN

Abenteuer 3 von 5
Natur 4 von 5
Schwierigkeit 2 von 5

Insel: Großbritannien
Von: Ogwen, Canolfan Cwm Idwal
Bis: Ogwen, Canolfan Cwm Idwal
Länge: 4,8 Kilometer
Höhenmeter: 258 (hinauf und hinunter)
Etappen: 1
Markierung: keine
Höchster Punkt: nahe dem Twll Du, 561 Meter

Das brauche ich:

- Schuhe mit rutschfesten Sohlen
- Wanderkarte zum Benennen der umstehenden Berge
- Trittsicherheit für die obere Route

FAZIT

Eine großartige Rundwanderung für die ganze Familie. Gleichzeitig ein Appetithäppchen für alle, die danach jeden einzelnen der Berge besteigen wollen, auf die sie aus dem Tal ein Auge geworfen haben.

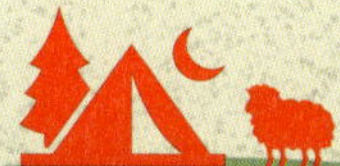

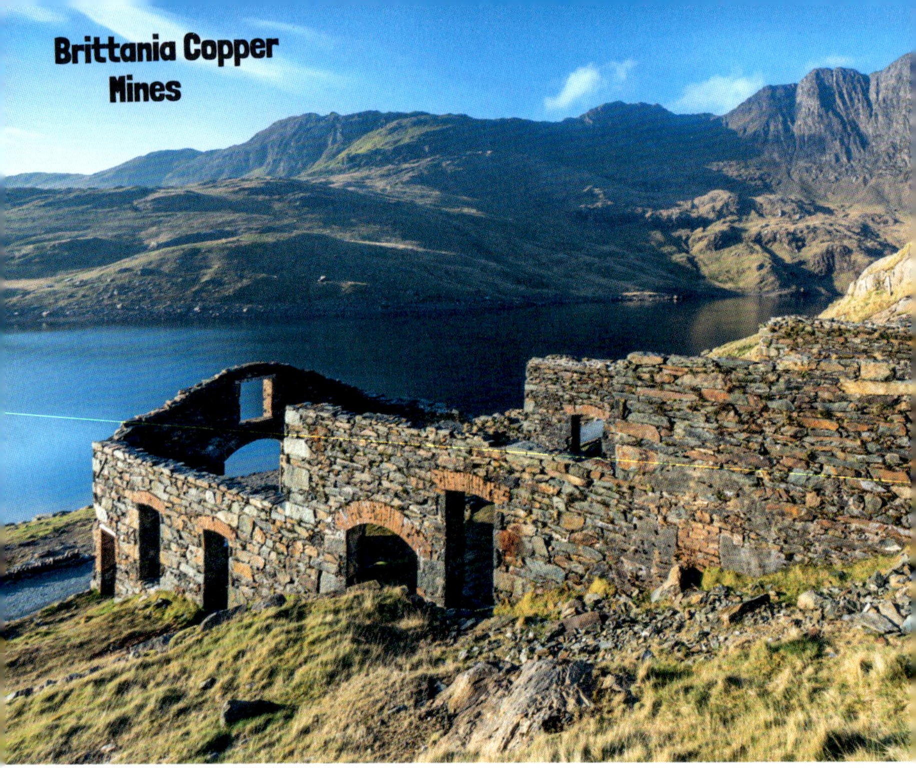

Brittania Copper Mines

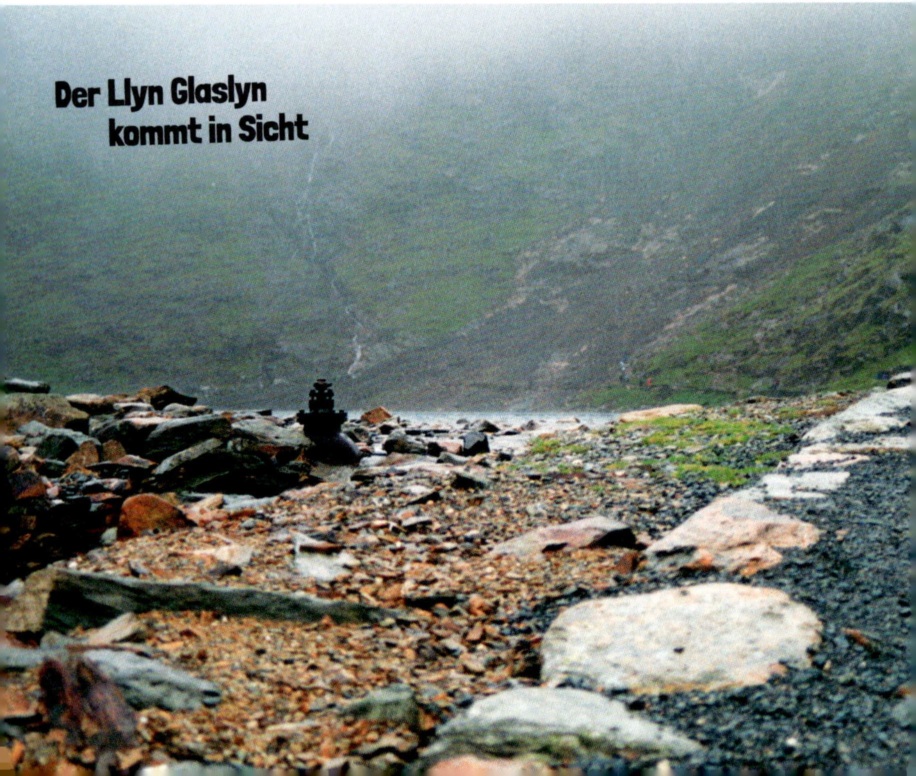

Der Llyn Glaslyn kommt in Sicht

Yr Wyddfa – Snowdon

Hinauf zum höchsten Punkt von Wales

Auf alten Bergarbeiterpfaden durch die unbeschreiblich schöne Bergwelt hinauf zum Gipfel. Ohne Kletterausrüstung oder -erfahrung, dafür mit einem erträglich ansteigenden Weg durch das Tal Cwm Dyli, Rastgelegenheiten an Bergseen und einem letzten Steilstück, dem jeder Wanderer mit durchschnittlicher Kondition gewachsen ist. Auf diesem Weg trifft man erst am Bwlch Glas mit dem Hauptstrom der Gipfelstürmer zusammen, die über den Llanberis Path heraufkommen.

Yr Wyddfa. Dieser Name steht für den höchsten Berg in Wales. Nur etwas über 1000 Meter hoch und doch Sehnsuchtsort für jeden Bergwanderer. Das liegt unter anderem an der **großen Auswahl von Routen**, die aus allen Himmelsrichtungen zum Gipfel führen: Von Nordwesten kommt der (1) Llanberis Path, eine simple Jedermann-Route. Von Westen, genau gesagt vom Llyn Cwellyn, führt der (2) Snowdon Ranger Path zum Gipfel. Der (3) Rhyd Ddu Path über den Südwestgrat ist an klaren Tagen zu empfehlen, weil der Gipfel früh in Sicht kommt. Oder soll es der (4) Watkin Path sein, der zunächst durch alten Eichenwald führt und hinter der stillgelegten Schiefermine nahezu weglos zum Gipfel führt? Der (5) Cambrian Way begleitet den Watkin Path eine Weile und führt dann über den Südgrat weiter. Im Osten beginnen am Pen-y-Pass vier Wege: Der (6) Miners Track führt auf alten Bergarbeiterwegen zwischen den drei Bergseen hindurch, davon zweigt der (7) Lliwedd Way ab, der sich über den Südostgrat dem Gipfel annähert. Der (8) Pyg Track wird nördlich der Seen geführt. Der (9) Crib Goch ist eine ziemlich überlaufene Gratwanderung, die von echten Profis mit dem Lliwedd Way zum Snowdon Horseshoe kombiniert wird. Und dann wäre da noch (10) The Easy Way: die Fahrt mit der Zahnradbahn …

Um niemanden zu über- oder unterfordern, soll hier eine mittelschwere Tour vorgestellt werden. Vom **Pen-y-Pass** soll es auf dem Miners Track hinauf zum Gipfel gehen und auf dem Pyg Track zurück zum Ausgangspunkt. Keine Sorge, sich für die falsche Route entschieden zu haben! Yr Wyddfa gibt es schon seit 400 Millionen Jahren, und er wird noch für jeden dort stehen, der schon am nächsten Tag oder erst einige Jahre später für eine andere Route zurückkommt. Dieser Berg verändert sich von Tour zu Tour. Im Winter macht er seinem englischen Namen Snowdon („Schneeberg") alle Ehre. An sonnigen Sommertagen stehen die Menschen in langen Schlangen für das obligatorische Gipfelfoto an. Besonders abenteuerlich und mystisch ist der Aufstieg bei Nebel, das trifft rein statistisch auf sieben von zehn Tagen zu!

INFO

Der Sherpa-Bus verbindet alle Startpunkte der Snowdon-Wanderungen miteinander und erspart die Parkplatzreservierung auf dem teuren Pen-y-Pass-Parkplatz.

Der **Miners Track** startet hinter dem Pen-y-Pass ziemlich flach. Nebel ist hier keine Seltenheit, besonders am frühen Morgen. Der breite Weg, der für die Kupferminen angelegt wurde, führt um den kleinen Bergsee Llyn Teyrn herum zum Llyn Llydaw, der von einem Damm durchschnitten wird. Die baumlose Landschaft wirkt durch die spärlichen Reste verlassener Bergwerke

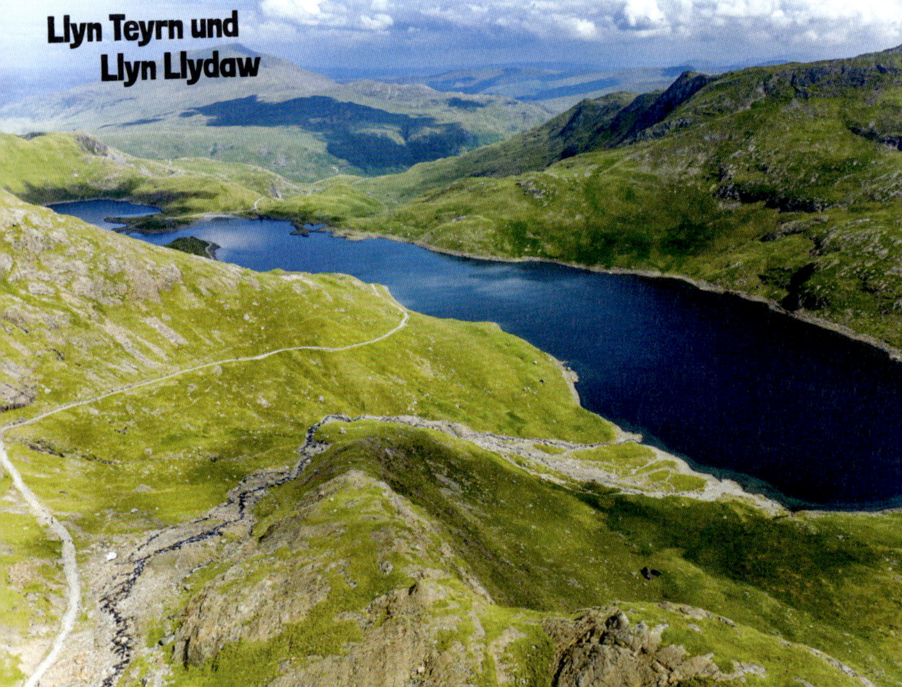

Llyn Teyrn und Llyn Llydaw

noch geheimnisvoller. Hier wurde einmal eine einfache Bahn über die Schienen gezogen, um das Kupfererz aus den Gruben der Britannia Copper Mine zur Weiterverarbeitung zu transportieren. Die Ruinen der Bruchsteingebäude gehören schon lange nicht mehr den Menschen, sondern der Natur. Im Frühjahr blühen hier Blutwurz und Sumpfkraut, Milchkraut und Hundsveilchen, Labkraut und Steinbrech. Im Mai und Juni ist die Blütezeit der Snowdon-Lilie. Das Wahrzeichen des Nationalparks wächst an besonders rauen, unzugänglichen Orten.

Am **Llyn Glaslyn** („blauer See") entlang geht es steil hinauf zum Pyg Track. Auf diesem Abschnitt kommt es beim Abstieg mitunter zu Stürzen, weshalb diese Passage besser noch frisch bei Kräften beim Aufstieg überwunden werden sollte. Auch auf dem gemeinsamen Weg von Pyg Track und Miners Track geht es kernig bergauf, manche Geröllfelder wurden in den letzten Jahren mit Drahtgeflecht gesichert, um den Weg frei und erkennbar zu halten.

Das macht die Tour einzigartig!

- **Drei glitzernde Bergseen**
- **Gipfelglück**
- **Meilenweite Aussichten**

Eine steile Zickzack-Passage zwingt den einen oder anderen dazu, die Hände einzusetzen. Schon kommt das Gefühl auf, es geschafft zu haben. Nein, noch nicht ganz! Es ist erst der **Bwlch Glas**, an dem Pyg und Miners Track auf den Llanberis Path treffen und neben den Gleisen der Zahnradbahn gemeinsam zur Bergstation der Snowdon Mountain Railway führen. Vorsicht bei Winterwanderungen: Auf dem schmalen Bwlch Glas können gefährliche Wechten entstehen.

Nun ist das Ziel erreicht, nur wenige Stufen sind es noch bis zum **Gipfelstein**. Falls gerade die Easy-Way-Reisenden aus der Bahn strömen: Nur Geduld, sie treten in genau 30 Minuten ihre feste Talfahrt an. Im Gipfelcafé gibt es ein gutes Angebot zu angemessenen Preisen, im Souvenirshop stehen einige Trophäen mit dem Text „I climbed Snowdon/Yr Wyddfa" zur Auswahl.

Etwas angeberisch ist es ja schon, wenn die Waliser betonen, Yr Wyddfa sei nicht nur der höchste Berg in Wales, sondern sein

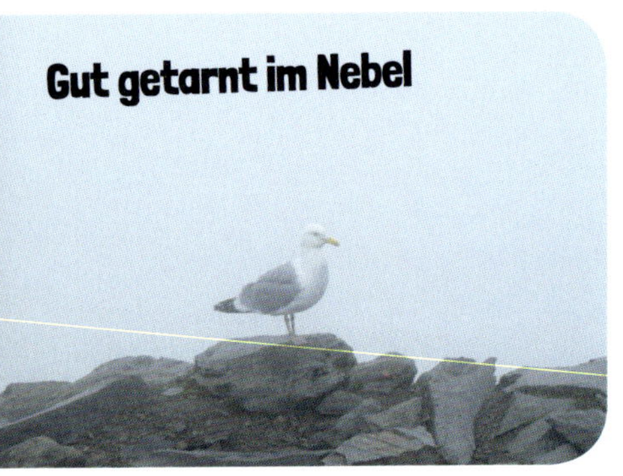

Gut getarnt im Nebel

Gipfel sei auch höher als jeder Punkt in England. Gelogen ist es nicht, denn keiner der Gipfel im Lake District erreicht die **1085 Meter** des walisischen Berges. Der Lake District ist übrigens an klaren Tagen vom Snowdon Summit zu sehen, genauso wie die Isle of Man und Irland. Das Faszinierendste daran ist der Blick unter die eigenen Füße: Zu Stein gewordene Muscheln, die als Fossilien in etlichen Felsblöcken zu entdecken sind, erinnern an die Zeit, als sich der ehemalige Meeresgrund zu einem Bergmassiv auffaltete.

Beim **Rückweg über den Pyg Track** verteilen sich die Höhenmeter etwas gleichmäßiger über die gesamte Strecke, wenn das Steilstück vor und hinter dem Bwlch Glas einmal überwunden ist. In der Artussage kämpfte König Artus seine letzte Schlacht an den umliegenden Hängen. Rechter Hand, hinter dem Llyn Glaslyn, ist der Bwlch y Saethau („Pass der Pfeile") zwischen Y Lliwedd und Yr Wyddfa gut zu sehen. Dort wurde Artus von einem gegnerischen Pfeil getroffen und tödlich verwundet. Manche sagen, der König sei von seinen Rittern an seinem Sterbeort unter Steinen begraben worden. In den Kontext der Artussage passt die Erzählung besser, nach der die Ritter seinen Leichnam zum Glaslyn-See getragen haben. Dort wartete ein Boot mit drei weiß gekleideten, wunderschönen jungen Frauen. Artus' Schwert Excalibur wurde in die silbrig glitzernden Fluten des Glaslyn geworfen, dann nahmen die weißen Frauen den verstorbenen König und segelten mit ihm durch den aufkommenden Nebel nach Avalon. Seine Ritter verschanzten sich in einer der Höhlen am Y Lliwedd und warteten. Denn König Artus wird nach der Prophezeiung wiederkommen, wenn Wales in Gefahr ist.

Am **Bwlch y Moch** stößt der Crib Goch Pfad auf den Pyg Track. Über die linke Schulter bieten sich großartige Ausblicke zum Glylder Fawr und bis nach Llanberis mit seinen beiden Seen Llyn Peris und Llyn Padarn. Nun kommt bald der Pen-y-Pass in Sicht und damit das Ende dieser Gipfeltour.

GUT ZU WISSEN

Abenteuer 🔥🔥🔥
Natur
Schwierigkeit

Insel: Großbritannien
Von: Pen-y-Pass
Bis: Pen-y-Pass
Länge: 12,3 Kilometer
Höhenmeter: 942 (hinauf und hinunter)
Etappen: 1
Markierung: mehrere Wegsteine, gut erkennbare Pfade und Wege
Höchster Punkt: Yr Wyddfa, 1085 Meter

Das brauche ich:

- kräftiges Profil unter den Wanderstiefeln
- Kondition und Trittsicherheit
- Respekt vor Wetterumschwüngen

FAZIT

Eine mittelschwere Tour, die gleichzeitig eine Reise durch die Geschichte und die Legenden der Region Eryri bedeutet. Selbst bei dichtem Nebel wird auf dem Gipfelplateau deutlich, warum dieser Berg seit jeher die Menschen in seinen Bann zieht.

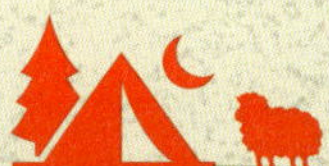

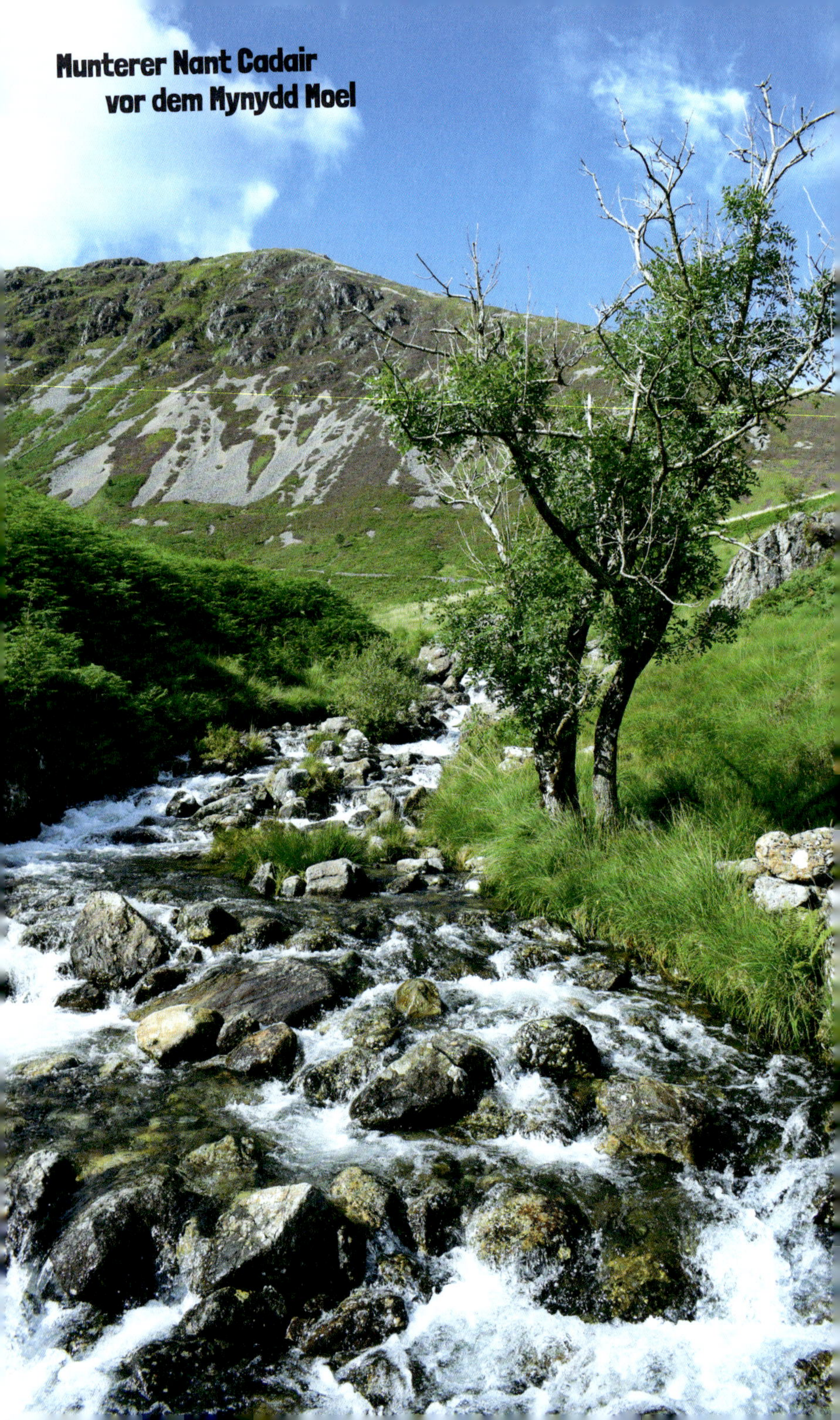

Munterer Nant Cadair vor dem Mynydd Moel

Cadair Idris

Majestätischer Berg im südlichen Eryri

Dieser Berg ist so gigantisch wie die Legende, die sich um ihn rankt. Denn Cadair Idris bedeutet „Stuhl des Idris“. Nach einer Legende machte es sich der Riese Idris in diesem wie ein Sessel geformten Tal bequem, um nachts die Sterne zu studieren und tagsüber sein gesamtes Königreich zu überblicken. Der erhabene Rundumblick auf dem Penygadair lässt dies ziemlich plausibel erscheinen. Es ist kein besserer Ort vorstellbar, an dem einem Herrscher so viele Berge und Hügel zu Füßen liegen.

Die Wanderung startet auf dem Wanderparkplatz hinter dem Minffordd Hotel. Das ist nach der Tour ein guter Anlaufpunkt, denn dessen Restaurant und Bar sind durchgehend geöffnet. Ganz im Gegensatz zum Tŷ Te Cadair, dem Cadair Tea Room and Visitor Centre am Ende des flachen Schotterwegs durch die parkähnliche Landschaft des **Dôl Idris**. Die kurzen Öffnungszeiten (10–17 Uhr oder 11–16 Uhr) sprechen eher Spaziergänger als Bergwanderer an. Falls es geöffnet ist, lassen sich dort auf der Terrasse bei Vogelgezwitscher und einem Blick in die Auen hausgebackener Kuchen und Bara Brith schlemmen.

Dahinter wird das National Nature Reserve durch ein Holztörchen betreten. Parallel zum Bach Nant Cadair führen die Stufen des Wegs bergauf durch den Eichenmischwald. Immer wieder hüpft der muntere Bach in **kleinen Wasserfällen** ins Tal. Die Landschaft öffnet sich, und der Weg führt durch saftig grünes Gras und Farn. Ein niedriger Holzpfosten bietet an einer Gabelung zwei Wegalternativen an: Links geht es zum Cwm Cau, rechts zum Mynydd Moel. Die Nationalpark-Ranger empfehlen, die Tour im Uhrzeigersinn zu laufen, um am Craig Cau in jedem Fall noch die nötigen Kraftreserven zu haben.

Der Aufstieg im Cwm Cau ist sanfter, die Berge rücken näher und bilden ein beeindruckendes Panorama. Vereinzelte

Felsbrocken und die U-förmigen Hänge machen darauf aufmerksam, dass das Cwm Cau ein Gletschertal ist. Ein besonders großer, abgerundeter Felsblock fällt ins Auge. Geologen sagen dazu Rundhöcker, solche Felsen entstehen am Grund eines Gletschers, das darüber hinwegfließende Eis schleift die Gesteinsoberfläche glatt. Hier führt der Rundweg nach links, doch neigt jeder dazu, geradeaus zum Ufer des **Llyn Cau** weiterzugehen. Nur zu, dort lässt sich eine angenehme Frühstückspause verbringen. Die hohen Felswände umschließen den See malerisch, die umliegenden Berge spiegeln sich im klaren Wasser.

INFO

Der lang gezogene Berg Cadair Idris hat neben dem Hauptgipfel Penygadair weitere vier Nebengipfel, die wegen fehlender Schartenhöhe keine eigenständigen Gipfel sind.

Auf dem Minffordd Path geht es über Stufen zum Craig Lwyd („grauer Fels") hinauf. Schon hier zeigt sich, ob Fitness und Trittsicherheit für die komplette Strecke ausreichen. Viele Wanderer legen einen weiteren Stein auf den Cairn (Steinhügel), der an trüben Tagen sehr hilfreich bei der Orientierung ist. Denn der eigentliche Weg führt dort nach rechts, geradeaus geht es ein paar Schritte zu einem Aussichtspunkt. An klaren Tagen fällt es schwer, sich vom Blick nach Süden zu lösen. Hinter dem dunklen Wasser des Llyn Mwyngil erheben sich die

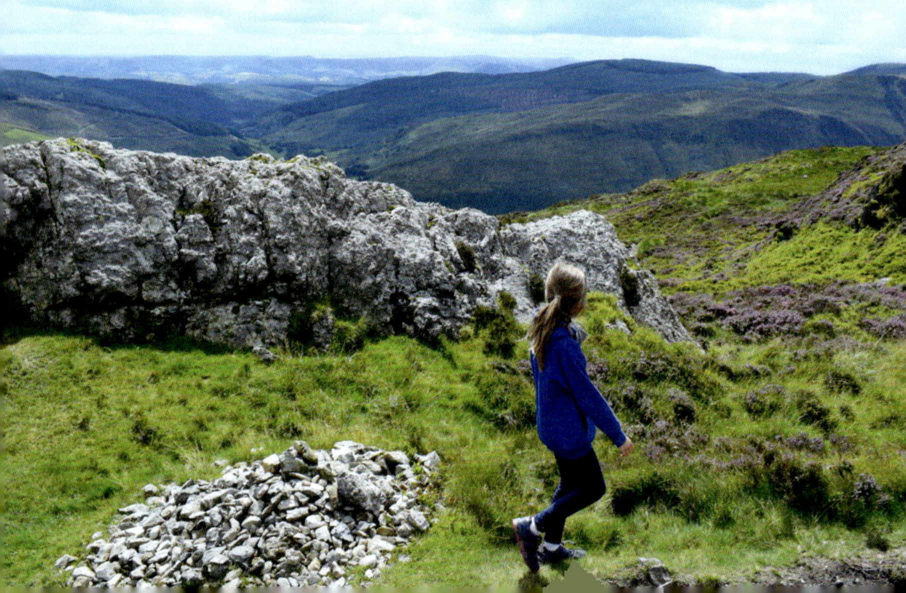

Breiter Grat mit coolen Blicken

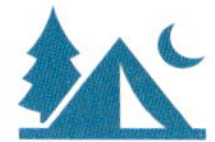

Tarren Mountains. Doch die Aussichten werden noch schöner, versprochen! Auf dem Weg zum 690 Meter hohen **Craig Llyd** zwingen unvergessliche Talblicke auf beiden Seiten des Grates immer wieder zum Anhalten.

Etwas kniffelig wird es beim Aufstieg zum **Craig Cwm Amarch** (791 Meter), im oberen Teil muss sich jeder seinen eigenen Weg durch das Geröllfeld suchen. Nun ist der härteste Teil der Tour geschafft, der Rest ist Ausdauer und Konzentration. Vom Gipfel ergibt sich ein Blick hinab zum Llyn Cau, bei dem selbst hartgesottene Wanderer ein leichtes Schwindelgefühl bekommen. Der Weg verliert nun einige Höhenmeter und führt durch offenes Grasland an den steilen Klippen des **Craig Cau** entlang. Sosehr der spektakuläre Blick hinab zum Llyn Cau auch locken mag: Abstand zu den Klippen ist dringend zu empfehlen, denn sie sind teilweise instabil.

Der Weg steigt weiter an, beschreibt einen Rechtsbogen, trifft auf den aus Dolgellau kommenden Pony Path und endet am **Penygadair**. So heißt die Spitze des Cadair Idris in 893 Metern Höhe. Der 360°-Panoramablick geht über den Llyn y Gader hinweg zum Badeort Barmuth an der Cardigan Bay, zur Llŷn-Halbinsel bis zur irischen Wicklow-Küste und über unzählige Erhebungen in ganz Eryri.

Jetzt ist die richtige Gelegenheit, das pure Gipfelglück zu genießen und sich aus der Rucksackverpflegung zu bedienen. Aber Vorsicht! Die Schafe auf dem Penygadair sind sehr zutraulich, nein, eher schon frech. Sie schnorren jeden Wanderer an, stecken ihre Nasen in offene Rucksäcke und klauen achtlos beiseitegelegte Sandwiches. Nichts ist vor ihnen sicher, sie fressen sogar Thunfisch-Sandwiches und Nudelsalat! Gesund kann das nicht für sie sein, aber in jedem Fall bequemer und abwechslungsreicher als das tägliche Gras-Einerlei.

Bei Nebel oder Wildwetter bietet ein gemauerter ***shelter*** („Schutzraum") bis zu 30 Wanderern den nötigen Witterungsschutz, bis eine Fortsetzung der Wanderung wieder gefahrlos

Das macht die Tour einzigartig!

Malerischer Karsee

Muntere Wasserfälle

Vorwitzige Schafe

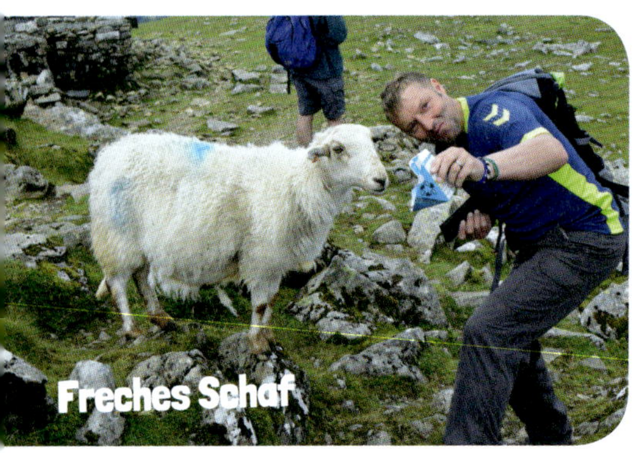
Freches Schaf

möglich ist. Selbst eine Notübernachtung auf dem Berg wäre darin möglich, wenn ein Abstieg zu gefahrvoll erscheint. Dies sollte aber wirklich nur im äußersten Notfall sein. Denn die Alten erzählen, dass jeder, der die Nacht auf dem Penygadair verbringt, entweder als Wahnsinniger zurückkehrt oder die Gabe der Poesie erhält.

Der Grund ist in der walisischen Mythologie zu suchen: Cadair Idris war das Jagdrevier für den Herrscher der walisischen Anderswelt Annwn. König Gwyn ap Nudd führte ein Rudel übernatürlicher Hunde (Cŵn Annwn) an, das durch die Nacht zog, um menschliche Seelen zu ernten. Wer das Bellen oder Heulen der Hunde hörte, starb bald darauf, und seine Seele wurde von den Hunden in die Unterwelt getrieben. Und genau wie jaulende Hunde bei einer wilden Jagd hört es sich an, wenn starke Winde über den Shelter hinwegtoben.

Auf dem Höhenweg zum Nebengipfel **Mynydd Moel** (863 Meter) sind auch Cambrian Way Rambler unterwegs. Der Gipfel gibt einen Blick auf den winzigen Bergsee Llyn Arran frei und auch über die gesamte Bergwelt des südlichen Eryri. Neben einem Weidezaun führt der Weg zunächst über Gras, später über Geröll und grobe Stufen bergab. Wann immer eine Pause nötig ist, lohnt sich ein Blick in die Natur, denn im Schutz der Felsbrocken wachsen Eiszeitrelikte wie die Krautweide. Die fantastischen Aussichten entschädigen für den kräftezehrenden, steilen Abstieg. Tiefe Blicke in das kesselförmige Cwm Cau und neue Perspektiven des Penygadair wechseln sich ab. Auch das Tal-y-Llyn-Tal kommt wieder in Sicht.

Oberhalb der flachen Kuppe des **Moelfryn** (370 Meter) schwenkt der Weg nach rechts, führt zurück zum Nant Cadair und folgt diesem zu dem Waldstück. Nun muss nur noch die Bachseite gewechselt werden, und es geht auf dem Wasserfallpfad zurück nach Minffordd oder auch erst mal nur in den Tŷ Te Cadair.

GUT ZU WISSEN

Abenteuer 4 von 5
Natur 5 von 5
Schwierigkeit 4 von 5

Insel: Großbritannien
Von: Minffordd, Wanderparkplatz Cadair Idris
Bis: Minffordd, Wanderparkplatz Cadair Idris
Länge: 9,8 Kilometer
Höhenmeter: 940 (hinauf und hinunter)
Etappen: 1
Markierung: einzelne Wegweiser
Höchster Punkt: Penygadair, 893 Meter

Das brauche ich:

- Trittsicherheit
- ausreichend Wasser und Proviant
- genügend Speicherplatz für die Fotos

FAZIT

Die großartige Runde durch Wald, Wiesen, Fels und über drei Gipfel ist jeden Schweißtropfen wert. Zur Belohnung gibt es atemberaubende Aussichten aus den verschiedensten Perspektiven und unerwartete Begegnungen mit zutraulichen tierischen Bergbewohnern.

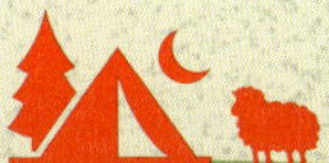

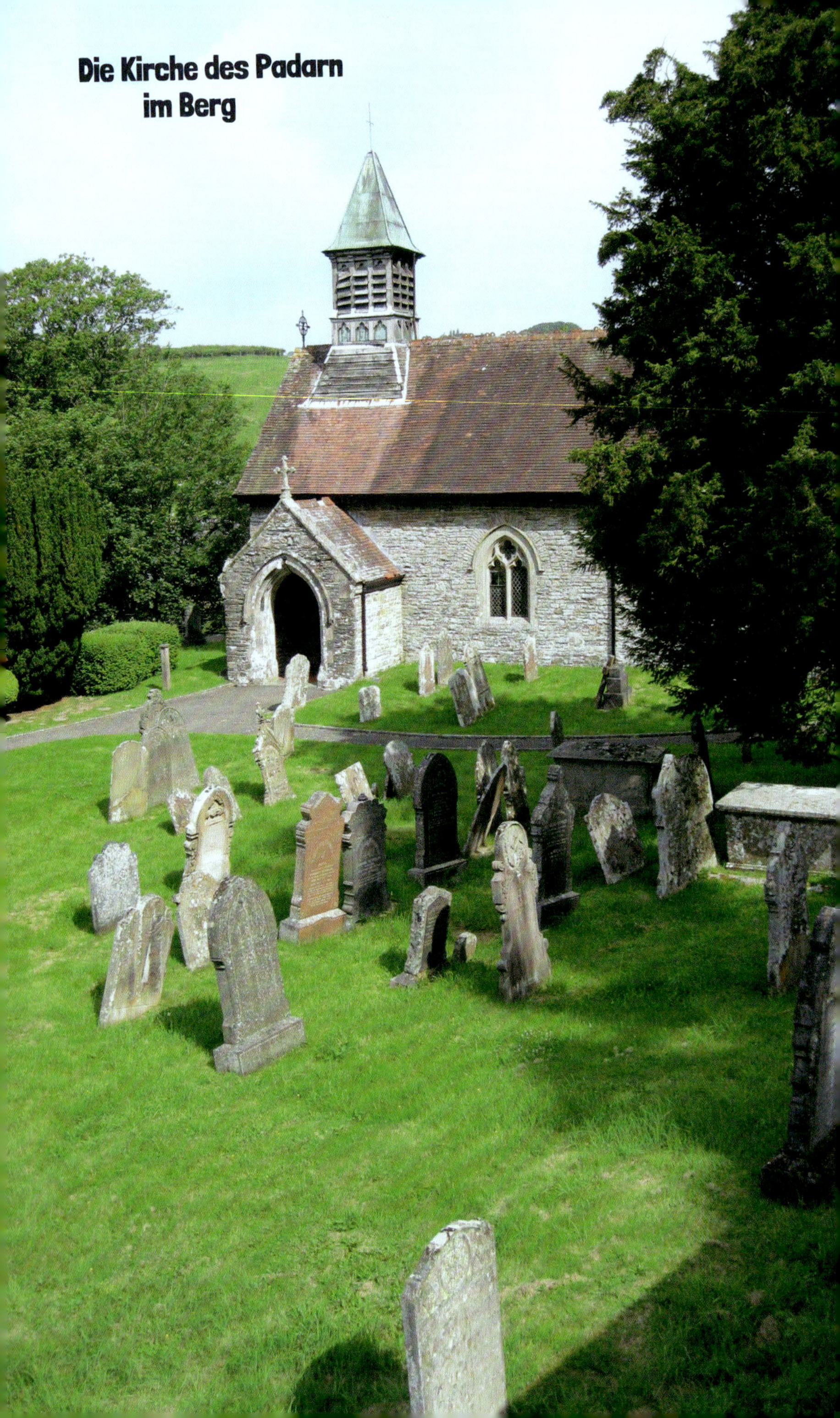
Die Kirche des Padarn
im Berg

Glyndŵr's Way

Auf den Spuren des walisischen Nationalhelden

Er ist ein typischer National Trail – und doch auf angenehme Weise ganz anders. Abseits bekannter Wege führt der Glyndŵr's Way durch abgeschiedene Landstriche, die kaum ein Reisender auf dem Laufzettel stehen hat. Malerische Stauseen, welliges Grasland und dichte Wälder begleiten den Weg, der so viel über den walisischen Nationalhelden Owain Glyndŵr und die turbulente Geschichte von Wales zu erzählen hat.

Wer durch Wales reist, wird vielerorts mit der Geschichte des Landes konfrontiert. Dies gilt umso mehr, wenn es sich um einen Fernwanderweg handelt, der eigens für den Anführer einer 6 Jahrhunderte zurückliegenden Rebellion geschaffen wurde. Um zu verstehen, wie es dazu kam, bedarf es einer Zeitreise ins Jahr 1400. Die Pest hatte ohnehin schon Leid und Elend über die Region gebracht, nun hatten die Engländer Wales erobert und schikanierten die Waliser, wo es nur ging. Die neuen Gesetze benachteiligten die Einheimischen gegenüber den englischen Landbesitzern in Wales. Ein ungerechter Richterspruch im Landstreit zwischen dem englischen Baron de Grey und Owain Glyndŵr brachte das Fass zum Überlaufen. Owain ließ sich von seinen Gefolgsleuten zum Prince of Wales ernennen. Dem charismatischen Führer gelang es, die Waliser zu vereinen, mehrere bedeutende Burgen zu erobern und Kontrolle über den Großteil von Wales zu erlangen. Owain Glyndŵr bildete in Machynlleth ein nationales Parlament. Doch die Engländer eroberten die Burgen zurück und nahmen Owains Frau und Kinder gefangen. Die Waliser wurden vernichtend geschlagen, und Owain Glyndŵr verschwand aus der Öffentlichkeit. Hielt er sich versteckt, oder war er getötet worden? Keiner weiß es so genau. Obwohl – oder weil – er diesen letzten Freiheitskampf verlor und sein Ende im Nebel der Geschichte verborgen bleibt, wird Owain

Glyndŵr bis heute von den Walisern als Nationalheld gefeiert, und der **Glyndŵr-Aufstand** ging als letzter walisischer Unabhängigkeitskampf in die Geschichte ein.

In **Knighton**, das manchem Fernwanderer vom Offa's Dyke Path bekannt ist, beginnt der Glyndŵr's Way in der Ortsmitte am Uhrturm. Schon der Garth Hill bietet die ersten Aussichten in das Tal des River Teme, keine 2 Kilometer weiter bezaubert Bailey Hill mit weiteren Blicken ins umliegende Hügelland. Nur 4 Kilometer südlich, auf dem Bryn Glas, endete 1402 die Schlacht von Pilleth mit einem klaren Sieg der Waliser, nachdem mitten im Kampfgetümmel die walisischen Soldaten der englischen Armee zu den Rebellen übergelaufen waren.

INFO

Knighton und Welshpool haben Bahnanschluss, ebenso Machynlleth auf halber Strecke.

Glyndŵr und seine Mannen waren in dem abgeschiedenen Hügelland der Radnorshire Hills sehr schnell unterwegs und für die ortsunkundigen Engländer kaum zu fassen. Die Landschaft hat sich seither kaum verändert, es geht auf den alten Nebenstraßen und Wegen über sanfte Hügel, durch alte Wälder und vorbei an abgelegenen Höfen, Weilern und Dörfern. Hinter Felindre führt der Weg unmittelbar am **Castell-y-blaidd** („Wolfsburg")

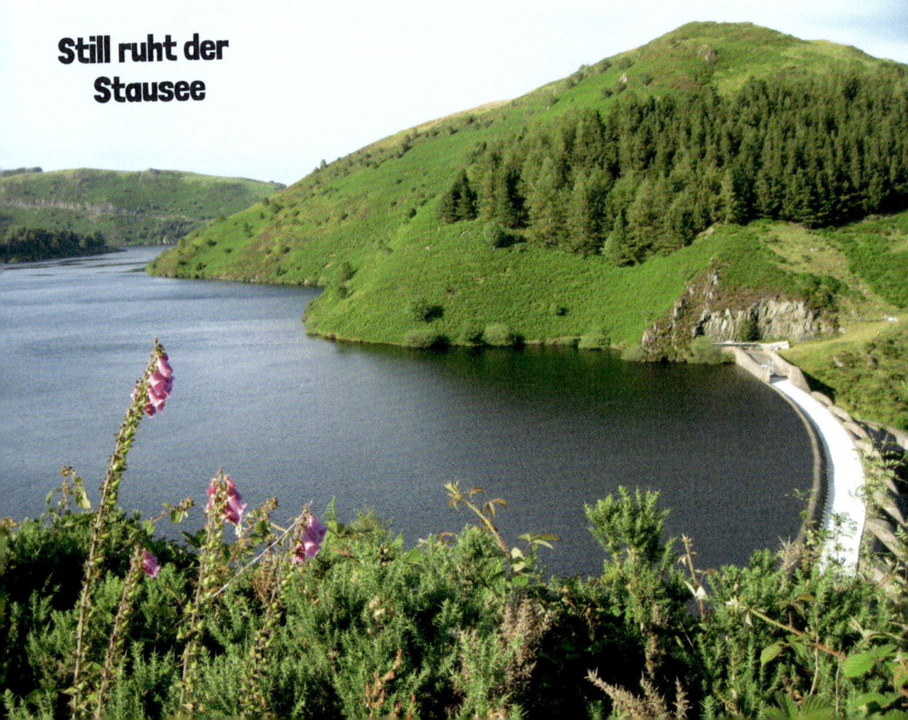

Still ruht der Stausee

vorbei, dessen Grundriss sich hufeisenförmig im grasbewachsenen Hügel abzeichnet.

Der nächste Ort heißt Llanbadarn Fynydd, das bedeutet „Kirche des Padarn im Berg“, er trägt damit den Namen der hübschen Dorfkirche, die nach dem Abtbischof Padarn aus dem 6. Jahrhundert benannt wurde. Doch es kommt noch besser: Nur eine halbe Tagesetappe entfernt liegt **Abbeycwmhir**. Das kleine Dorf wurde nach der Zisterzienserabtei Cwmhir benannt, *cwm hir* heißt „langes Tal“. Etwas größenwahnsinnig war es ja schon, ab 1143 mitten in der walisischen Provinz eine 14-schiffige Kirche zu bauen. Sie war damit länger als Westminster Abbey oder die Kathedrale von Canterbury. Abtei und Kirche wurden 1401 von Glyndŵrs Truppen niedergebrannt, aber rasch wieder aufgebaut. Llywelyn ap Gruffud liegt hier begraben, der einzige Waliser, der jemals vom englischen Königshaus als Prince of Wales anerkannt wurde. Die gut erhaltene Pfarrkirche St Mary in Abbeycwmhir aus dem Jahr 1680 mit ihrem kunstvollen Kirchturm ziert vermutlich das Fotoalbum jedes Glyndŵr's Way Walkers.

Das macht die Tour einzigartig!

- **Kreisende Rotmilane**
- **Malerische Stauseen**
- **Powis Castle Gardens**

Der Weg schlängelt sich durch offenes Grasland und kleine Wäldchen nach Llanidloes, wo die Fachwerk-Markthalle aus dem 15. Jahrhundert ein ebenso beliebtes Fotomotiv darstellt. Die Kirche hat ihren Namen von St Idloes, einem Heiligen aus dem 7. Jahrhundert. Von dem kleinen Marktstädtchen am Severn geht es zum Stausee Lynn Clywedog. Dieses Gebiet wird auch **Red Kite Country** genannt: Nun ist die Chance besonders groß, einen Rotmilan im Suchflug oder bei der Fischjagd zu erleben. Durch raue Ödnis führt der Weg oberhalb des Glaslyn („Blausee“) mit fantastischen Rundumblicken zum höchsten Punkt der Tour, das ist der Bwlch y Graig unterhalb des Foel Fadian. An einem klaren Tag lohnt sich der kleine Abstecher zum Gipfel.

Owain Glyndŵr bestimmte Machynlleth, Dolgellau und Harlech zu Versammlungsorten für das Parlament des freien

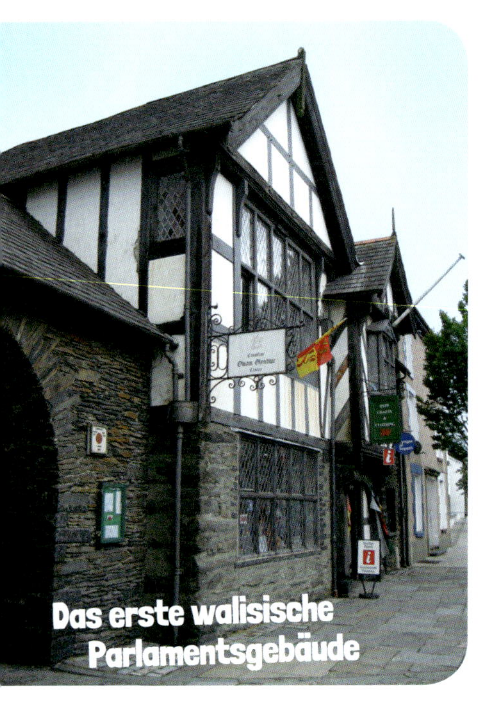

Das erste walisische Parlamentsgebäude

Wales. Seine Krönung fand in **Machynlleth** statt, das verschaffte dem Ort den Status als historische walisische Hauptstadt. Im historischen Parliament House aus dem Jahr 1404 befindet sich heute das Owain Glyndŵr Centre mit einer ansprechenden Ausstellung.

Nun schwenkt der Weg wieder nach Osten und macht im Dyfnant Forest einen Schlenker nach Norden, um den Stausee **Lake Vyrnwy** zu erreichen. Die Waliser sagen übrigens Llyn Efyrnwy oder Llyn Llanwddyn. Gebaut wurde der Staudamm in den 1880er-Jahren als Trinkwasserreservoir für Liverpool, das Dorf Llanwddyn verschwand am Grund des seinerzeit größten Stausees Europas. In seiner Nähe können Buntspechte, Turmfalken und Bussarde beobachtet werden. Was da aus der Ferne wie zu groß geratene Enten mit struppigen Kopffedern wirkt, sind Gänsesäger.

In Pont Llogel trifft der Weg auf den 11 Kilometer langen Ann Griffith's Walk, für den manch ein Literaturfreund den Glyndŵr's Way verlässt und erst wieder in Pontrobert hinzustößt. **Ann Griffiths**, die nur 3 Jahre zur Schule ging, war eine der bedeutendsten Dichterinnen in walisischer Sprache. Sie wurde nur 29 Jahre alt, in Dolanog steht eine Kapelle, die an sie erinnert.

Der Glyndŵr's Way endet in Welshpool am Montgomery Canal. Anders als die meisten anderen Burgen in Wales ist **Powis Castle** noch sehr gut erhalten. Sie wurde von Glyndŵrs Männern schon zu Beginn des Aufstands angegriffen, aber umso schöner wieder aufgebaut. Es hat etwas Erhebendes, nach einer solchen Wanderung durch die liebevoll gepflegten Gärten und Parks zu schreiten und sich die Zeit zu nehmen, die getäfelten Wohnräume mit ihrem noblen Interieur zu besuchen.

GUT ZU WISSEN

Abenteuer 3/5
Natur 4/5
Schwierigkeit 2/5

Insel: Großbritannien
Von: Knighton
Bis: Welshpool
Länge: 219 Kilometer
Höhenmeter: 5975 hinauf, 6089 hinunter
Etappen: 9
Markierung: auf dem Hut stehende Eichel (National Trail)
Höchster Punkt: Höhenweg beim Foel Fadian, 510 Meter

Das brauche ich:

- solides Fitnessniveau
- wind- und regenfeste Kleidung
- Karte und Kompass für Nebeltage

FAZIT

Dieser Weg hat sich seinen Platz in den Top 30 mit seiner sympathischen Unaufgeregtheit verdient. Nur wenige Wanderer kennen ihn, doch wer ihn läuft, öffnet schnell sein Herz für das grüne „Heart of Wales".

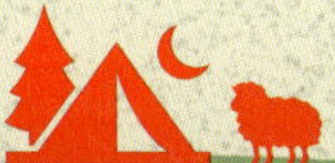

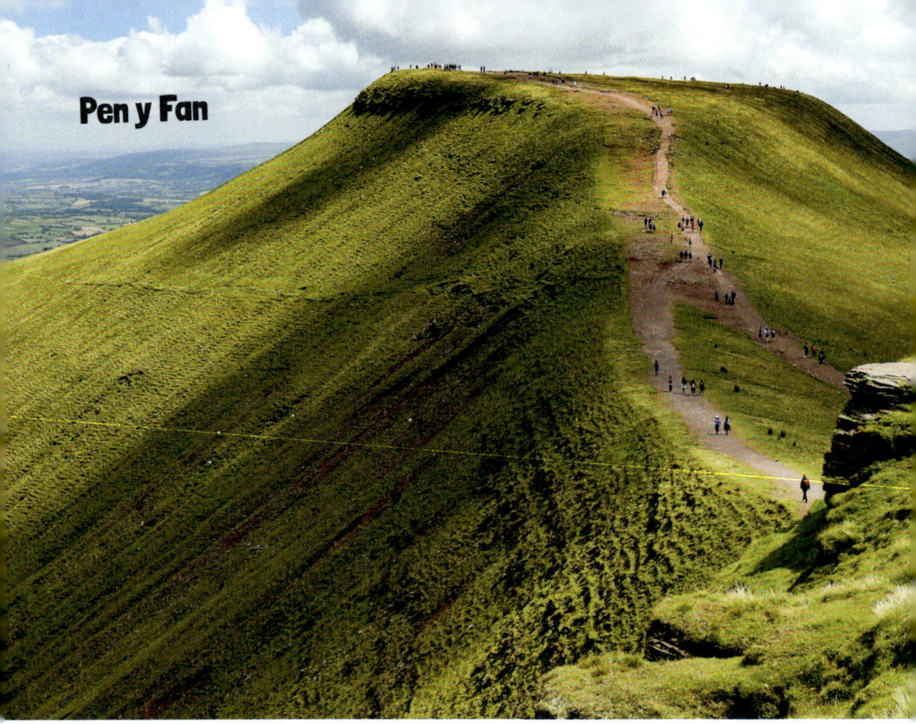

Pen y Fan

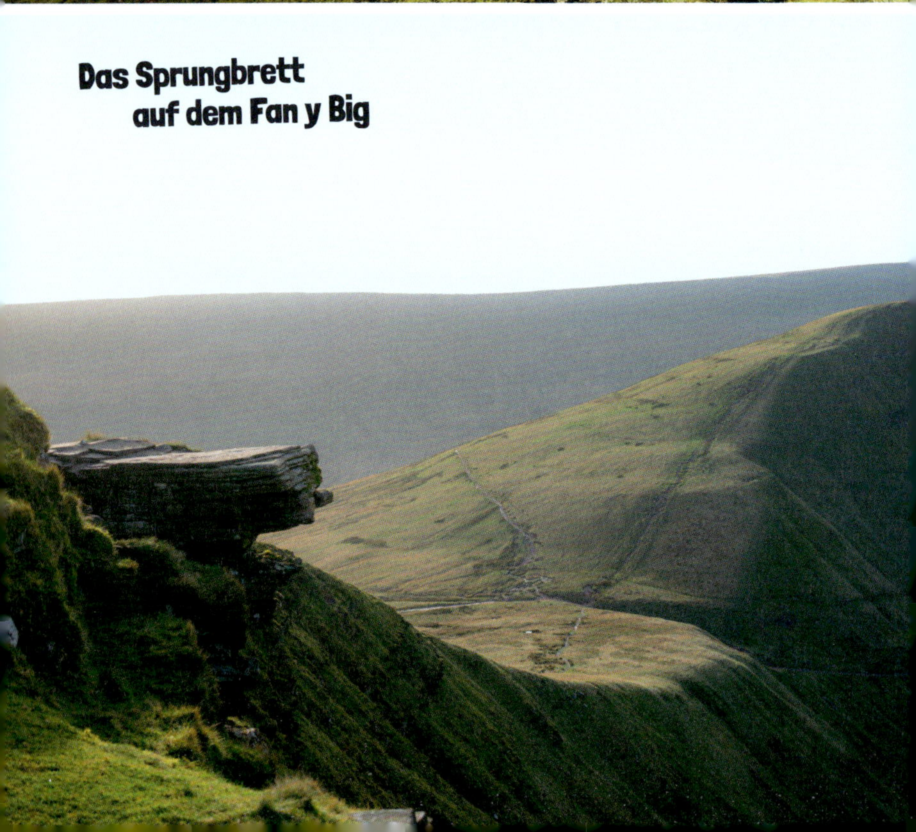

Das Sprungbrett
auf dem Fan y Big

Das Beacons-Hufeisen

Kammwanderung über die vier höchsten Beacons

Der Pen y Fan ist Anziehungspunkt für jeden Wanderer, der im Bannau-Brycheiniog-Nationalpark unterwegs ist. Über einen hufeisenförmigen Kamm sind die wichtigsten Gipfel der Bergkette verbunden. Es drängt sich geradezu auf, sie alle nacheinander zu besuchen und damit den Triumph eines Aufstiegs zum höchsten Punkt im südlichen Großbritannien zu einer traumhaften Tageswanderung auszudehnen.

Der Gebirgszug lag im Mittelalter im unabhängigen Königreich Brycheiniog. Der Begriff Bannau kommt vom walisischen Wort *ban* („Gipfel“), es sind also die Gipfel des Königreichs Brycheiniog. Der englische Name **Brecon Beacons** erinnert daran, dass im Mittelalter *beacons* („Leuchtfeuer“) auf gut sichtbaren Berggipfeln angezündet wurden, um vor Angreifern zu warnen. Eine zweite Erklärung leuchtet jedem ein, der das Panorama einmal bei Sonnenaufgang oder -untergang erlebt hat: Das Alpenglühen taucht die Bergspitzen in ein leuchtendes Rot, sie scheinen zu brennen wie Leuchtfeuer.

Im Tal des Taf Fechan führt die alte Zufahrtsstraße des ehemaligen **Upper Neuadd Reservoirs** gemächlich bergauf. Sie wird nur noch selten befahren, meist von Militärfahrzeugen, die Mitglieder der britischen Spezialeinheiten zu ihren Trainingstouren bringen. Hinter der Ruine des alten Filterhauses geht es am Wehr nach links, über den Taf Fechan und dahinter steil bergauf zum Twyn Mwyalchod (642 Meter). Die ersten 240 Höhenmeter sind geschafft, der Weg wird flacher.

Der breite Grat erstreckt sich nach Norden. Die Waliser haben zwei Namen für ihn: Craig Gwaun Taf („grasbewachsener Fels des Taf“) und Rhiw yr Ysgyfarnog („Hügel des Hasen“). Der zweite Name darf als Warnung verstanden werden, auch wenn die Löcher in den Hängen eher von Kaninchen als von echten Hasen stammen. Der bislang angenehm ruhige Weg trifft am

INFO

Eine leichtere **Alternativroute** beginnt am Pont ar Daf. Hin- und Rückweg sind nur 6,5 Kilometer lang.

Pass **Bwlch Duwynt** auf den Weg, der von der Brücke Pont ar Daf heraufkommt. Er ist der leichteste und beliebteste Weg zum Pen y Fan und wird deshalb auch The Motorway genannt. Auf ihm verläuft auch der Beacons Way, ein empfehlenswerter Fernwanderweg, der auf 160 Kilometern Länge durch den gesamten Nationalpark mäandert. Es wird also gesellig auf dem nächsten Kilometer. Den Berg hinaufhetzende Hiker nehmen möglicherweise an der Welsh Three Peaks Challenge teil. Sie besteigen Yr Wyddfa im Norden, Cadair Idris in Mittelwales und Pen y Fan im Süden innerhalb von 24 Stunden.

Die dunklen Felsen auf dem Gipfel sind namensgebend für den **Corn Du** (873 Meter), den schwarzen Berg. Auf dem Gipfelplateau befand sich eine Grabkammer aus der Bronzezeit, in der bei Ausgrabungen im Jahr 1991 eine Speerspitze und eine bronzene Brosche gefunden wurden. Hier stößt über den Grat Craig Cwm Llwch noch der Cambrian Way hinzu, über den zahlreiche Wanderer am Storey Arms Centre ihren Gipfelsturm beginnen. Ab hier geht es deshalb an manchen sonnigen Tagen zu wie im Flughafen am ersten Ferientag. Doch keine Sorge, hinter dem Pen y Fan ist der Spuk schnell vorbei.

Nach Nordwesten öffnet sich ein neues Panorama ins Llwch-Tal mit dem kleinen Bergsee **Llyn Cwm Llwch**. Es heißt, dass jedes Jahr am Maifeiertag in der Mitte des Sees eine verzauberte Insel voller Elfen erschien. Die Elfen luden die Menschen ein, und sie feierten, speisten, tranken und tanzten. Den Besuchern war aber

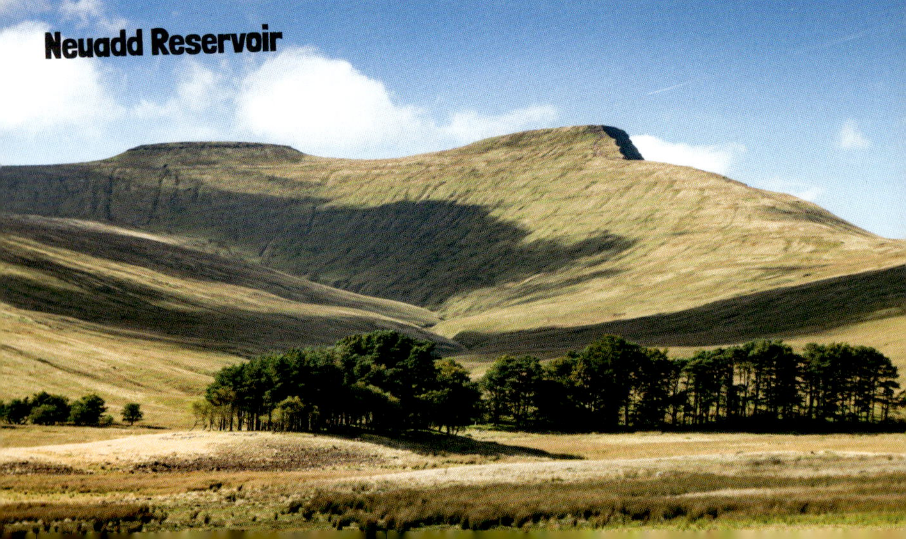
Neuadd Reservoir

verboten, etwas von der Insel mitzunehmen. Ein besonders gieriger Gast hielt sich aber nicht daran und ließ eine hübsche Blume mitgehen. Als er das Ufer erreichte, verlor er den Verstand, und die Elfeninsel ward nie mehr gesehen. Noch trauriger ist die zweite Geschichte, die bei diesem Panorama erzählt werden will: Bei genauem Hinsehen lässt sich über dem See ein Obelisk ausmachen. Er erinnert daran, dass genau an dieser Stelle im Jahr 1900 ein kleiner Junge tot aufgefunden wurde. Der 5-Jährige hatte sich verirrt und war erst nach 29-tägiger Suche dort oben entdeckt worden.

Es sind nur etwa 10 Minuten bis zum Gipfelplateau des **Pen y Fan** (886 Meter), der Name bedeutet „der oberste Gipfel". Der National Trust hat einen Gipfelstein am höchsten Punkt aufgestellt. Um dort ein Beweisfotos zu schießen, kann es zu längeren Wartezeiten kommen. Wer darauf verzichten kann oder einen günstigen Zeitpunkt erwischt hat, kann es sich sofort bequem machen und sich dem Panorama widmen. Bei klarer Sicht kann im Norden sogar der Cadair Idris erahnt werden. Sollte Nebel aufziehen, haben die Einheimischen dafür auch eine Erklärung: Einige behaupten, dass der Nebel, der die Bergspitzen umgibt, von den Atemzügen des Drachen kommen, der unter den Bergen schläft.

Das macht die Tour einzigartig!

- **Der lange Kammweg**
- **Spektakuläre Aussichten**
- **Die frische Brise**

Aus dieser Warte lässt sich sehr gut erkennen, dass die Bergkette aus Old-Red-Sandstein besteht, der in Großbritannien weit verbreitet ist. In geschützten Lagen ist er krautig überwachsen oder liegt unter Gras verborgen. Doch auf den stark begangenen Wegen ist das rote Gestein vielfach gut zu erkennen. Der National Trust ist sehr darum bemüht, die fortschreitende Erosion zu verlangsamen, und lässt an besonders empfindlichen Stellen Steinplatten verlegen. So auch beim steilen Abstieg vom Pen y Fan. Hier befanden sich unzählige Trampelpfade, die empfindliche Bergflora litt sehr unter dieser Wanderstiefelerosion. Nun führen Steinstufen nach Südosten den Berg hinab, bekannt

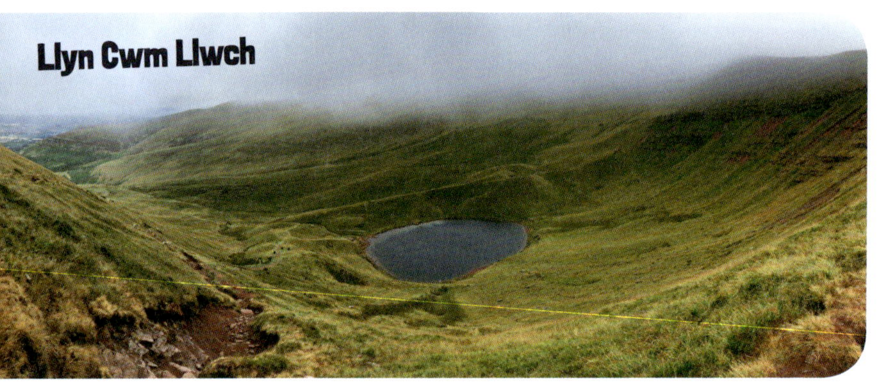

Llyn Cwm Llwch

unter dem Namen **Jacobs Ladder**, die von den meisten Besuchern dankbar angenommen werden.

Der Grat Craig Cwm Sere führt hinüber zum **Cribyn** (795 Meter), und zwar mit einmaligen Blicken in die wilde Einsamkeit des Tals Cwm Sere. Darin mäandert der Nant Sere, und an dessen Ende ist ein Waldstück zu erkennen. Es wird gesagt, dass die Brecon Beacons im 19. Jahrhundert ein Rückzugsort für Schafsdiebe war. Die Schmuggler nutzten die abgelegenen Pfade, um ihren verbotenen Geschäften nachzugehen. Beim Blick hinab in dieses Tal ist das nur zu gut vorstellbar.

Der nächste Grat führt zum Pass Bwlch ar y Fan hinab und dahinter zum letzten Gipfel des Hufeisens, dem **Fan y Bîg** (717 Meter). Ein rechteckiger überstehender Fels namens The Diving Board ist ein weiterer Fotopunkt, auf dem sehr viele Wanderer posieren. Bergvögel wie Mäusebussard, Wanderfalke und Rotmilan spielen mit der Thermik, lassen sich immer wieder in die Höhe tragen und stürzen sich auf eine unvorsichtige Maus.

Der Fan y Bîg wird über seinen Südgrat verlassen. Wenn der Grat sich nach Osten auszubreiten beginnt, nimmt dieser Rundweg Abschied vom Bergkamm und führt in südwestlicher Richtung zurück zu dem **ehemaligen Stausee**. Die dort brütenden Rebhühner und Birkhühner sind zu gut getarnt, aber mit etwas Glück steigt eine Feldlerche auf und singt ihr Lied. Die flache Strecke zurück zum Parkplatz wird schon mit Gesprächen über die berauschenden Gipfelerlebnisse gefüllt – oder mit den Planungen für die nächste Tour durch die Bergwelt im Bannau-Brycheiniog-Nationalpark.

GUT ZU WISSEN

Abenteuer 4/5
Natur 4/5
Schwierigkeit 4/5

Insel: Großbritannien
Von: Wanderparkplatz Neuadd
Bis: Wanderparkplatz Neuadd
Länge: 14,8 Kilometer
Höhenmeter: 742 (hinauf und hinunter)
Etappen: 1
Markierung: keine
Höchster Punkt: Pen y Fan, 886 Meter

Das brauche ich:

- Karte, Kompass und die Fähigkeit, damit umzugehen
- genügend Wasser und Proviant
- regendichte, warme Kleidung

FAZIT

Eine nicht zu unterschätzende Wanderung, die mit einmaligen Panoramablicken begeistert. Sie wird auch beim zweiten und dritten Mal nicht langweilig, denn die Bergwelt verändert sich mit den Jahreszeiten. Besonders schön ist es im warmen Licht des Herbstes.

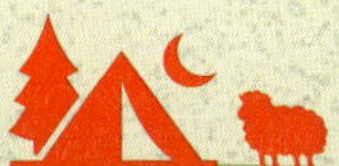

Moel Arthur

Offa's Dyke Path

Auf dem Grenzwall von Küste zu Küste

„You are walking with Offa!" Diese erfreute Feststellung werden Sie im englisch-walisischen Grenzland öfter hören. Wer ist denn dieser unsichtbare Wanderfreund? König Offa herrschte im 8. Jahrhundert über das angelsächsische Mercia. Er ließ einen Grenzwall zwischen seinem Königreich und den keltischen Fürstentümern bauen. Das Königreich und die Fürstentümer sind längst vergangen. Was blieb, ist das längste antike Monument Großbritanniens.

Nur noch kurz ein Foto mit dem Startstein auf den **Sedbury Cliffs**, dann geht es los zu einer Wanderung, bei der Offa's Grenzziehung immer noch von Bedeutung ist. An manchen Tagen geht es im Zickzack zwischen England und Wales hin und her, an anderen Tagen verläuft der Weg sogar auf der Grenze. Wie gut, dass dies heutzutage kein Problem mehr ist! Der offizielle Startpunkt liegt in England zwischen den Flüssen Wye und Severn. Doch schon der erste sehenswerte Ort, Chepstow, liegt auf der anderen Seite des Wye und damit in Wales. Dort endet der 1400 Kilometer lange Wales Coast Path.

Auf den Höhenwegen des Wyetals führt der Weg durch schattige Wälder und über sonnengeflutete Wiesen. Wer noch nie in der Gegend war, wird auf halber Strecke vielleicht ins Tal absteigen, um sich die faszinierenden Ruinen der gotischen Zisterzienserabtei Tintern Abbey anzusehen. Hinter Redbrook geht es über die Grenze nach Wales, und die Wegweiser werden zweisprachig: Llwybr Clawdd Offa heißt der Offa's Dyke Path auf Walisisch. In der Marktstadt **Monmouth** führt seit dem 13. Jahrhundert die Monnow Bridge über den Monnow, einen Zufluss des Wye, die einzige erhaltene britische Wehrbrücke mit einem Turm auf (!) der Brücke.

Neben langen Hecken und über Felder und Weiden geht es am nächsten Tag zum White Castle und nach Pandy. Diese kleine Ansammlung von Häusern und Bauernhöfen ist der Startpunkt für einen langen Wandertag, der unvergessliche Eindrücke beschert. Der Aufstieg zum Bergrücken der **Hatterall Ridge** führt am eisenzeitlichen Fort Pentwyn entlang und fällt dank seiner sanften Steigung überraschend leicht. Doch die schiere Länge der Strecke durch das Hochmoor darf nicht unterschätzt werden, denn es geht 11 Kilometer ohne jeden Witterungsschutz leicht bergauf. Das kann an einem heißen Sonnentag, im Nebel oder bei Dauerregen eine echte Herausforderung sein – und bei Gewitter lebensgefährlich! Unmerklich und ungekennzeichnet überschreitet der Weg den höchsten Punkt des Twyn Llech/Black Mountain. Die weiten Aussichten vom Hay Bluff – und vielleicht sogar eine Begegnung mit Wildpferden – entschädigen sofort für die Anstrengung. Nach diesem großartigen Wandertag ist in **Hay-on-Wye** – der Fluss hat uns wieder – hoffentlich noch Zeit genug für Besuche in den vielen Buchläden, die der Stadt den Beinamen „Town of Books“ verschafften.

INFO

Die Wanderung führt durch drei Areas of Outstanding Natural Beauty: das Wye Valley im Süden, die Shropshire Hills bei Knighton und die Clwydian Range im Norden.

Auf und ab führt der Weg vom Wyetal durch die Shropshire Mountains nach Gladestry und über die **Hergest Ridge** nach Kington. Wildpferde grasen neben kleinen Tümpeln, über dem breiten Kammweg kreisen Red Kites, Rotmilane. Über den an-

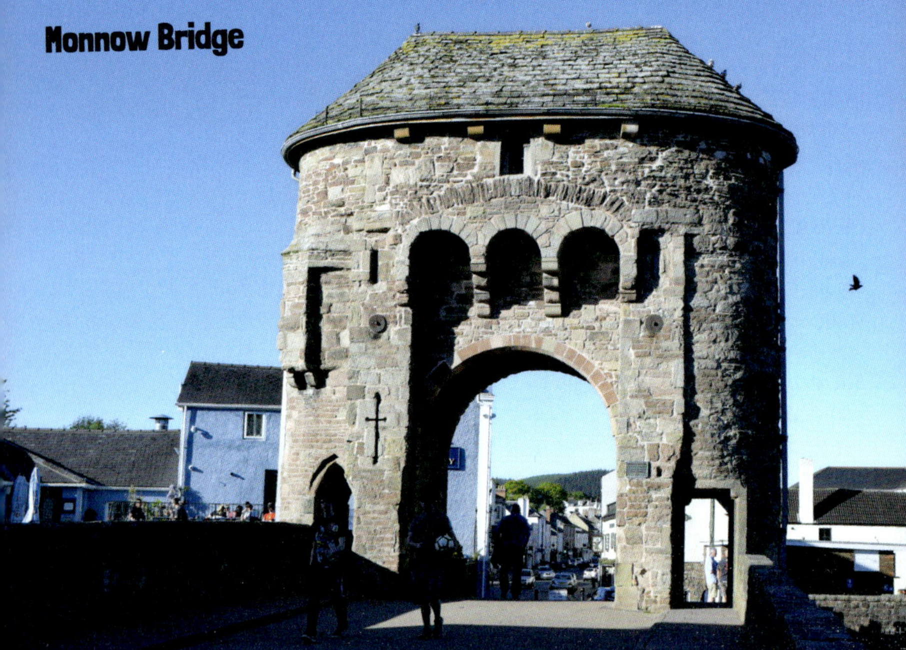

Monnow Bridge

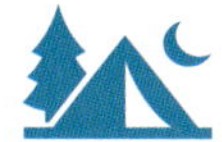

geblich höchstgelegenen Golfplatz Englands geht es hinter Kington zu den Welsh Marches, so wird hier das Grenzland genannt. Nun ist auch der Offa's Dyke gut zu erkennen. Bis vor einigen Jahren wurde hier auf dem Wall gewandert, und es hieß noch „Walking the Dyke". Inzwischen hat ein Umdenken stattgefunden: Der Dyke soll besser geschützt werden, also verläuft der Weg nun daneben, und es heißt neuerdings „Walking with Offa".

Dazu passt dann auch der Name der nächsten Stadt, denn **Knighton** heißt auf Walisisch Tref Y Clawdd, das ist die Stadt auf dem Damm. Am Uhrturm beginnt der Glyndŵr's Way, er führt über die Cambrian Mountains nach Machynlleth und trifft in Welshpool wieder auf den Offa's Dyke Path. Im Offa's Dyke Centre gibt es umfassende Informationen zu Offa, seinem Dyke und dem Path. Nur wenige Schritte dahinter stoppt fast jeder Wanderer, um sich mit einem Fuß in Wales und dem anderen in England fotografieren zu lassen. Diese Albernheit muss einfach sein, bevor es am Waldrand des Kinsley Woods den steilen Panpunton Hill hinaufgeht. Auf und ab führt der Weg mit großartigen Fernblicken durch die Hügellandschaft, an trockenen Tagen ist dies eine der schönsten Etappen des gesamten Weges. Auf dem Llanfair Hill wachsen knorrige Kiefern, und nach dem Abstieg durch den Churchtown Wood ist der nächste Lacher fast schon unvermeidlich: Der Name Churchtown suggeriert eine Stadt, vor Ort gibt es hingegen nichts außer der einsamen St-Johns-Kapelle.

Das macht die Tour einzigartig!

- **Hochmoore**
- **20 Grenzübertritte**
- **Das Pontcysyllte-Aquädukt**

Hinter der alten Grenzstadt Montgomery ist der Dyke ein steter Begleiter durchs Hügelland. Zwischen Welshpool und – Achtung, Zungenbrecher! – Llanymynech können sich die Beine etwas erholen, ohne nennenswerte Höhenmeter verläuft der Weg auf dem Leinpfad des Montgomery Canal und auf den Hochwasserdeichen des River Severn. Am kahlen Sandsteinfels der Llanymynech Rocks beginnt das nächste abwechslungsreiche Wegstück über die Hügel zur Hochebene von Oswestry. Sobald

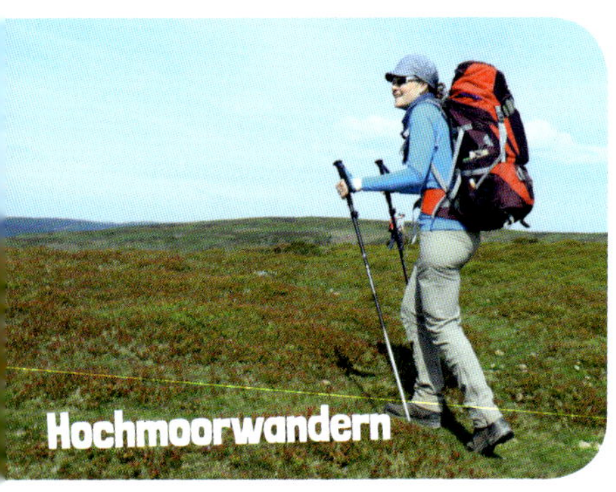
Hochmoorwandern

Chirk erreicht ist, kann Vorfreude aufkommen, denn nach einer Besichtigung des 1310 gebauten Schlosses Chirk Castle führt der Weg neben dem Llangollen Canal zum **Pontcysyllte-Aquädukt**, dem höchsten schiffbaren Aquädukt in Großbritannien. Auf 19 soliden Brückenpfeilern ruht seit 1805 eine schiffbare gusseiserne Rinne in bis zu 40 Metern Höhe. Sie ist nur wenige Zentimeter breiter als die Narrowboats der Hobbykapitäne, die das Aquädukt auf dem Weg nach Llangollen überqueren. Kalt lässt der Blick ins Tal niemanden, Wandersleute und Skipper reagieren je nach Naturell mit Begeisterung oder Angstschweiß. Der Treidelpfad neben dem Kanaltrog ist immerhin durch ein Geländer geschützt. Die Bootsinsassen haben einen freien Blick auf den tief im Tal munter rauschenden River Dee.

Auf dem Panorama Walk oberhalb von **Llangollen** bieten sich Aussichten ins Deetal und zur Ruine des Castell Dinas Bran. Auf den steinigen Pfaden an den Westhängen der Eglwyseg Mountains ist auf dem Weg zum World's End etwas Trittsicherheit gefragt. Dahinter wäre ein schnelleres Ausschreiten wieder möglich, aber wozu durch das bezaubernde Hochmoor von Cyrn-y-Brain mit seinen weichen Torfwegen hetzen? Langsam und leise gehend lassen sich auch die Moorhühner viel besser entdecken und beobachten.

Die Quelle St Tecla soll Epilepsie heilen und war früher ein Pilgerziel. Heute ist das Örtchen Llandegla das Tor zu den Höhen der **Clwydian Range**. In der eindrucksvollen Hügellandschaft mit seinen eisenzeitlichen Forts nimmt der Offa's Dyke Path jeden Gipfel mit, natürlich auch den 554 Meter hohen Moel Famau.

In **Prestatyn** endet der Weg nicht etwa am Offa's Dyke Centre oder an der Skulptur Dechrau A Diwedd (walisisch für „Anfang und Ende"). Es wird gesagt, dass der Dyke auf der heutigen Straße Fford-Ias/Bastion Road verlief und erst in der Irischen See endete. Es ist daher eine gute Tradition, am Ende der Wanderung die Schuhe abzustreifen und ins Meer zu waten – und zwar *as far as you dare*.

GUT ZU WISSEN

Abenteuer 4/5
Natur 4/5
Schwierigkeit 3/5

Insel: Großbritannien
Von: Sedbury Cliffs
Bis: Prestatyn
Länge: 284 Kilometer
Höhenmeter: 8222 hinauf, 8248 hinunter
Etappen: 12
Markierung: auf dem Hut stehende Eichel (National Trail)
Höchster Punkt: Twyn Llech Black/Mountain, 703 Meter

Das brauche ich:

- genügend Ausdauer
- Offa's Dyke Path Passport
- Schwindelfreiheit für das Aquädukt

FAZIT

Burgen, Klosterruinen und Hügelfestungen. Quirlige Marktstädtchen und Einsamkeit am World's End. Beachtliche Berge, sanfte Hügel und verwunschene Wälder. Rotmilane, Moorschneehühner und Merline. Dieser Fernwanderweg bietet einfach alles!

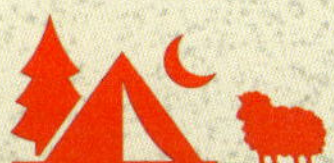

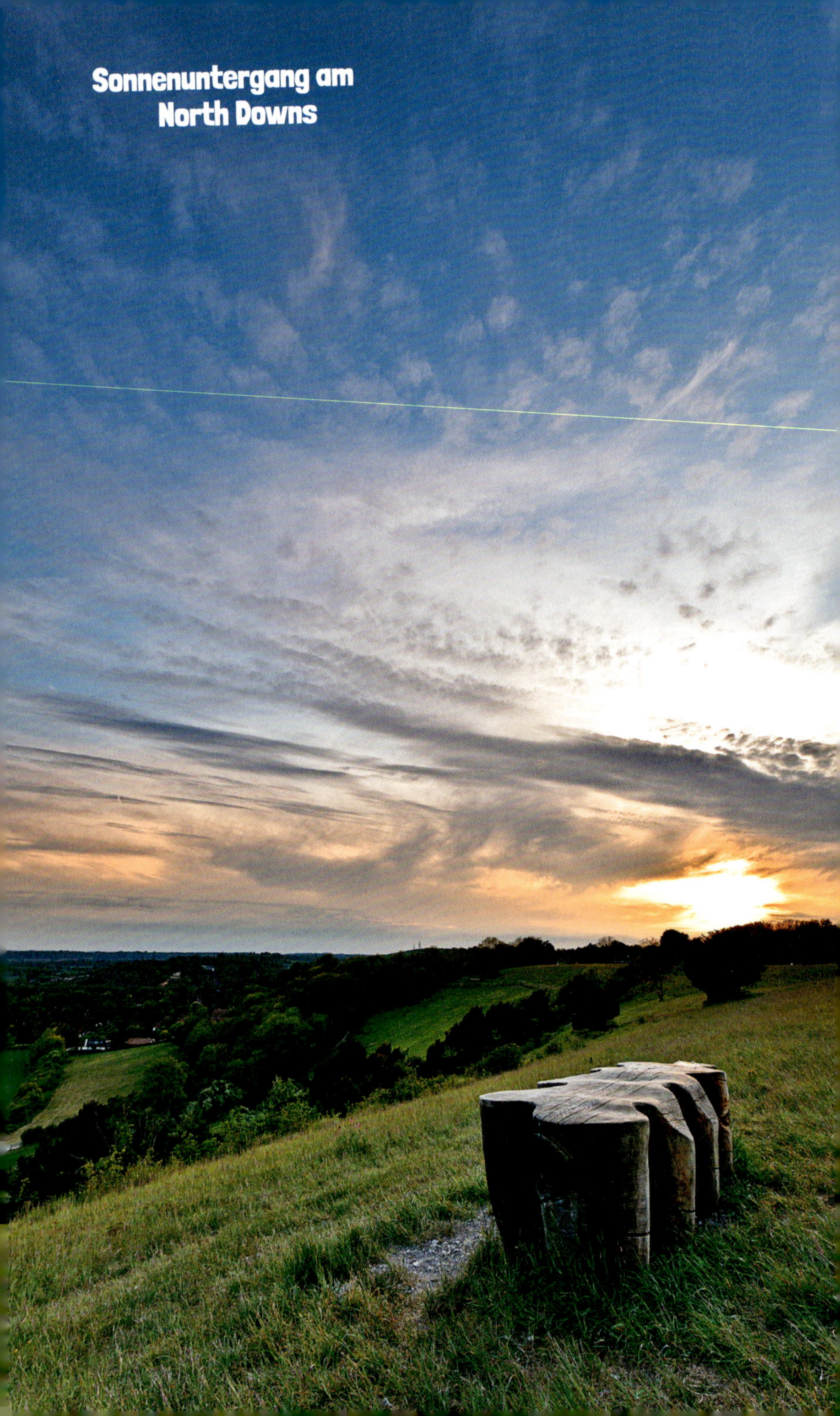

Sonnenuntergang am North Downs

North Downs Way

Auf Pilgerwegen zu den White Cliffs of Dover

Stille Waldwege, Wanderwege über grasbewachsene Hügel und Trampelpfade durch Kornfelder: Die Engländer wissen, was einen schönen Fernwanderweg ausmacht. Trotz der Nähe zu London ist der Streckenanteil durch Wohnsiedlungen unerwartet niedrig. Dazu die gepflegten Häuser, Cottages, Villen und Gärten der traditionsbewussten Einheimischen, die in London ihr Geld verdienen, aber lieber im Grünen leben wollen.

Die Downs sind zwei parallel verlaufende Hügelketten südlich von London. Beide sind ideal für Menschen, die beim Wandern das sanfte Hügelland mögen. Der South Downs Way führt von Winchester zu den Seven Sisters Cliffs bei Eastbourne. Sie sind sehenswert, können es aber nicht mit den berühmten White Cliffs of Dover aufnehmen. Also fällt die Wahl auf den in Dover endenden North Downs Way. Er beginnt in der Stadt **Farnham** in der Grafschaft Surrey. Gleich nach dem Start führt der Weg ins Surrey Hills AONB, das steht für Area of Outstanding Natural Beauty und entspricht in etwa den bei uns bekannten Landschaftsschutzgebieten – immer ein Indiz für außerordentliche landschaftliche Schönheit.

Auf der ersten Etappe liegen grüne Hügel, schattige Waldstücke und idyllische Dörfer. Eins davon ist **Puttenham**, das für seine Kirche und sein Priorat aus dem 13. Jahrhundert bekannt ist. Das Dorf hat einige englische Schriftsteller beeindruckt: Arthur Conan Doyle schreibt in seinem Roman „Sir Nigel“ über einen „wilden Mann von Puttenham“, in Aldous Huxleys Roman „Brave New World“ kommt das Dorf ebenfalls vor.

Einen lustigen Namen hat der schmalste Abschnitt der North Downs: Hog’s Back bedeutet „Schweinerücken“! Es geht am Fluss Wey entlang nach Guildford mit seiner normannischen Burgruine und den zahlreichen Häusern aus viktorianischer

INFO

Ein Teil der Route folgt dem alten Pilgerweg von Winchester nach Canterbury.

Zeit. Der Weg führt größtenteils durch Waldgebiete, bevor er **St Barnabas** erreicht. Die Kirche wurde lange The Church on the North Downs Way genannt, denn kein Wanderer kann daran vorbeigehen. Das wäre auch unvernünftig, denn der außen schlicht gehaltene Bau mit dem schlanken Kirchturm ist innen umso prächtiger ausgestattet. Zu verdanken hat er dies George Cubitt, dem späteren Baron Ashcombe. Als junger Mann hatte er Priester werden wollen, war aber von seinem Vater daran gehindert worden. Nach dessen Tod nutzte George die immense Erbschaft, um damit eine Kirche für alle zu bauen, die auf seinem Anwesen lebten und arbeiteten.

Auf dem nächsten Abschnitt sind leider die Motorways 25 und 23 zu hören, zum Ausgleich sollte ein klarer Tag gewählt werden, um den Augen einen umso größeren Genuss zu bieten. Vom **Box Hill** lassen sich Aussichten auf Dorking und Reigate genießen, bevor der Weg über den Juniper Hill, den Colley Hill und den Reigate Hill führt, wo sich nun hervorragende Ausblicke über Reigate und Redhill bieten. Es geht weiter durch die Wälder, und am Botley Hill wird der höchste Punkt der Wanderung überschritten.

Das Surrey Hills AONB geht nahtlos in das Kent Downs AONB über, die Landschaft wird offener und bietet bezaubernde

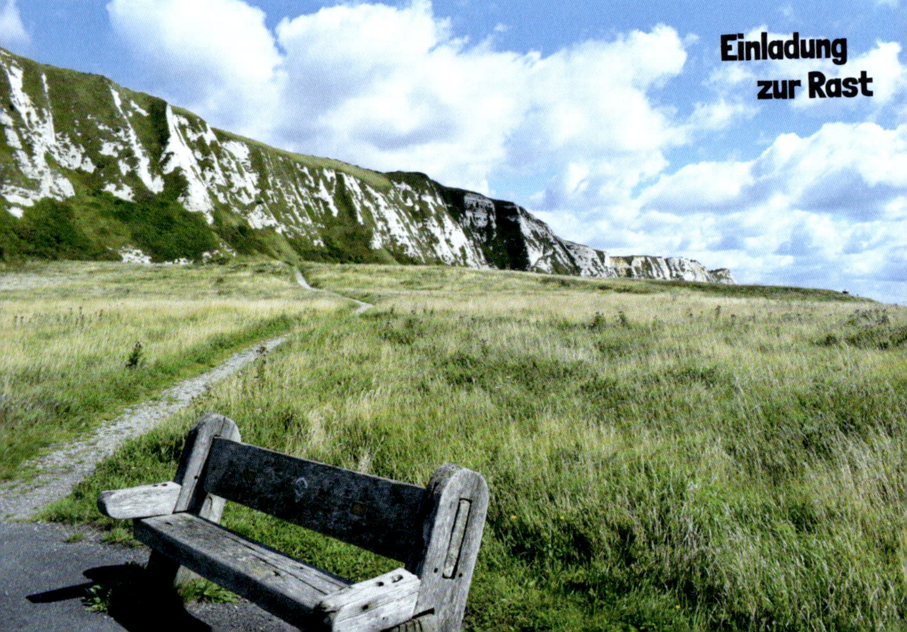
Einladung zur Rast

Ausblicke über die Täler im Süden. Bei Rochester wird der Medway auf dem imposanten Medway Viaduct überquert, einer 2003 fertiggestellten dreiteiligen Brücke für die Bahnstrecke zum Kanaltunnel und die Autobahn M2. Geschätzte 4000 Jahre älter sind das **Kit's Coty** und das Little Kit's Coty, zwei Gemeinschafts-Begräbnisstätten aus der frühen Jungsteinzeit. Drei aufgerichtete Steine und ein massiver Schlussstein bilden das größere der beiden Hügelgräber, das kleinere ist leider nur noch als ein Durcheinander von umgekippten Fragmenten des einst sicherlich ebenso stattlichen Dolmens erhalten.

Spätestens ab hier folgten vor mehr als 600 Jahren die Pilger aus Chaucers **Canterbury Tales** übrigens derselben Route. Das Buch wurde um das Jahr 1387 herum geschrieben und handelt von 30 Pilgern auf ihrem Weg zum Grabmal von Thomas Becket in der Kathedrale von Canterbury. Es ist eine bunt gemischte Gruppe: Arzt, Bettelbruder, Priester, Student, Kirchenbüttel, Ritter und Nonne sind dabei, auch ein grobschlächtiger, zotenreißender Müller und eine fünffache Witwe aus Bath, die sich von der Pilgerfahrt ihren sechsten Gatten erhofft. Vor ihrer Abreise treffen sie im Süden von London im Tabard Inn zusammen, und der Wirt Harry schlägt ihnen vor, sich auf dem Pilgerweg gegenseitig Geschichten zu erzählen. Dem besten Geschichtenerzähler verspricht Harry bei der Rückkehr ein Abendessen.

Das macht die Tour einzigartig!

- **Die Kathedrale von Canterbury**
- **Alte Pilgerwege**
- **Die Kreidefelsen**

Hinter dem Dorf Hollingbourne steigt der Weg schnell an und bietet fantastische Ausblicke über die offene Hügellandschaft. Dabei wird die Ruine von Thurnham Castle passiert, ein bezaubernder Ort für eine längere Rast. Das Gleiche lässt sich auch über St Mary's Church am Eastwell Lake sagen. Hier wäre eine der letzten Gelegenheiten für die Entscheidung zwischen den beiden Wegalternativen, die sich hinter **Boughton Lees** an einem hölzernen Wegweiser mit drei Pfeilen voneinander trennen. Der Wanderer steht vor der Luxusentscheidung zwischen

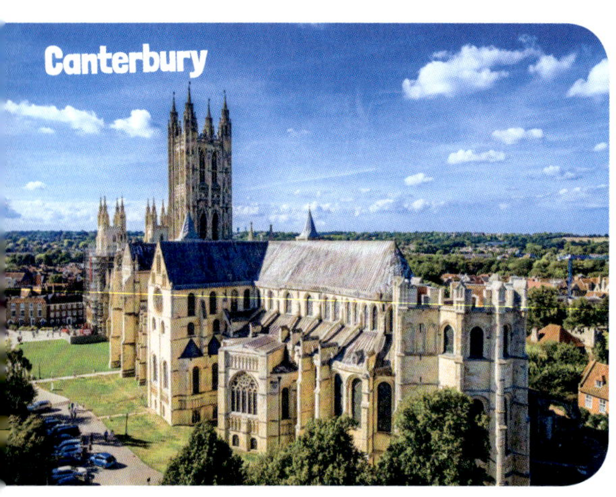
Canterbury

zwei guten Strecken: Der Nordweg führt nach Nordosten durch die North Downs in die Stadt Canterbury und auf dem Pilgerweg nach Dover, der 11 Kilometer kürzere Südweg bezaubert durch seine Wegführung über die White Cliffs of Dover. Die Wege treffen sich im Fährhafen von Dover; wer sich nicht für eine der beiden Alternativen entscheiden kann, läuft eben eine Schleife zurück zu diesem Punkt.

Also auf nach Canterbury! Diese faszinierende Stadt ist mindestens einen Pausentag wert. Museen, Kirchen, historische Weberhäuser und The King's School, die älteste dauerhaft bestehende Schule der Welt. Keinesfalls fehlen darf ein Besuch der **Christ Church Cathedral**. Sie ist Sitz des Erzbischofs von Canterbury, der als geistliches Oberhaupt der anglikanischen Kirche die englischen Könige krönt. Die architektonische Schönheit dieser Kathedrale lässt sich bei einem einzigen Besuch kaum erfassen, jedes Seitenschiff und jede Kapelle bietet neue Überraschungen. In der Kathedrale wurde 1170 der Erzbischof Thomas Becket ermordet, 3 Jahre später als Märtyrer heiliggesprochen. Sein Grab ist bis heute einer der bedeutendsten britischen Wallfahrtsorte. Gleichzeitig ist die Kathedrale von Canterbury der Startpunkt für Pilger, die auf den Spuren des heiligen Segeric ihre Wallfahrt nach Rom beginnen.

Der North Downs Way verläuft von Canterbury bis Dover auf dem alten Pilgerweg und endet am **Dover Castle**. Wer hier am Ende der Tour mit Fernweh und Bewegungsdrang steht, hat die Wahl: auf der Südroute des North Downs Way über die berühmten Kreidefelsen zurück Richtung Boughton Lees, auf dem Saxon Shore Way an der Küste weiter nach Nordosten – oder mit der Fähre nach Frankreich und von Calais über Lausanne bis nach Rom pilgern.

GUT ZU WISSEN

Abenteuer 3/5
Natur 3/5
Schwierigkeit 2/5

Insel: Großbritannien
Von: Farnham
Bis: Dover
Länge: 214 Kilometer
Höhenmeter: 2770 hinauf, 2903 hinunter
Etappen: 12
Markierung: auf dem Hut stehende Eichel (National Trail)
Höchster Punkt: Botley Hill, 258 Meter

Das brauche ich:

- Fernglas für den Blick hinüber nach Frankreich
- Geoffrey Chaucers „Canterbury Tales" als Wanderlektüre
- Pilgerpass

FAZIT

Eine verblüffend ländliche Wanderung, damit war so nahe an London nicht zu rechnen. Typisch englisches Heckenland mit alten Baumbeständen und gepflegten Dörfern. Genau so stellt sich der Kontinentaleuropäer England vor!

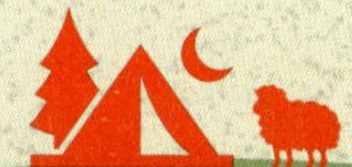

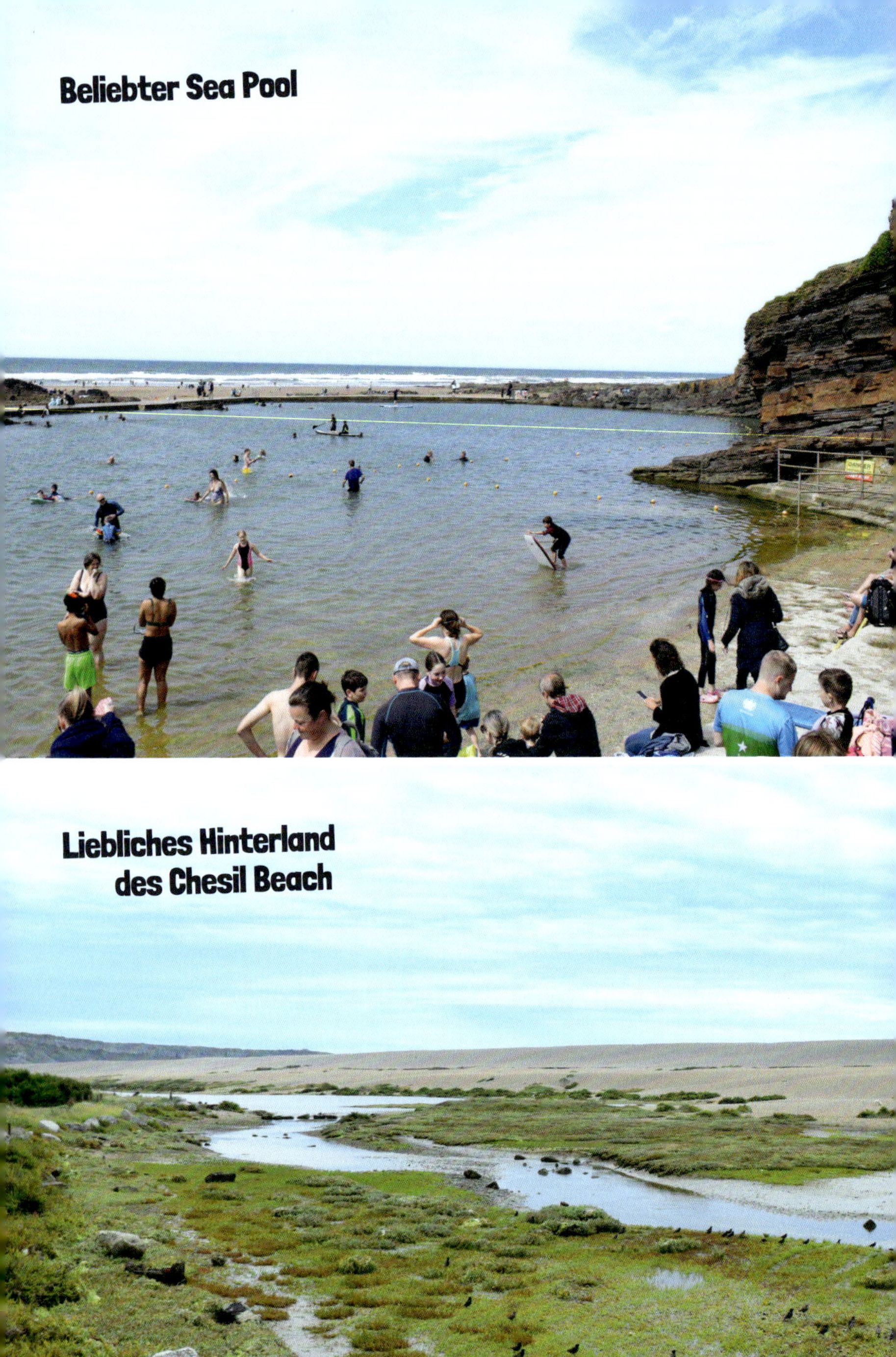

Beliebter Sea Pool

Liebliches Hinterland des Chesil Beach

South West Coast Path

1000 Kilometer Meeresbrise

Ein Weg wie kein anderer: Der längste National Trail führt zum westlichsten und südlichsten Punkt der Insel Großbritannien. Von Minehead in Somerset führt er an der Küste von Devon und Cornwall zum Naturhafen Poole Harbour. So lang der Weg auch ist, langweilig wird es nie zwischen schroffen Felsenkliffs, quirligen Küstenstädtchen, feinsandigen Stränden, bezaubernden Fischerdörfern und geheimnisvollen Mooren.

„Du brauchst kein Buch. Der Trick ist, das Meer immer auf der rechten Seite zu halten", sagt der Buchhändler in Minehead. Das ist schlecht für seinen Umsatz, würde aber völlig reichen, um auf dem South West Coast Path klarzukommen. In der Tat verläuft der Weg meist nah genug an der Küstenlinie, um das Meer zu sehen. Das hat seinen Grund: Ursprünglich wurde der Küstenpfad angelegt, damit die **Küstenwacht** es bei der Jagd nach Schmugglern einfacher hatte. Wo früher Uniformierte patrouillierten, lässt es sich heute fantastisch wandern. Stundenlange Strecken durch die schönste Küstenlandschaft werden meist genau rechtzeitig unterbrochen, um in einem malerischen Fischerdorf zu übernachten oder die Proviantvorräte aufzufüllen.

Der Startpunkt auf der **Promenade von Minehead** mit dem Fernblick zur walisischen Südküste wirkt vollkommen harmlos. Doch der Schein trügt. Schon nach 1 Kilometer beginnt der Exmoor-Nationalpark. Seine Küstenlinie ist für die höchsten Kliffs in ganz England bekannt. Hier wird auf dem Great Hangman der höchste Punkt der Tour überschritten. Das bringt steile Steigungen und Gefällestücke mit sich, denn an jeder Bach- oder Flussmündung endet der Weg wieder auf Meereshöhe. Übrigens wurden bei der letzten Erhebung über 29.000 Stufen auf dem South West Coast Path gezählt.

Nach der Mündung der Flüsse Taw und Toridge geht es zu einem Badeort mit dem lustigen Namen **Westward Ho!**. Benannt wurde er nach einem 1855 veröffentlichten Roman von Charles Kingsley, er ist der einzige Ortsname diesseits des Atlantiks mit einem Ausrufezeichen.

INFO

In Cornwall wird zum Teil Cornish gesprochen, eine keltische Sprache, die eng mit Walisisch und Bretonisch verwandt ist.

Dahinter beginnt der anspruchsvollste Teil der gesamten Tour. Dramatische Kliffs wechseln sich in Nordcornwall mit tiefen Bachtälern ab, der Weg ist so einsam wie auf keinem anderen Abschnitt. Die erste größere Stadt in Cornwall ist Bude, der ideale Ort für einen Pausentag. Zur perfekten Infrastruktur gehört sogar ein Meerwasserpool. Der **Bude Sea Pool** wird zweimal am Tag neu geflutet und ermöglicht dazwischen ein geschütztes Schwimmen ohne Strömungen und Brandung. An sonnigen Tag erwärmt sich das Wasser im Pool spürbar und macht das Badevergnügen perfekt.

Die wilde Küste ist jedem Wetter ausgesetzt, das über den Atlantik kommt. Kliffs und Sandstrände wechseln sich ab. Ob in **Tintagel Castle** tatsächlich der spätere König Artus gezeugt wurde, wie es die Artussage erzählt, sei dahingestellt. Sehenswert ist die Ruine der alten Burg auch unabhängig davon. Von St Ives geht es in den äußersten Westen Cornwalls. Hier warten Cape

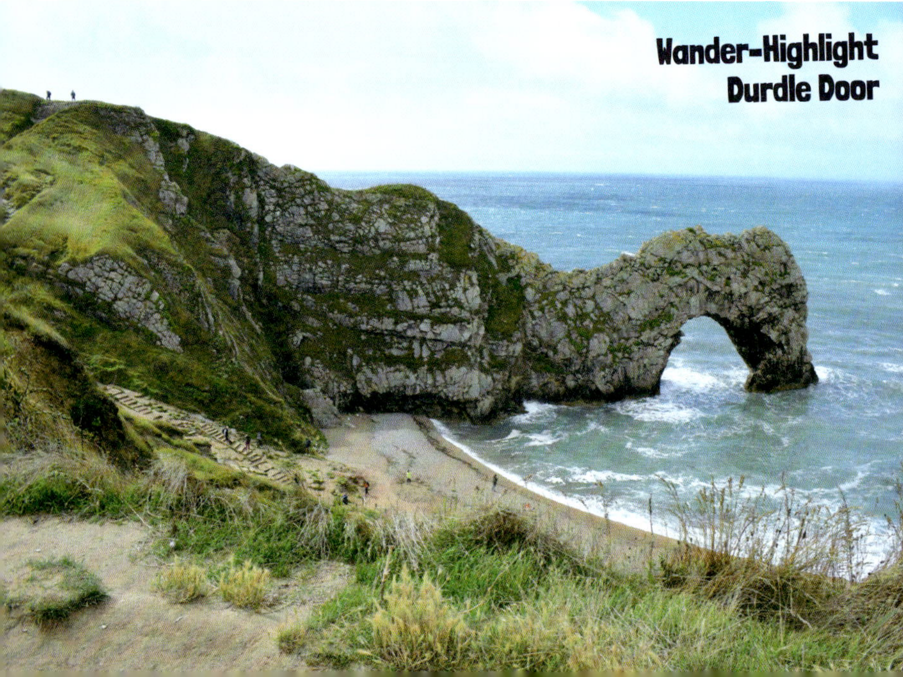

Wander-Highlight Durdle Door

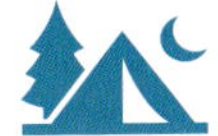

Cornwall, Land's End und der Blick zu den Scilly Isles auf panoramahungrige Wanderer.

Kaum ein Besucher kann sich an der Gezeiteninsel St Michael's Mount den Vergleich zum Mont-Saint-Michel in der Normandie verkneifen. Wie schön, dass der englische Zwilling nicht so überlaufen ist. **Loe Bar** ist eine knapp 800 Meter lange Kiesbank, die den Loe Pool vom Meer trennt. The Loe, wie der Pool auch genannt wird, ist der größte natürliche Süßwassersee in ganz Cornwall. Der Kontrast zwischen der dunklen Oberfläche des Sees und dem türkisen Meerwasser der Mount's Bay ist einzigartig, besonders wenn der Wind den Wellen Schaumkrönchen aufsetzt.

Das macht die Tour einzigartig!

- **Felsenkliffs & Postkartenstrände**
- **Moorlandschaften**
- **Jurassic Coast**

Lizard Point ist der südlichste Punkt auf dem Festland von Großbritannien, und würde von hier ein Schiff vollkommen gerade nach Süden fahren, käme die Besatzung erst nach 720 Kilometern an der spanischen Nordküste wieder an Land. An der Südostküste Cornwalls führt der Coast Path durch kleine Buchten, weit verzweigte Fjorde und malerische Fischerdörfer. Die Mündungen der Flüsse sind breiter als an der Atlantikküste, sie werden häufiger mit Fähren als auf Brücken überquert. Einige Fähren verkehren nur im Sommer, ab hier bedarf es also genauerer Planung. Dies gilt umso mehr, da hinter der **historischen Hafenstadt Plymouth** sogar ein gezeitenabhängiger Flussübergang hinzukommt. Der River Erme bei Mothecombe kann nur zwischen 1 Stunde vor und 1 Stunde nach dem Kentern der Tide begangen werden.

Der Weg ist inzwischen wieder zurück in Devon. Die Ostküste wirkt sanfter, das wilde Grasland ist dem kultivierten Farmland gewichen. Zwischen Dartmouth und Exmouth lockt die Englische Riviera alljährlich die Sommerfrischler in die Badeorte, daher will die Unterkunft im Juli und August vorreserviert werden. Diesen Küstenabschnitt deshalb auszusparen wäre schade, denn zwischen Brixham und Torquay liegt der **English Riviera UNESCO Global Geopark**. Die UNESCO weist üblicherweise Global

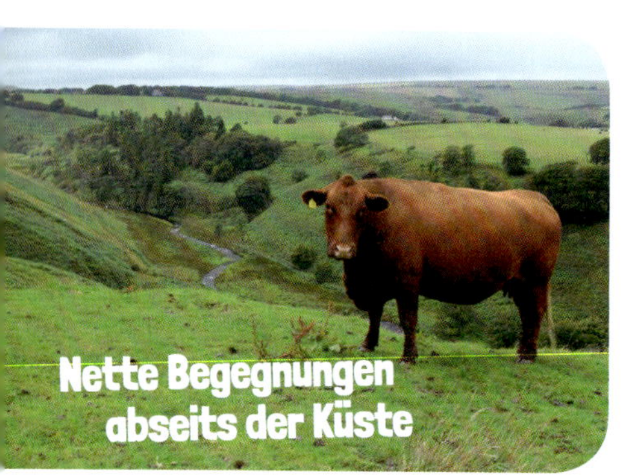

Geoparks in abgelegenen Gebieten aus, was die besondere Bedeutung dieses eher städtischen Bereichs nur noch untermauert. Auch wenn vielleicht keine Zeit für eine längere Unterbrechung der Küstenwanderung bleibt, reicht sie hoffentlich für die Tropfsteinhöhle Kents Cavern. Sie ist eine der bedeutendsten Steinzeithöhlen Europas und war das Zuhause der ersten Menschen Großbritanniens.

Seinen furiosen Abschluss findet der South West Coast Path an der **Jurassic Coast**, die ebenfalls zu den UNESCO Global Geoparks gehört und in die Grafschaft Dorset führt. Der Chesil Beach erstreckt sich 29 Kilometer schnurgeradeaus bis zur Insel Portland, im südlichen Teil neben der Fleet-Lagune. Hoffentlich bei sonnigem Wetter, denn der Sonnenuntergang an dieser langen Kiesbank ist ein Traum!

Im Hafen von Portland fanden 2012 die Segelwettbewerbe der Olympischen Spiele statt. Portland Harbour gilt als einer der größten von Menschen angelegten Häfen, er wurde in die westliche Weymouth Bucht gebaut. Diese Bucht war ebenfalls im Jahr 2012 in aller Munde, als genau hier der erste Abschnitt des offiziellen **England Coast Path** eröffnet wurde. Angesport von den Erfolgsberichten vom Wales Coast Path, planen die Engländer einen etwa 4300 Kilometer langen National Trail entlang der gesamten englischen Küste. Noch müssen Lücken zwischen den bereits bestehenden englischen Küstenwegen geschlossen werden, und die Planungen für einen Scottish Coastal Way stecken noch in den Kinderschuhen. Doch manch ein Fernwanderer in Großbritannien träumt schon jetzt davon, einmal komplett um seine Insel zu wandern …

Zurück zum aktuell längsten National Trail, denn er gibt auch auf den letzten Kilometern noch alles. Der Bat's Head („Fledermauskopf"), eine bezaubernde Landzunge aus weißem Kreidefelsen, ist nur ein Vorgeschmack auf die **Durdle Door**. Dieser perfekt geformte Torbogen aus Kalkstein gehört den beliebtesten Fotomotiven auf dem gesamten South West Coast Path.

GUT ZU WISSEN

Abenteuer 4/5
Natur 4/5
Schwierigkeit 3/5

Insel: Großbritannien
Von: Minehead
Bis: Poole Harbour
Länge: 1013 Kilometer
Höhenmeter: 27.048 hinauf, 27.137 hinunter
Etappen: 52
Markierung: auf dem Hut stehende Eichel (National Trail)
Höchster Punkt: Great Hangman, 318 Meter

Das brauche ich:

- Ausdauer
- Tidenkalender und Fährpläne für die Überquerung der Flussmündungen
- Badesachen für über 100 Strände

FAZIT

Eine reine Genusswanderung ohne technische Anforderungen, die Schwierigkeit liegt allein in der Länge der Wanderung und den damit verbundenen zahlreichen Auf- und Abstiegen zwischen Meeresspiegel und Clifftop-Pfaden. Es fällt schwer, zu sagen, welcher Abschnitt der schönste ist, die Tour ist damit ein Gesamtkunstwerk der Natur und der Wegeplaner.

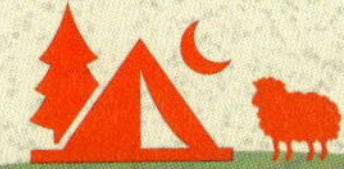

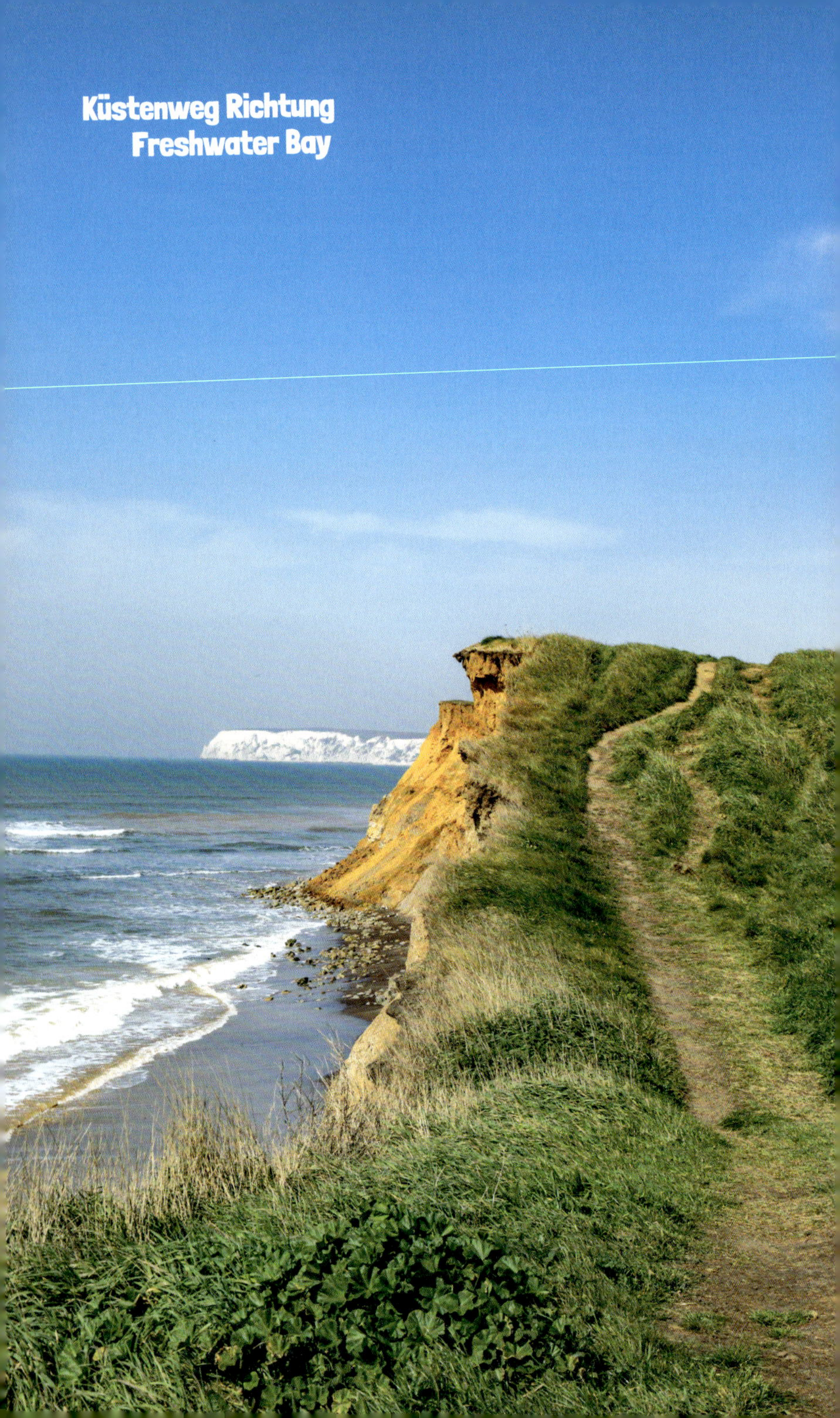
Küstenweg Richtung
Freshwater Bay

Isle of Wight Coastal Path

Die Dinosaurier-Insel im Ärmelkanal

Offiziell führt der Isle of Wight Coastal Path einmal um die gesamte Insel Wight herum. Eine schönere Erinnerung bleibt, wenn die letzte Etappe ausgelassen wird, denn sie verläuft etwas langweilig durch das Binnenland. Umso mehr Zeit bleibt für die bezaubernden Highlights der restlichen Strecke. Also lautet die Empfehlung: Start in Cowes und Ziel in Ryde.

Der Startpunkt der Wanderung liegt in Cowes am Westufer des Medina River. Wer mit der Fähre von Southampton gekommen ist, überquert den Fluss auf der **Cowes Floating Bridge**, der schwimmenden Brücke von Cowes. Diese Kabelfähre verbindet East Cowes seit 1859 mit West Cowes, die Reisezeit beträgt nur 2 bis 3 Minuten.

Am Yachthafen und an Cowes Castle entlang führt der Weg über eine Promenade zum **Egypt Point**, dem nördlichsten Punkt der Isle of Wight. Sie ist wie eine liegende Raute geformt, die sich auch in der Flagge wiederfindet, die allerorten an den Fahnenmasten weht. Königin Viktoria liebte diesen Ort, um auf den Solent zu schauen, besonders bei Sonnenuntergang. Die Meerenge zwischen Wight und der englischen Südküste ist auch heute noch ein Augenschmaus, denn der Solent ist ein beliebtes Segelrevier. Ob es wirklich fahrende Leute aus der Mittelmeerregion waren, die im 16. Jahrhundert auf dem benachbarten Egypt Hill siedelten und für diese ungewöhnliche Namensgebung sorgten, lässt sich nicht sagen. Aus *political correctness* sprechen die Gästeführer jedenfalls nicht mehr von „Zigeunern", die damals von den Einheimischen „Ägypter" genannt wurden.

Obwohl es eigentlich eine Küstenwanderung sein soll, führt der Weg tief ins Inselinnere, um das weit verästelte Mündungsgebiet des Newtown River an der Hamstead Heritage Coast zu umgehen. Die nächste größere Ortschaft ist **Yarmouth**, der zweite große Fährhafen von Wight verbindet die Insel mit Lymington.

Vom Pier lassen sich Hafen, Castle und die gesamte Nordwestküste überschauen. Der Weg führt hinter Freshwater an der **Alum-Bucht** vorbei, die einen etwa 400 Meter langen Abstecher den Berg hinab wert ist. Benannt ist sie nach dem Alaun, das hier im 16. Jahrhundert abgebaut wurde. Von den Minen ist nichts mehr zu sehen, geblieben sind die fast senkrecht ins Meer fallenden Felswände aus Buntsandstein, alle Farbtöne von Weiß, Gelb, Orange, Rot, Braun und Schwarz sind zu finden. Einsamkeit ist nicht zu befürchten, denn die Bucht ist über einen Sessellift mit einem höher gelegenen Vergnügungspark verbunden.

Außerdem starten hier die Ausflugsfahrten zum westlichsten Punkt der Isle of Wight: **The Needles** ist eine Gruppe von drei Kreideinseln, die wie eine optische Verlängerung der Halbinsel Needles Headland wirken. Auf dem Wanderweg wird es nun zuweilen recht voll, denn die Rundwanderungen von Alum und Freshwater Bay zu den Needles zählen zu den beliebtesten Kurzwanderungen Englands. Die lang gestreckten, flachen Felsen wirken aus der Vogelperspektive fast wie Nadeln, doch die Bezeichnung hat einen anderen Grund: Ursprünglich handelte es sich um vier Kreidefelsen, zwischen dem ufernahen und dem mittleren Inselchen reckte sich eine schlanke Felssäule in die

INFO

Der Ein- und Ausstieg ist in allen Fährhäfen der Isle of Wight möglich, denn der Weg führt durch Ryde, Fishbourne, Cowes und Yarmouth.

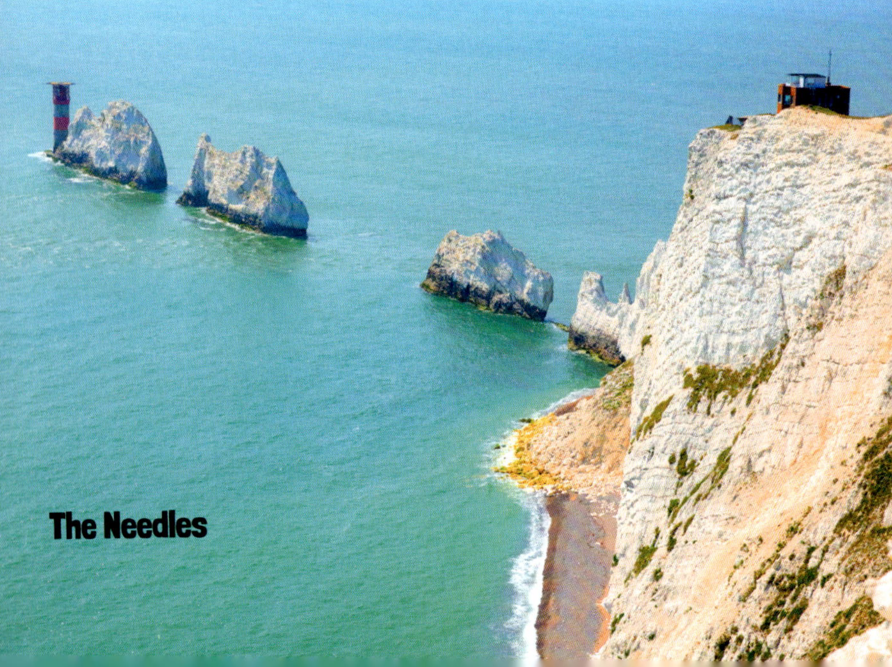

The Needles

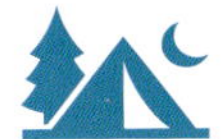

Höhe, die 1764 bei einem Sturm einstürzte, aber im Namen der Inselgruppe weiter besteht.

Um The Needles aus der Nähe zu sehen, kann vom Coastal Path abgewichen und bis zu den **Needles Batteries** gewandert werden. Die Militärbatterien aus dem 19. Jahrhundert waren in beiden Weltkriegen bemannt, hier wurde für den D-Day trainiert. Die später eingerichteten Raketentestanlagen wurden erst in den 1970er-Jahren aufgegeben. Heute wird das Gelände vom National Trust betreut, für Wanderer neben dem geschichtlichen Aspekt besonders interessant ist die kleine Teestube.

Wenn es statt Militär- lieber Erdgeschichte sein soll, ist der **Hanover Point** von Interesse. Hier sind bei Ebbe versteinerte Nadelholzstämme zu sehen, die *pine raft* („Kiefernfloß") genannt werden. Zahlreiche Fußabdrücke und Knochen von Dinosauriern sind in diesem Bereich gefunden worden, zum Teil auf verschiedenen Ebenen. Daraus schließen einige Fachleute, dass es in dieser Gegend geradezu von Dinosauriern wimmelte. Das erklärt auch die zahlreichen Spaziergänger, die unten am Strand mit gesenkten Köpfen nach Fossilien suchen.

Das macht die Tour einzigartig!

- **Die schwimmende Brücke**
- **The Needles**
- **Dinosaurier-Fußabdrücke**

Immer wieder macht der Weg kurze Bögen landeinwärts, wenn er auf ein **Chine** trifft. So werden im Süden Englands und auf der Isle of Wight die steilen Erosionstäler an der Küste genannt, die von Bächen und Flüssen tief in die weichen Gesteine wie Ton, Kreide oder Sandstein gespült wurden. In der Vergangenheit waren sie Schlupfwinkel für Schmuggler und andere Gesetzesbrecher, heute locken sie Geologen und Paläontologen an, die in den steilen Hängen immer wieder spannende Entdeckungen machen. Insgesamt gibt es auf der Isle of Wight über 20 Chines, von denen das Whale Chine als das schönste gilt, während Blackgang Chine durch den gleichnamigen Freizeitpark vermutlich das bekannteste ist. Dieser muss zum Glück nicht besucht werden, um am höchsten Punkt dieser Tour einen Panoramablick über die Chale Bay zu genießen. Wer höher

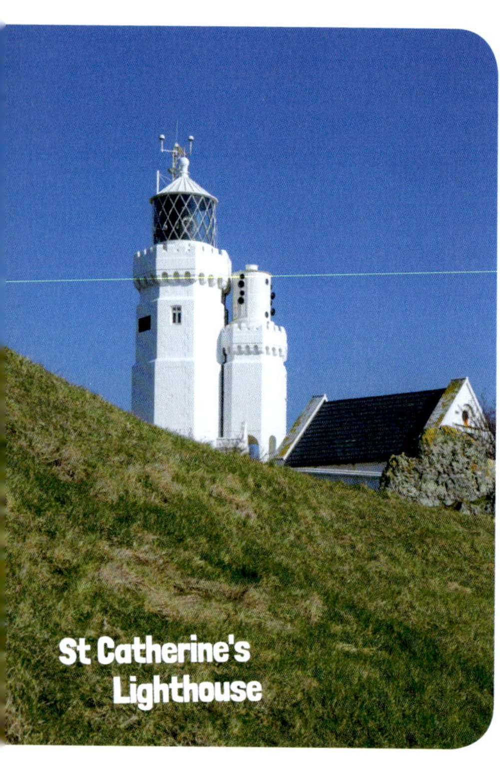

hinausmöchte, folgt am Blackgang-Parkplatz kurz den Schildern zum St Catherine's Oratory zum Gipfel des Niton Down mit dem achteckigen Pepper Pot, einem 1314 gebauten ehemaligen Leuchtturm, der später als Gefängnis für Weindiebe genutzt wurde.

Bei Niton liegt mit St Catherine's Point der südlichste Punkt der Insel. Dahinter führt der Weg direkt ans Meer und durch Badeorte mit viktorianischen Promenaden und guter Infrastruktur. Keine Sorge beim Blick in die Karte: The Landslip ist nur noch eine geografische Bezeichnung für eine bewaldete Erdrutschzone aus dem Jahr 1810. Einem vollkommen unerwarteten Thema widmet sich das **Sandown Poo Museum**. Stilecht untergebracht ist es im ehemaligen Sanitärtrakt des viktorianischen Forts Sandorn Barrack Battery. Das kleine Museum zeigt mit viel Liebe zum Detail und jugendfreiem Humor alles, was bei diesem skurrilen Thema interessant ist, sich aber niemand zu fragen wagt. Die Exponate reichen von den verschiedensten Toilettenarten bis zu glänzend polierten Kunstharzkugeln, in denen sich Hinterlassenschaften der verschiedensten Spezies von allen Seiten betrachten lassen. Sogar 140 Millionen Jahre alter versteinerter Dinosaurierkot ist dabei.

Mit schönen Ausblicken auf die weißen Felsen des Culver Cliffs geht es durch Parklandschaft um den Bembridge Point herum. An der Nordostküste setzt sich die Reihe der Badeorte fort, von denen der Hovercrafthafen **Ryde** einen der schönsten Sandstrände hat. Nun gilt es, Abschied von der Küste zu nehmen, die letzte Etappe führt hinter dem Fährort Fishbourne durch das Küstenhinterland zurück nach Cowes.

GUT ZU WISSEN

Abenteuer 3 von 5
Natur 4 von 5
Schwierigkeit 2 von 5

Insel: Isle of Wight
Von: Cowes
Bis: Cowes
Länge: 114 Kilometer
Höhenmeter: 1444 (hinauf und hinunter)
Etappen: 6
Markierung: weiße Möwe auf blauem Grund
Höchster Punkt: Blackgang Chine, 171 Meter

Das brauche ich:

- Sonnen-, Regen- und Windschutz
- festes Schuhwerk
- Badesachen

FAZIT

Eine großartige Mischung aus wilder Felsküste mit bunten Blumen, altmodischen viktorianischen Promenaden und sanft ins Meer führenden Stränden.

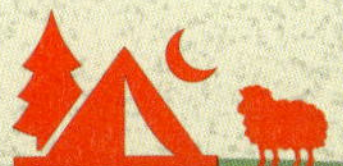

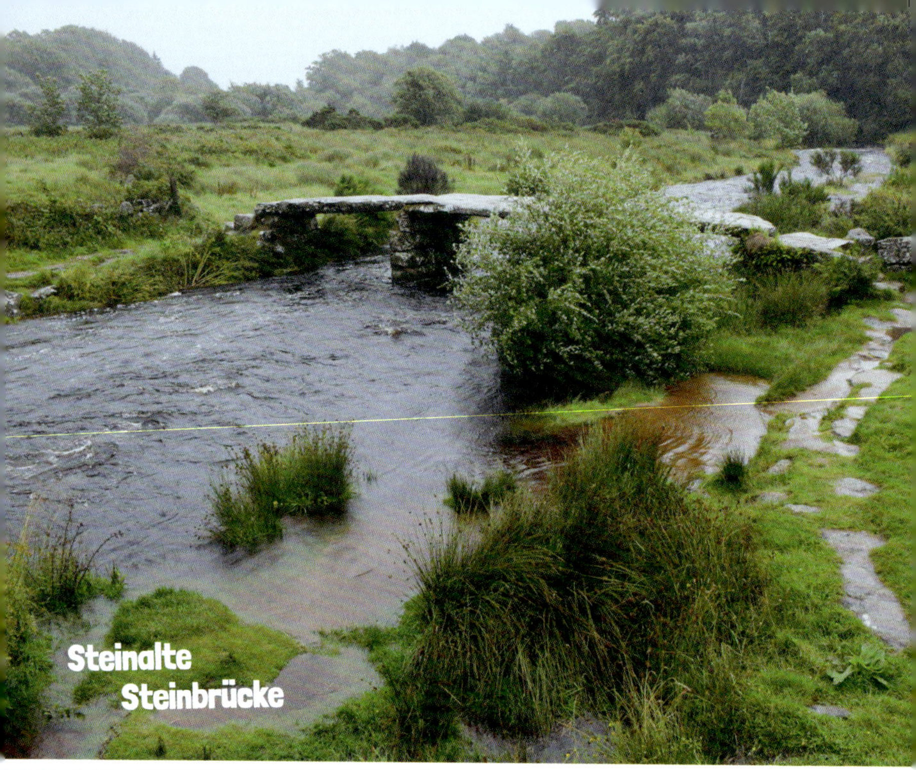

Steinalte
Steinbrücke

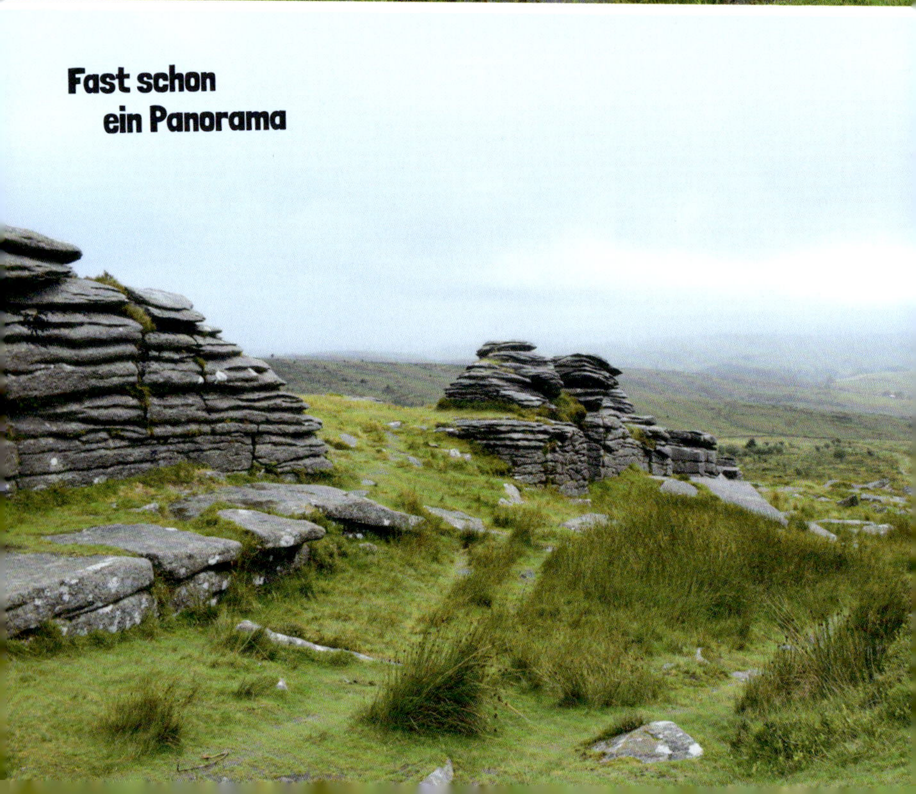

Fast schon
ein Panorama

Bellever Tor

In der Mitte des Nationalparks Dartmoor

Trockene Heuwiesen, schattiger Wald, feuchtes Grasland, muntere Bäche und geheimnisvolles Moor. Dazu ein typisches Exemplar der Dartmoor Tors, die Reste einer bronzezeitlichen Siedlung und eine alte Clapper Bridge. Alles, was das Dartmoor zu bieten hat, ist hier in ein paar Schritten komprimiert – ein Miniaturblick und zugleich ein bezaubernder Vorgeschmack auf die unendlichen Möglichkeiten, die hier oben im Moor noch warten.

Das **Dartmoor National Park Visitor Centre** ist vor Beginn der Wanderung einen Besuch wert. Das gilt umso mehr, wenn Kinder dabei sind, denn sie können sich ein Infoblatt für den History Hunters Trail mitnehmen, der mehrfach berührt und gekreuzt wird. Die Macher haben nicht die üblichen Rallye-Fragen gestellt, deren Antworten oft lustlos vorgesagt werden. Stattdessen weisen die Kinder nach, dass sie den Weg gelaufen sind, indem sie an sechs Wegmarkierungen die Reliefs der eingravierten Symbole mit einem Bleistift auf das Blatt übertragen.

Über den Parkplatz des Besucherzentrums geht es zur B3212, denn auf der anderen Straßenseite gibt es erst einen Abstecher zur **Postbridge Clapper Bridge**. Das ist ein Steinplattensteg, der auf zwei Granitpfeilern ruht, die im East Dart River stehen. Wann genau dieser Steg gebaut wurde, ist unbekannt, allerdings wurde er bereits im 13. Jahrhundert urkundlich erwähnt. Er liegt auf einer Strecke, auf der Zinnerz aus den umliegenden Lagerstätten zu den Schmelzöfen in Tavistock gebracht wurde. Weil sich die Tragetiere auf dem Weg durch das Flussbett häufig verletzten, wurde dieser Steg gebaut. Auf den Pfeilern liegen drei Steinplatten, jede ist 4 Meter lang und 1,4 Meter breit. An den Seiten gibt es etwa 1 Meter hohe Abgänge, zu denen vermutlich Erdaufschüttungen oder Holzplanken mit niedrigerem Gefälle führten. Es war sicher nicht ohne, ein schwer bepacktes Pony über diesen geländerlosen Steg zu bringen!

Es sind nur wenige Schritte zu dem großen Wanderparkplatz gegenüber vom Visitor Centre, dann geht es auf dem Postbridge Trail den Waldweg hinauf. Schon an den ersten lichteren Stellen ist es gut möglich, die Nachfahren dieser Packtiere zu entdecken. **Dartmoor Ponys** werden seit über 1000 Jahren als Nutztiere gehalten, einige archäologische Funde gehen sogar 3500 Jahre zurück. Lange transportierten sie Zinn, Wolle und Granit zu den Marktstädten und halfen in der Landwirtschaft. In den 1950er-Jahren lebten etwa 30.000 Tiere im Dartmoor, jetzt sind es keine 1500 mehr. Einige davon laufen hier frei herum, herrenlos sind sie aber nicht und gelten immer noch als Arbeitstiere. Ihre Aufgabe ist aber einfacher geworden, denn sie werden von der Nationalparkverwaltung zur Beweidung der Heidelandschaft eingesetzt, und der Dartmoor Pony Heritage Trust kümmert sich um ihr Wohlbefinden.

INFO

Clapper Bridge kommt vermutlich vom Klappern der Hufe auf den Steinplatten und hat damit dieselbe Wortherkunft wie das deutsche Pferde-Synonym „Klepper".

Auf dem gelb markierten **Postbridge Trail** geht es durch lichten Wald bergauf zu einer Wegkreuzung mit The Lich Way. Ja, richtig übersetzt, das ist der Leichenweg. Der knapp 20 Kilometer lange Wanderweg erinnert daran, dass die Bewohner des

Felsiger Aussichtspunkt

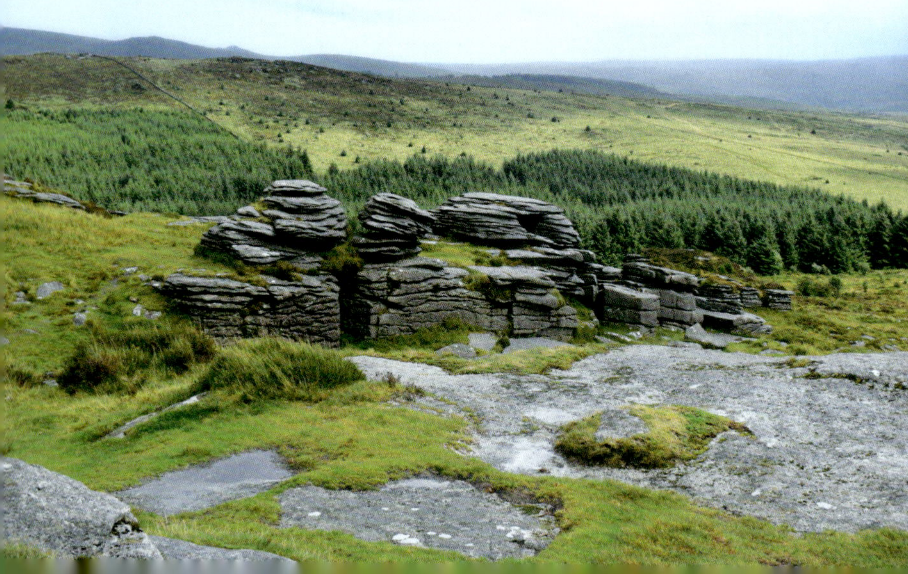

Weilers Bellever ihre Toten über das Moor bis nach Lydford bringen mussten. Teilweise stehen Pfützen auf dem Weg, daneben fließt rotbraunes Moorwasser durch Gräben und Bäche, ganz so, wie es bei einer Wanderung im Moor zu erwarten ist.

Der Weg verläuft weiter bergauf und schwenkt auf einen Hügel zu. Der Postbridge Trail führt direkt am Waldrand wieder zurück zum Wanderparkplatz, aber der Bellever Hill mit dem darauf thronenden Bellever Tor darf nicht ausgelassen werden. Tors sind frei stehende Felsformationen, die so markant aus der Kuppe eines Hügels ragen, dass sie mit Megalithen, Dolmen, Hügelgräbern oder anderen menschgemachten Felsansammlungen verwechselt werden könnten. Tors hingegen sind natürlich entstanden. Allein im Dartmoor ist ihre Zahl dreistellig, jeder einzelne ist einen Besuch wert! Untersuchungen der **Tors im Dartmoor** haben ergeben, dass sie mit einem Alter von 100.000 bis 200.000 Jahren – erdgeschichtlich betrachtet – noch sehr jung sind. Wie viele Wechsel von Frost- und Tauwetter müssen die Kuppen erlebt haben, bis sie zu diesen bizarren Formen verwittert sind?

Das macht die Tour einzigartig!

- **Grasende Wildpferde**
- **Symmetrischer Tor**
- **Steinalte Steinbrücke**

Bellever Tor ist ein ganz typischer Tor mit gebrochenen Säulen, die wirken, als seien sie übereinandergestapelt worden. Zwischen den beiden Hauptfelsbrocken befindet sich eine Lücke. Wer trittsicher genug ist, um bis zum Vermessungspunkt zu klettern, kann eine Rundum-Aussicht vom Feinsten genießen. Im Westen liegt der Beardown Hill mit dem Beardown Tor, nach Süden reicht der Blick bis zum Horizont. Im Tal des West Dart River verläuft der High Moor Link. Das ist ein Wanderweg, der zum Dartmoor Way gehört, der einen Kreis um das Dartmoor herum beschreibt. Viele Wanderer möchten auch in die Höhenlagen des Dartmoor kommen, daher wurde der 173 Kilometer lange Ringweg um diese 57 Kilometer lange West-Ost-Traverse ergänzt. Im Osten ist die Riddon Ridge zu sehen, hinter der ein weiterer spannender Fernwanderweg zur nächsten Langstre-

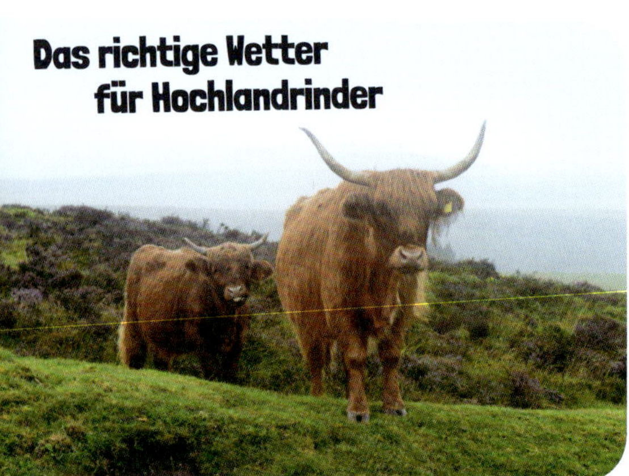
Das richtige Wetter für Hochlandrinder

ckenwanderung einlädt: Der Two Moors Way trägt den Beinamen Devon Coast to Coast, weil er im Exmoor an der Devon-Nordküste beginnt und durchs Dartmoor bis zur Südküste führt.

Doch so weit soll es heute nicht gehen, deshalb ist der Blick nach Norden interessant. Hier liegt der Lakehead Hill, eine von hier oben unscheinbare Erhebung am anderen Ende der breiten Schneise, die rechts und links von Wald eingerahmt ist. Der Grasweg führt vom Bellever Tor abwärts durch das Schutzgebiet **Bellever Moor and Meadow**. An Regentagen ist das nasse Grasland aufgeweicht, und jeder Schritt will überlegt sein. An Sonnentagen steigen die Feldlerchenmännchen zu ihren Singflügen in den Himmel empor. Im Moor wird der Lich Way ein zweites Mal gekreuzt. Ein Gewirr aus Pfaden liegt über dem Lakehead Hill wie ein Spinnennetz, angelegt von den Dartmoor Ponys auf der Suche nach den schmackhaftesten Kräutern und gerne genutzt von den Menschen, die nach den zahlreichen Relikten aus der Steinzeit Ausschau halten. Über die Ebene verteilt liegen kleine Steinhaufenkreise, Steinkistengräber und Steinreihen zwischen Gräsern und Heidekraut versteckt. Bei Nebel scheint es fast so, als würden die knorrigen Bäume mit ihren verrenkten Ästen miteinander tanzen. Archäologen haben in den umliegenden Waldstücken mehr als 30 Hüttenkreise entdeckt, in denen Tonscherben, Schaber und Feuersteinmesser lagen.

In der Bronzezeit lebten hier oben im Moor also deutlich mehr Menschen als heutzutage. Vor 200 Jahren schrieben die englischen Dichter von einer „Alten Metropole des Moors“. Der **Kraps Ring**, eine Siedlung mit neun Hüttenkreisen, die von einer Mauer umgeben war, muss deren Zentrum gewesen sein. Dort geht es auf einem schmalen Pfad durch den Wald zurück zum Wanderparkplatz, über die Straße und zum Startpunkt.

GUT ZU WISSEN

Abenteuer 4/5
Natur 4/5
Schwierigkeit 1/5

Insel: Großbritannien
Von: Postbridge, Dartmoor National Park Visitor Centre
Bis: Postbridge, Dartmoor National Park Visitor Centre
Länge: 6,3 Kilometer
Höhenmeter: 142 (hinauf und hinunter)
Etappen: 1
Markierung: Hinweg „Postbridge Trail", Rückweg keine
Höchster Punkt: Bellever Tor, 441 Meter

Das brauche ich:
- wasserfestes Schuhwerk
- Orientierungssinn (an Nebeltagen)
- einen ruhigen Gang für die Wildpferde

FAZIT

Eine der Touren, die bei jedem Wetter schön sind. Entweder kann das 360°-Panorama auf dem Bellever Tor genossen werden, oder die durch die Moorlandschaft ziehenden Nebelschleier bestätigen all das, was in Romanen über das Dartmoor geschrieben steht.

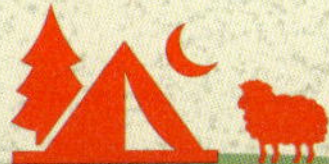

© 2024 Droste Verlag GmbH, Düsseldorf
Konzeption: Droste Verlag, Düsseldorf
Satz: Vollnhals Fotosatz, Neustadt/Do.
Einbandgestaltung: Nora Urru, Köln
Karten: Sameena Jehanzeb, Bonn
Lektorat: Christoph Nettersheim, Nürnberg
Fotos: Ingrid Retterath, außer: www.stock.adobe.com: cloudvisual (S. 2–3), lemanieh (S. 6, S. 180), Suxxes Photo (S. 94 o.), Nicola (S. 94 u.), Ian Woolcock (S. 96), David Matthew Lyons (S. 98), Jim (S. 138 o.), whitcomberd (S. 140, S. 158), Rachel (S. 156 o.), Kai D. Janik (S. 156 u.), muhamadazwan (S. 160), Simon Greig (S. 168), Alexey Fedorenko (S. 172), acceleratorhams (S. 182), Tommy Lee Walker (S. 184)
Druck und Bindung: LUC GmbH, Greven

Alle Angaben in diesem Buch wurden sorgfältig recherchiert und geprüft. Für die Richtigkeit der Angaben, für etwaige Unfälle und Schäden jeglicher Art kann keine Haftung übernommen werden; die Nutzung erfolgt auf eigenes Risiko. Abweichungen, die nach Redaktionsschluss erfolgten, konnten nicht mehr berücksichtigt werden. Hinweise und Änderungen nehmen wir gern entgegen.
ISBN 978-3-7700-2533-6
www.droste-verlag.de

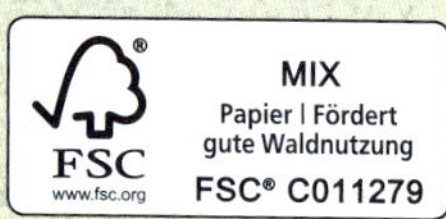

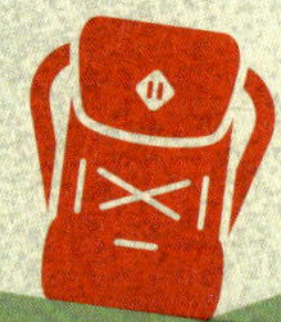